巨人神话
史玉柱

张勇 著

山西出版集团
山西人民出版社

图书在版编目（CIP）数据

巨人神话——史玉柱/张勇著. —太原：山西人民出版社，2010.3
ISBN 978-7-203-06713-9

Ⅰ.巨… Ⅱ.张… Ⅲ.史玉柱-人物研究 Ⅳ.K 825.38

中国版本图书馆 CIP 数据核字（2010）第 005560 号

巨人神话——史玉柱

著　　者：	张　勇
责任编辑：	冯灵芝
装帧设计：	清晨阳光（谢成）工作室
出 版 者：	山西出版集团·山西人民出版社
地　　址：	太原市建设南路 21 号
邮　　编：	030012
发行营销：	0351-4922220　4955996　4956039
	0351-4922127（传真）　4956038（邮购）
E - mail：	sxskcb@163.com　发行部
	sxskcb@126.com　总编室
网　　址：	www.sxskcb.com
经 销 者：	山西出版集团·山西人民出版社
承 印 者：	山西出版集团·山西新华印业有限公司
开　　本：	787mm×960mm　1/16
印　　张：	16
字　　数：	235 千字
印　　数：	1-5 000 册
版　　次：	2010 年 3 月第 1 版
印　　次：	2010 年 3 月第 1 次印刷
书　　号：	ISBN 978-7-203-06713-9
定　　价：	28.00 元

如有印装质量问题请与本社联系调换

序

为什么是史玉柱

一

叱咤风云之时，人们探讨史玉柱的成功秘术。

马失前蹄之时，人们谈论史玉柱的受挫真由。

东山再起之时，人们赞叹史玉柱的不屈精神。

是的。有人说史玉柱是20世纪90年代中国民营经济的一块活化石，在他身上，沉淀着整个时代的痕迹。那么，如果你仅仅从某一方面入手，就无法真正读懂这个充满争议的人物的全部。

史玉柱是我最崇拜的中国企业家之一，也是我年轻时候的偶像。

多年来我一直在思考这样一个问题：为什么在那么多企业家中，我对史玉柱如此"情有独钟"？当年，他曾经是我们一代年轻人的偶像。在那个时候，我只是众多崇拜者当中的一员。后来，史玉柱兵败如山倒，巨人集团轰然倒地，我也曾经欷歔不已，为巨人感到惋惜。几年后，史玉柱实现了人生的惊天大逆转——从首负到首富。这段传奇般的崛起经历让我对史玉柱这个人更加感兴趣。再到后来，他左手卖脑白金，右手卖黄金搭档，然后高调进军网游，他所做的一切似乎都存在争议，他总是游走于商业道德的边缘。对于他所从事的事业，比如保健品和网游，老实说，我并不感兴趣，因为在我的道德观中，这些东西对社会产生的价值都是有限的。我只是对他这个人感

兴趣，对他传奇般的惊天大逆转感兴趣。

总的来说，史玉柱不是一个按照常规出牌的企业家，而且从某些方面来讲，他是有些天才特质的。

为什么会这样呢？

史玉柱到底是一个什么样的人呢？

是什么样的基因导致了他的大起大落、大富大贵而又备受争议呢？

十年前，没有人相信他会东山再起。要知道，改革开放以来，倒下的亿万富翁无数，但是没有一个人能够完全地重新站起来。一方面是因为个人的能力和素质有限，另一方面是时代的大环境已经发生了改变，他们已经跟不上时代的步伐了。可是，史玉柱不一样，他从来就没有想过会一蹶不振。

在巨人集团倒下的那段时间里，史玉柱如过街老鼠一般，所到之处，人人喊打。可以说，在那段最灰暗的日子里，要债的人将他逼到了上天无路、入地无门的境地。但是，他依然放出话："我所欠的每一分钱，我都会还给你们，而且还有利息。"要债的人当然不信，媒体就把它当成当时最流行的经典笑话。

有人这样说："要说这家伙能还清2.5亿元的欠款，那是痴人说梦。如果真的有那么一天，中国就已经实现共产主义了。"

十年时间弹指而过，我们离共产主义的理想还很遥远，可是史玉柱却重新站了起来。他兑现了自己的承诺，该还的钱都还了，该做的事都做了。在这个时候，没有人再去笑他，虽然你可能对他运作的产品——脑白金、《征途》网游——不屑一顾，但对他这个人还是充满了敬意。

当年那个像蚯蚓一样蜷缩在办公室的失败者，现在摇身变为身价500亿人民币的超级富翁。史玉柱不仅还清了所有的债务，还成了中国企业家绝境逢生、置之死地而后生的榜样。正是这一点——如传奇般的东山再起，使他成为中国短暂的商业历史中不可磨灭的一颗星。

一想到他，可能只有美国苹果公司神话般的创始人乔布斯能够与之相媲美。乔布斯被自己创办的公司扫地出门以后，创造了另一番伟大的事业，以至于后来又被苹果公司请了回去，从而东山再起。从这个意义上说，乔布斯就是美国版的史玉柱,又或者史玉柱就是中国版的乔布斯。

二

在中国人的观念中,史玉柱一直拥有两个完全不同的外部形象:一个是冒进的、遭遇失败并且最终还会失败的倒霉蛋,另一个就是智慧的化身、伟大的财富英雄。

其实,这两种观念都是片面的、不成熟的,就像一枚硬币的两面。

中国改革开放已经激荡了整整30年。这短暂的30年,浓缩了西方上百年的商业历程。当时间把上百年的商业历程浓缩成30年的时候,各种奇迹的出现就不难理解。从某种意义上说,史玉柱的传奇经历就是时代的产物,早期的巨人集团深深烙上了社会大环境的烙印,并且时刻与大环境共呼吸,直至倒下。

不是吗?我们可以猜想一下,没有改革开放的大潮,怎么会有这些在大潮上游走的弄潮儿?如果没有东南沿海相对宽松的大环境,以及全国日益发展的市场需求,史玉柱就不可能在短短的五年时间里,成为享誉一时的大陆富豪;如果没有邓小平南方讲话给中国的改革开放带来一股春风,史玉柱也不可能在移师珠海之后,仅仅用两三年时间就把巨人公司经营成当时中国第二大民营企业。

当然,在那个时代里,除了史玉柱,还有一大批杰出的企业家,他们有的像流星一样一闪即逝,有的至今仍活跃在经济发展的汪洋大海中。这是市场经济发展的必然趋势,也符合"优胜劣汰,适者生存"的普遍规律。

这个世界本来就是残酷的,尤其是商界,更加不相信眼泪。

我们必须学会接受这一点,就像史玉柱接受了自己的失败一样。

在这个风起云涌的财富时代,成也多多,败也多多,而史玉柱特殊的地方就在于,他把本应该分摊在每个人头上的成败荣辱全套在了自己的头上。

于是,一个传奇般的人物就这样诞生了。

三

现在,我们把史玉柱所经历的失败拿出来作个探讨:为什么当年的巨人集团像一座地基不稳的大厦,说倒就倒?

为什么史玉柱转眼之间就从人人崇拜的偶像变成了人人喊打的过街老鼠?

可能很多人都知道,导致巨人集团倒下的最直接原因就是巨人大厦的兴建——那座名噪一时的高72层、涉及资金12亿的大型建筑。

无疑,巨人大厦是史玉柱有生以来第一个重大的投资失误,也是最致命的一个,因为以他当时的资金实力,根本没有能力盖一座全国最高的大厦。

这是头脑发热的结果吗?还是理想主义的思想在作祟?

古语云,"天欲其亡,必先其狂",还是有些道理的。

我们知道,史玉柱盖巨人大厦从1994年2月动工到1996年7月,竟未申请过一分钱的银行贷款,全凭自有资金和卖楼花的钱支撑。

做房地产,竟将银行搁置一边,这不是头脑发热了又是什么呢?

是的,史玉柱是拥有一定数量的自有资金,但是它在保健品和电脑软件方面的产业实力根本不足以支撑这幢高达72层的巨人大厦的建设。

于是,有记者曾经这样描述:"当史玉柱把保健品和电脑软件产业的生产和广告促销的资金全部投入到大厦时,巨人大厦便抽干了巨人产业的血。"

没了血,人还怎么存活?

没有了现金流,企业还怎么存活?

其实,有很多征兆都显示,史玉柱当年的巨人集团,注定要一败涂地。

后来,史玉柱总结说:"这一个阶段(巨人集团倒下后的那段时间)我看传记、党史比较多一些,最深的感受是:办一个企业与建立一个政党、一个国家非常相像,从党史中可以学到很多东西,越看越像。任何群体达到一定规模之后都必须建立严密的组织,组织对于团体的作用是非常大的,而当年的巨人集团这方面做得非常差,不败才怪呢!"

四

有人说，史玉柱是中国（可能世界上也找不出第二位）亏得最厉害（欠债超过 2.5 亿元），当然也是致富速度最快（从 1997 年到 2007 年，财富积累超过 500 亿元）的传奇人物。这句话应该没有什么问题。

为什么会这样呢？为什么独独是史玉柱呢？

这段传奇的经历为什么会发生在这样一个文弱的书生身上呢？

史玉柱身上到底有什么值得我们学习的地方？

总而言之，他凭什么创造一个东山再起的巨人神话呢？

在我的观念中，可能再也没有另外一个词能够将其取代，从而套用在史玉柱的身上。毫无疑问，史玉柱是一个"牛人"，他牛在能够东山再起的经历，牛在即使处在人生的最低谷仍然有几十名不离不弃的老员工跟随，牛在对中国人消费心理的深刻洞察。正因为这么"牛"，所以他能够把一个普通得不能再普通的保健品卖出天价来。

总之，"史玉柱凭什么能够创造巨人神话"便是我们这本书所要探讨的问题。如果您能够很好地回答这个问题，那么恭喜您，您没有读这本书的必要了；如果您不能回答这个问题，那么就请您打开这本书，和我们来一起回顾史玉柱的传奇经历，看他是如何从失败中崛起的。相信我们一定能够从中汲取有益的经验。

史玉柱曾经是中国最著名的失败者。任何人都无法躲避失败，而只有在学会如何面对失败后，我们才能走向成功。史玉柱曾说："当巨人一步步成长壮大的时候，我最喜欢看的是有关成功者的书；在巨人跌倒之后，我看的全是有关失败者的书，希望能从中寻找到爬起来的力量。"

"从失败中寻找爬起来的力量"，史玉柱是这么做的，不知道您愿不愿意这么做。

五

写几本关于史玉柱的书是我多年来一直想做的一件事，只不过，工作一直很忙，使我无暇下笔。现在，我觉得时机到了，该是重新梳理一下史玉柱东山再起的经历中所包含的经验和教训的时候了。

我个人认为，史玉柱的经历对于所有的年轻人都是一笔宝贵的财富。既然是财富，那么我们就有责任让它流传下去，以警示后人。

可是，老实说，关于史玉柱的著作已经非常之多了（市面上流传的就有4本之多），再写无疑是需要勇气的。

可是我想要说的是，我对史玉柱的那些脍炙人口的故事本身并不是太感兴趣，反而对隐含在故事背后的道理更感兴趣。因此，本书将从一个专业的案例研究者的角度，从十九个方面全景式地剖析史玉柱的一切成就都是凭什么得到的，他凭什么这么牛，总结和思考他从手握4000元到负债2.5亿，再到坐拥500亿财富征程背后所蕴涵的人生哲理和商业理念。

希望我们所做的一切能够对您有所启发和帮助。

另外，提到史玉柱，几乎所有的人都知道，他是一个营销天才。很普通的一件产品，他却能够卖出神奇来，并且持续10年畅销不衰，像脑白金，像黄金搭档，像《征途》网游。

这不能不算是一个奇迹吧！

那么，史玉柱的营销模式到底是什么呢？被称为中国最牛的营销大师的史玉柱，对中国营销的实践有哪些具体贡献呢？关于这方面的知识，我在本书中只是点到为止，更多精彩内容可参看我的另一本书《史玉柱的营销江湖》。

是为序。

作 者
2009年11月

目 录

序　为什么是史玉柱 …………………………………… 001

第一部分　探索篇
——上天注定让他历经磨难

第一章　默默无闻，也是一种性格优势 ……………… 003
　* 独立思考的能力 …………………………………… 004
　* 此路不通，要绕行 ………………………………… 005
　* 从自信到自负再到自信 …………………………… 008
　* 老虎型性格 ………………………………………… 010
　* 星相和性格 ………………………………………… 012

第二章　只要有胆子，敢干，就有成功的可能 ……… 015
　* 如果下海失败，就跳海 …………………………… 016
　* 创业就是要从零开始 ……………………………… 018
　* 冒险抓住机遇 ……………………………………… 020
　* 神奇的第一桶金 …………………………………… 022
　* 胆大源于童年 ……………………………………… 025

- * 从前期的"史大胆",到后来的胆小如鼠 …………… 027
- * 不是赌徒 …………………………………………… 029
- * 时刻做好失败的打算 …………………………… 030

第三章　我要做东方的巨人 …………………………… 033

- * 离梦想更近了 …………………………………… 033
- * 我要做中国的IBM ……………………………… 035
- * 东方巨人的梦想 ………………………………… 038
- * 巨人梦想永远不会破灭 ………………………… 040
- * 巨人梦想到底是什么 …………………………… 042

第四章　我曾经是一个失败者 ………………………… 045

- * 离失败近了 ……………………………………… 046
- * 在管理上寻找出路 ……………………………… 048
- * 开始走下坡路 …………………………………… 049
- * 初步尝试保健品市场 …………………………… 050
- * 百亿计划,三大战役 …………………………… 052
- * 巨人大厦——永远的痛 ………………………… 054
- * 从13层到72层 …………………………………… 056
- * 反思巨人大厦的失败 …………………………… 058
- * 反思巨人集团失败的原因 ……………………… 060

第五章　不怕失败,就怕放弃,我最大的品质是坚强 ……… 066

- * 死过一回了 ……………………………………… 067
- * 只有偏执狂才能生存 …………………………… 068
- * 大丈夫能屈能伸 ………………………………… 070
- * 人真正成长的时候,大都是逆境 ……………… 071
- * 跌倒不算失败,跌倒了爬不起来才算失败 …… 072

第二部分　反思篇
——失败的教训才更有价值

第六章　产品绝不能对不起消费者 …… 077
　* 一定要靠口碑 …… 078
　* 重视市场调查 …… 079
　* 对消费者不重视 …… 080
　* 我是被消费者打倒的 …… 081

第七章　媒体是一把双刃剑，看你抓哪头 …… 084
　* 枪打出头鸟，这个枪就是媒体 …… 084
　* 像出土文物一样被挖了出来 …… 087

第八章　多元化是一道槛 …… 089
　* 追求暴利的多元化 …… 090
　* 头脑发热的时候，说了我也不听 …… 091
　* 多元与专注的矛盾 …… 093
　* 多元化经营的陷阱何在 …… 095
　* 结合比尔·盖茨与李嘉诚的优点 …… 098
　* 宁可错过，不可投错 …… 100

第九章　民营企业的十三种死法 …… 102
　* 剖析巨人的四大内伤 …… 103
　* 民营企业的十三种死法 …… 105

第十章　人才我从来不骗他们 …… 109
　* 该给的，就给 …… 110

* 曾经遭遇集体出走 …………………………………… 111
* 团队的大问题 ……………………………………… 113
* 激励的手段 ………………………………………… 114
* 用人还是自己培养的好 …………………………… 116
* 四个火枪手 ………………………………………… 117
* 人才我从来不骗他们 ……………………………… 119
* 史玉柱的两次流泪 ………………………………… 120

第三部分 再起篇
—— 东山再起，匪夷所思

第十一章 农村包围城市，集中优势兵力重点突破 ………… 125
* 押宝保健品 ………………………………………… 126
* 农村包围城市 ……………………………………… 127
* 战略上可以处于劣势，但战术上一定要处于优势 ………… 128
* 坚决现款拿货 ……………………………………… 130
* 健特登场 …………………………………………… 130
* 脑白金卖的是健康 ………………………………… 132
* 见好就收，卖掉脑白金 …………………………… 132
* 夕阳和朝阳之争 …………………………………… 133

第十二章 执掌四通控股，变身投资人 ………………… 135
* 掌管四通 …………………………………………… 135
* 想着去投资 ………………………………………… 136
* 投资家的身份 ……………………………………… 137
* 投资银行 …………………………………………… 138

第十三章　看准了就做，别听专家的 ……………………… 140
* 这是一片红海 …………………………………… 141
* 有好的团队和资金，就能做网游 ……………… 142
* 我每天骑马四小时 ……………………………… 143
* 我是骨灰级玩家 ………………………………… 144
* 只有三层的"巨人" ……………………………… 145
* 2D技术和自主研发 ……………………………… 146
* 地毯式营销 ……………………………………… 147
* 广告突破 ………………………………………… 148
* 抓住长尾，卖的是权力和欲望 ………………… 151
* 把目标对准农村市场 …………………………… 152
* 营销模式创造的奇迹 …………………………… 155
* 上市是为了证明征途的成功 …………………… 156

第四部分　心得篇
——千帆过尽，高处也胜寒

第十四章　我在财务上非常保守 ……………………… 161
* 财务上要保守 …………………………………… 162
* 手上有现金，睡觉才踏实 ……………………… 162
* 只打轻装上阵仗 ………………………………… 164
* 我这个人也不是特别爱钱 ……………………… 165
* 从不轻易投资 …………………………………… 166

第十五章　制度永远要一视同仁 ……………………… 170
* 我从此再不搞股份制了 ………………………… 170
* 制度不可或缺 …………………………………… 171
* 制度要能激励员工 ……………………………… 172

第十六章　孔雀型的领导风格 …… 174
* 管理的真谛 …… 175
* 空降兵与内部人 …… 177
* 重用"黄金团队" …… 178
* 杜绝大而空的口号 …… 179
* 团队的执行力 …… 181

第十七章　规则就是用来打破的 …… 183
* 巨大的市场空间 …… 184
* 一样的工具，不一样的思想 …… 185
* 总是不按常理出牌 …… 187
* 颠覆传统模式 …… 188
* 行规破坏者 …… 189

第十八章　广告有效就是硬道理 …… 192
* 广告的力量 …… 192
* 广告的作用 …… 194
* 有效就是硬道理 …… 195
* 软文炒作 …… 197
* 广告轰炸 …… 200

第十九章　营销没有专家，消费者才是专家 …… 203
* 市场调研的奥秘 …… 203
* 你要知道梨子的滋味，就得亲口尝一尝 …… 204
* 倒做渠道 …… 206
* 试销不可少 …… 207
* "空军"和"陆军"的配合 …… 207

附 录

* 附录1：跌倒的巨人能否再站起来 ………………… 211
* 附录2：老百姓的钱为什么一定要还 ………………… 218
* 附录3：史玉柱大事记 ………………………………… 228

参考文献 ………………………………………………… 237

后 记 …………………………………………………… 238

第一部分 探索篇

——上天注定让他历经磨难

每个人的生命历程都是一段漫长的故事，区别只在于有的精彩纷呈，有的平淡无奇。

在中国30多年的市场经济中，能称得上"传奇"二字的企业家并不是太多，而史玉柱就是其中之一。

史玉柱，这个曾经唱响中国神州大地的名字，曾经被无数青年视为堪与比尔·盖茨齐高的偶像，他的创业故事已经为全国的年轻人们所熟知。4000元，100万，1000万，1个亿，三年三个台阶，实现了从4000元到1个亿的跨越，如此传奇怎能不让我们热血沸腾！可是，要知道，上帝不会把所有的幸运都赐给同一个人。接下来，他遭遇了事业的滑铁卢，几乎在一夜之间从巅峰跌到了深谷。巨人集团的破产使他再次"闻名"天下，也迫使他"落荒而逃"，从此隐姓埋名近三年。三年过后，在人们渐渐淡忘"史玉柱"这个名字的时候，他却神奇般地东山再起，卷土重来，凭借"脑白金"这么一款普通的不能再普通的保健品，再次登上人生巅峰。史玉柱的"大翻盘"把我们惊得目瞪口呆，也让我们对这个人物感兴趣至极。

其实，在笔者看来，无论是在他创业之初，还是在辉煌之际，乃至在"沦落"之时，以及在重生之后，他的血管里都始终沸腾着勇往直前、不屈不挠的热血，因为他认为，这是上天正在"苦其心智，劳其筋骨"，这是上天注定要让他历经磨难。正是这种永不屈服的精神，使他能够毅然放弃安逸而平淡的仕途，又不满足于暂时的辉煌成就，接着又不甘于失败的低谷，最后还不驻足于失而复得的领地，从而一直向前，向前，永无止境！

第一章

默默无闻，也是一种性格优势

1962年，史玉柱出生在安徽怀远。

他的父亲是怀远县城一个普通的警察，母亲则是一家工厂的普通工人。出生于平民家庭的史玉柱，他的童年与所有出生于上世纪60年代到70年代中期的人几乎没有什么两样。这些年间，尽管我们国家的大事小事不断，但是老百姓的日常生活几乎没有什么变化。

一般来说，人的智慧、性格和处世态度，在童年就已基本定型，成年的一切特征都可以从童年中找到影子。我们现在回过头来看，1989年下海创业之前，史玉柱只是一个普通人，并没有显现出多少商业基因和营销才能。然而，史玉柱从小就养成的独立思考和善于独立解决问题的习惯，在很大程度上影响了他以后的创业生涯。

多少年后，史玉柱在接受电视台采访的时候曾说，碰到一些重大的事情，他总喜欢一个人躲起来，静静地思考。无疑，独立思考是一种性格优势。拥有这种性格的人，虽然有的时候看上去有些内向、不合群、默默无闻，但是，一旦他思考成熟并且勇敢地采取行动，很快就能一鸣惊人。

21世纪的商界，谁能掌握身心力量的运用，谁就是赢家！

现代人大都渴望成就一番伟业，但是大多数人都很难如愿，原因何在？史玉柱的例子告诉我们，不论我们是否聪明绝顶，不论我们是否熟练掌握各种工作技能，成败往往就在我们的心念之间，完全凭仗我们的性格。

我们的头脑好比是一部超大型的计算机，它不仅控制着我们的思想和学习，也掌控着我们的感觉、情绪以及身体的各种反应。这不可思议的能量信息系统主宰着我们事业的发展。因此，正确地输入信息并且有效地提升这部超大型计算机的机能，让我们的心智得到最完美的发挥，是我们在事业上成功制胜的关键！

独立思考的能力

史玉柱的童年可以用"波澜不惊，平淡无奇"八个字来概括。

据了解，上小学的时候，史玉柱每天放学回家都是先做完作业再吃晚饭，如果作业没做完，无论父母怎么说，他是不会中途停下吃完饭后再继续做作业的。因此，史玉柱从来没有不完成课后家庭作业的时候。

虽然这是一件微不足道的小事，但可以折射出史玉柱从小就具有做事非常认真而且耐心十足的性格。

后来，史玉柱说：

> 我小学的成绩一直不是太好，一般都是中等，不过我做事可能比较有恒心和耐心，也有点内向。

史玉柱所说的内向的性格一直伴随着他，直到成年。他不喜欢热闹，总喜欢一个人默默地思考。在这个时候，任何外在的因素都影响不了他。

童年的史玉柱是这样的普通，以至于我们在他的身上找不到任何企业家或者商人的潜质。这难免令人感到奇怪。每个人的童年和少年时代都是人生中最关键的阶段，因为各种思想观念和思维模式都在逐渐成熟。很多伟人在少年时代就显示出与众不同的气质。少年时代的史玉柱虽然平凡，但是他懂得挖掘自己的智慧，努力培养自己踏踏实实地做人做事、独立思考的能力。

其实，许多人难以像史玉柱那样取得伟大成功的原因就在于，遇事先考虑大家都怎么说，大家都怎么干，不敢突破人云亦云的求同思维模式。讨论一件事情时，他们总喜欢"一致同意"、"全体通过"，这种观念的后面常常隐藏着"从众定式"的盲目性，不利于个人独立思考，不利于独辟蹊径，常常会约束人的创新意识。如果一味地考虑多数人的想法，个人就不愿开动脑筋，事业也就不可能获得成功。

当然，任何事情都有两面性，有利必有弊。独立思考是一种性格优势，但这其中也存在着很多问题，如果处理不好，一样会对当事人的人生产生致命的影响。一个人善于独立思考的同时，还应该善于借鉴和吸收别人的智慧。不懂得借鉴别人的长处，只想着靠自己的力量就能取得非凡的成功，这种观点是非常危险的。在巨人集团的发展过程中，史玉柱的这种"性格优势"曾经变成了"性格劣势"，给他带来了很大的麻烦。从某种程度上说，这也是导致巨人集团轰然倒下的一个重要原因。好在史玉柱能够从这次失败中吸取教训，认清自己的性格劣势，从而在失败中重生。

此路不通，要绕行

在上初二之前，史玉柱学习成绩不好，还比较贪玩，爱看小人书，经常被妈妈训。初二时史玉柱开始认真学习，突然间对学习发起"疯"来，结果一发而不可收，特别是数理化成绩直线上升。

那么，是什么促使他突然转变了呢？

原来，那一年国家恢复了高考制度，史玉柱知道了"学习好可以考大学"。从此以后，上大学成了他奋斗的目标。

从初中开始，到离开家乡去上大学前，史玉柱不知什么原因，就喜欢和几个要好的同学去爬山。

"大家都爬山，我不去爬山，觉得好像太另类，就养成了爬山的习惯。"史玉柱如是说。

早上5点，天还没亮，史玉柱就开始从山脚往山上爬。从史玉柱家通向山顶的路上，只有他一个人。史玉柱每天都要克服怕鬼的恐惧，从栽满石榴树的一片坟地穿过，为的是黎明时分和几个要好的同学聚在怀远山顶，一起等待天亮。后来在巨人大厦坍塌后史玉柱的"死而复生"也跟登山有联系。

不过,他选择"重生"的地点是喜马拉雅山。

1980年,史玉柱以全县总分第一名(其中数学考了119分,差1分满分)的成绩考入浙江大学数学系。但在浙江大学数学系刚刚读完了一学期后,史玉柱就放弃了"成为陈景润第二"的理想。

为什么史玉柱放弃了成为著名数学家的理想呢?

因为,他逐渐认识到,做数学家并不是自己所擅长的事情。

早在上中学的时候,史玉柱的数学老师就特别喜欢陈景润,几乎每节课都会讲陈景润攻破数学界的难题"1+1"的故事,还逼着史玉柱等几个数学成绩不错的学生读了几遍《哥德巴赫猜想》。那时科学家的地位特别高,所以史玉柱当时特别想攻破"1+1",这也是他选择浙江大学数学系的原因。但是,当他进入浙江大学,读了《数论》等专业的数学书籍后,他才真正了解到数学究竟有多难,成为一个一流的数学家有多难。另外,和周围同学比聪明,也让史玉柱压力很大。长江以南的学生,成绩好的并不想上清华、北大,大都选择上浙大,所以,史玉柱那个班里聪明人太多,学习好的也太多了。

知道"1+1"不可能突破之后,史玉柱的数学家之梦破灭了。

后来,他谈到这件事情的时候说:

> 我很想做成一件事情(成为数学家),但是我又意识到我做不成这件事情,这是我理想破灭的主要原因。

由此,我们应该能够得到这样的启示:在攀登人生顶峰的路途上,必须懂得"此路不通就绕行"的道理。但凡成功的人士,都不会固执地"一条道跑到黑"。

我们应随着事物变化及时地调整自己的步伐,切莫在无法实现的事情上耗费过多的精力和时间,让"生命号"之轮就此搁浅。如果史玉柱不懂得放弃,执著地追求成为数学家的梦想,那么结果会怎样呢?我们可以想象得到,20年后,中国会少了一个样板型的企业家,而多了一个三流的数学家。

史玉柱知道,执著,有时候是优点,但有时候过于执著会转化为性格缺陷。过于执著的人在商场上可能不会有好结局。因为过于执著让你拘泥于因果，而因果必生孽障。

佛家有言，由爱生怨，由怨生忧，由忧生悲，由悲生怖，由怖生恨。财富是一种欲念，地位是一种欲，功名利禄也是一种欲，而欲念正是所有烦恼的根源。

佛家讲四大皆空，无欲无求，这样才能极乐、极成功。

由于有欲，世上的人都有烦恼，都是苦海中的芸芸众生。

虽然在商海摸爬滚打的史玉柱不可能像完全出世的人那样做到无欲无求，但是，他对任何事情都不会太过于执著，不会太执著于财富，不会太执著于地位，也不会太执著于功名利禄。

"谁遇到了金钱，谁遇到了地位，谁遇到了荣耀，刹那间发出光芒，然后分开，缘分已尽。"这就是史玉柱眼中所谓的缘分。

其实，有些时候，聪明的放弃是经营人生的一种策略，也是人生的一种大智慧。不过，它需要更大的勇气和睿智。有所失才会有所得。对于高人来说，放弃不是失败，是智慧。

从某种程度上说，不懂放弃或过度执著就是固执，而固执是一种性格缺陷。这种缺陷的基本特征是手段目的化。举个例子，做买卖的人的本身目的是为了赚钱，打败竞争对手只是手段。在竞争时，当你打败竞争对手付出的代价高于你的收益时，也就是即使你解决了问题也赚不到钱时，理智的老板就会考虑放弃（这是一个痛苦的决策过程，你不只是放弃了损失，同时还要放弃你的利益）。更高明的老板是在问题没发生前，就想办法绕开这件事。

数学理想破灭后，史玉柱开始跑步。他每天从浙大跑到灵隐寺，这其中有9千米的路程，然后再跑回来，就这样坚持了四年。他一方面加强锻炼自己的身体，另一方面也在寻找另一个人生机会：不做数学家，那么做什么呢？此时的史玉柱还没有答案，他还在等待，就像一只老虎一样，在等待猎物的出现。一旦猎物出现，他会义无反顾地扑上去。

大学毕业没几年，史玉柱终于找到了施展自己才华的机会，毅然地辞职下海创业。

从自信到自负再到自信

绝大多数人都知道自己有或多或少的弱点，有或重或轻的自卑心理。

在面临困难和险境时，自信的人常常是值得信赖并能给别人以希望的。大量的事例证明，任何一个人只要有明确的目标、可行的规划和坚定的信心，便能克服挫折和障碍，从而实现自己的梦想。

史玉柱就是这样的一个人。

可是，自信和自负以及自卑经常会混在一起。那么如何区别这三者并且有效地处理好它们之间的关系，就是一个很重要的问题。

即使如史玉柱般的人才，也曾经在这方面犯过很大的错误。

所谓自信心，就是一个人对自我能力的评价。如果一个人对自我能力的评价低于他的实际能力，这个人的性格叫做"自卑"；如果相当则叫做"自信"；如果后者高于前者，则叫做"自负"。童年的史玉柱平平凡凡，是有些自卑的。后来，经过努力，最终以县城第一名的成绩考上浙江大学数学系的时候，他是自信的。可是，这种自信根本就没有持续多久，因为刚进大学不久，他就发现自己的同学都非常优秀，这时他就又有点自卑了。

第一次辞职创业，史玉柱极具胆略，他敢于用所有的收入去打广告来换取收入的快速增长，你可以说这是"自信"，也可以说这是"自负"。后来的成功证明了他的商业眼光，也使他更加自信起来。可是，当这种自信超越了某种限度，就出问题了。

在事业上获得了很大的成功以后，史玉柱开始变得真正"自负"起来，他几乎认为自己无所不能。也正是从这个时候开始，灾难才开始真正降临。

1994年，预计要建72层的巨人大厦举行开工典礼，大厦的预算超过12亿元，而当时的史玉柱只有1亿元流动资金，虽然卖出了大量"楼花"，还把卖脑黄金赚的钱也投了进来，但资金链仍然断裂。到1997年，他负债2.5亿元，深陷人生的谷底，成为"中国首负"。这次惨痛的失败给了史玉柱一个深刻的教训，使他深受打击。史玉柱终于认识到"中国的民营企业家面对的最大挑战就是能否抵制诱惑"，任何人都不会无所不能。

再后来，史玉柱的自信心回归正常。

1998年，当悄然离开珠海，以脑白金重出江湖之时，史玉柱已经真正跻身于商场上的顶级高手之列了。他借来50万元作为启动资本，以"今年过节不收礼，收礼只收脑白金"那句令很多人反感却收效神奇的广告词，让脑白金再度创造销售奇迹。2001年，史玉柱还清了当年欠下的2.5亿元债务，并当选"CCTV中国经济年度人物"，其人生也开始了"N"字形中的第二次上升过程。

史玉柱重新回到"N"字形的顶峰，靠的是网游及其在纽交所的上市。他的《征途》是一款自始至终都充满非议的游戏。史玉柱所开发的游戏，因为鼓励血腥暴力与赌博、权力至上、"有钱横行天下"，被公认为吃透了人性，利用人性弱点赚钱，遭到了各界的强烈批判，可是也获得了惊人的成功。

自卑——自信——自卑——自信——自负——自信，这就是史玉柱人生心态的转变过程。可以说，史玉柱事业的成功和失败是和这几个词紧密相关的。自信时，一般是他事业发展比较平稳之时；自卑时，一般是他遭受挫折并且进行反思之时；自负时，一般是他事业最危险之时。当然，普通人在当时的情景下，是分不出到底是自信还是自负的。

一个自信的人，会把"不可能"这三个字变成"我能行"这三个字；一个自卑的人，会把"不可能"这三个字变成"我不能"这三个字；一个自负的人，会把"不可能"这三个字变成"一定能"这三个字，随后演变成"不可能"。无数的事实证明，在事业上，谁拥有了自信，谁就成功了一半，另一半成功则是靠我们的努力去争取。史玉柱正是用强大的自信心去推动事业的车轮，从而成就了一番大的事业。

一般来说，自信是最正常的心理状态；自卑还不算太可怕，因为自卑并不会带来很大的危险；自负经常会和冒险、野心以及膨胀等字眼联系在一起，所以值得特别关注。那么，经历过大挫折的史玉柱，还会脑袋发热，从而自负起来吗？可能性不是太大，因为他所经历的一切都是前车之鉴，都是血的教训。我们知道，一旦自负的魔鬼攀上了身，那就已经离失败很近很近了，

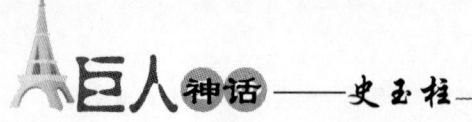

有过前车之鉴的史玉柱不会傻到在同一个地方摔倒两次。

老虎型性格

有媒体曾经说过:"史玉柱就像一只等待猎物的老虎,时刻等待着猎物的来临。"这里的猎物,应该就是事业的机会。如果用这句话来形容1997年前的史玉柱的话,还是比较恰当的,因为1997年前的史玉柱总是害怕漏掉任何一个事业发展的机会。

不过,这里我要说的是史玉柱的性格。基本上,他属于一个老虎型性格的人。从这个意义上讲,1997年巨人集团倒下之前和之后的东山再起,史玉柱的性格都是同样的。

那么,什么叫老虎型性格呢?

老虎型性格的人有三个最典型的特征:权力导向、目标导向、重实质性报酬。

那么,从辞职下海的那一天开始,这三种特征就和史玉柱牢牢联系在了一起,再也没有分开过。他的一举一动无不体现出这三种特征。

权力导向,这我们可以从史玉柱一直喜欢读毛泽东的著作看出来。他之所以钟情于毛泽东著作,一方面是因为可以学习到毛泽东的思想谋略,另一方面是因为毛泽东的权威和在普通人心目中无上的权力对他有很强的吸引力。

目标导向就更加明显了,他的每一项商业计划都有明确的数字指标。可以说,史玉柱是一个对数字非常敏感的企业家。对于每件事他都有明确的目标,任何时候都能以顽强的控制力向着目标前进。

至于重实质性报酬这一点,他和蒙牛集团的创始人牛根生有些类似,都懂得散财。特别是经历挫折以后二次创业的时候,史玉柱分下来的奖金非常多,出手大方。

一般来说,具有老虎型性格的企业家,如果他所经营的产品不违背法律与社会的基本道德,其现实主义者的特性,对金钱、权力等实质性成果的执著追求,对企业成功都将产生极大的帮助。老虎型性格的人对目标有着天然的执著，在任何时候，都以目标为出发点，在实现目标的过程中，他们具有坚强的控制力，他们的法则是："按我说的去做！"

2007年11月1日，巨人网络登陆纽交所，史玉柱给纽约证交所出了一个难题——他拒绝穿西装出席巨人公司的上市仪式。纽约证交所最终改写了历史，史玉柱成为第一个穿运动衣出席撞钟仪式的企业家。一个老虎型性格的人，如果后天有良好的道德修养，他就是一个有魄力的实干家；如果缺乏良好的道德修养，就会变得自行其是而贪婪成性。所幸，在多次打击下，史玉柱越发具有成熟企业家的特质。

在老虎要扑食某只羚羊之前，它绝不会事先大吼三声，而是悄悄地接近，有把握之后才猛、准、狠地扑过去。老虎型性格的人确定目标后，多数情形下会掩藏自己的意图，悄悄地积聚行动的力量。在人际关系中，老虎型性格的人渴望竞争，他们非常希望能打败强者，以证明自己的能力。他们只关注目标能否达成，而不是能否取悦他人，他们的沟通风格直接而坦率，喜欢挖苦别人，经常展现出嘲弄式的冷幽默。他们讨厌犹豫不决，容易与人产生摩擦，甚至认为冲突本身就是解决问题的一种方式。

但事实上，每个人都或多或少地存在着一种不良习惯——犹豫不决、拖延。我们可能常常因为拖延时间陷入不断的自我谴责之中，然而下一次又会不自觉地重犯拖延的毛病，这种司空见惯的现象频繁发生，以至于我们把它当成人类的一种不可改变的本性了。

在史玉柱看来，拖延时间，看似是人的一种本性，实质上是一种极其有害于工作和生活的恶习。偶尔拖延一下也许没有什么大不了，不会造成十分严重的后果，可怕的是每次拖延之后总是给自己寻找借口，并埋下了下一次继续拖延的祸根，以至于天长日久，让拖延成为自己身上一个无法医治的毒瘤，从而最终与成功无缘。

《圣经》上有这样一段话："凡听了我这些话而实行的，就好像一个聪明人把自己的房屋建在磐石上，雨淋、水冲、风吹那座房屋，它并不坍塌，因为基础是建在磐石上；凡听了我这些话而不实行的，就好像一个愚昧的人把自己的房屋建在沙土上，雨淋、水冲、风吹那座房屋，它就坍塌了，而且坍

塌得很惨。"

所以，史玉柱经常说，如果有了想法和信心的时候却不行动和执行，那么一切都等于零。

当你有了好的思路和创意后，一定要第一时间彻底执行，不要让想法死在肚子里！在生活中，我们常常会发现，周围所谓的成功者及其成功模式，其实早已在若干年前在我们的脑海里演练了好多遍，只是我们没有第一时间彻底执行或坚持到底，最终眼睁睁地看着自己曾经的手下败将取得成功，而我们只能抱憾终生……

史玉柱知道，我们今天能想到的，最晚别人在后天也会想到，而市场竞争的实质就是时间和速度的竞争。所以，通俗点讲，老虎性格就是干工作、做事情、闹革命，把想法实现。

如果你对自己有信心，相信自己一定能成功，那么就跟史玉柱一样养成干脆的习惯，不拖延，马上付诸行动！

这些性格特征，无疑从一个方面成就了史玉柱。情况瞬息万变，在危机决策时效性要求和信息匮乏条件下，任何模糊犹豫的决策都会产生严重的后果。所以我们必须像老虎那样，积聚行动的力量，最大限度地集中决策使用资源，迅速作出决策，系统部署，付诸实施，然后向成功冲刺！

星相和性格

毫无疑问，史玉柱具有强烈的性格，不肯服输。虽然有的时候看上去不善言语，有些木讷，可是在他的内心深处，总是希望能够打破常规，以成功来证明自己的实力。后期的史玉柱在性格上更加稳健一些，毕竟是经过挫折的人。

有关星相和性格的关系，可能很多人都不信，认为其没有科学依据。史玉柱其实也将信将疑。我们在此用星相和性格的关系对史玉柱进行分析，只不过是从另外一种角度对史玉柱的性格进行评述。

史玉柱是一个天秤座的人，天秤座的人是典型的机会主义者；他的血型是B型，B型血人凡事追求完美。这两点都比较符合史玉柱的个性特点。

在中国特殊的市场环境下，企业家以获得企业的快速增长为目标，他们认为他们需要的不是高超的管理艺术，而是选择适当的时机，进入合适的产业或是细分市场。一些事实也证明，一旦精确地挖掘到市场机会，企业的成功几率非常之高。史玉柱的经历无疑是一个最好的例证。从一开始做汉卡，到后来做脑白金，再到做网游，史玉柱好似没有什么长期的规划，只是看到了一个机会，从而抓住了而已。然而，这是不正常的现象。因为这意味着，在中国做企业所需要的是对时机的准确判断。由此导致的问题是：中国绝大多数企业家还是机会主义者。

星相学上说，天秤座的人富有魅力，温文尔雅，目光敏锐，怀有机会主义。很显然，史玉柱狂傲的个性与他天秤座星相上应有的的谦逊背道而驰。但他的确是富有魅力、目光敏锐，是机会主义者，总起来说他还是比较完美地诠释了天秤座的性格特点的。B型血是比较追求完美主义的开拓型血型，但有些B型血的人带着多疑的性格，史玉柱恰好就是其中最具代表性的人物。

据说，在史玉柱的"脑白金团队"中，三个核心助手全是B型血，这三个人造就了脑白金的辉煌。但是成功后，他开始重用A型血的人，因此史玉柱属于"谨慎型"企业家。

可是，谨慎为何？谨慎何用？

"天下熙熙，皆为利来；天下攘攘，皆为利往。"商场角逐者多是凡人，凡人总有凡心，对于名利的追逐总是在所难免。但由于市场资源有限，总是僧多粥少，蛋糕总是这么一点，所以凡心常常沦为烦心。"人为财死，鸟为食亡"，这话虽然残酷，但符合达·尔文优胜劣汰的科学规律，因而也就在情理之中了。

只要有凡人的地方，就会有对名利的俗念，而俗念难免会变成杂念，商场何尝不是如此？说白了，商场就是个缩小了的名利场，无论是企业文化的感召，还是"企业双赢互利"的信念，再华美的说辞，也逃不了名和利两个字。

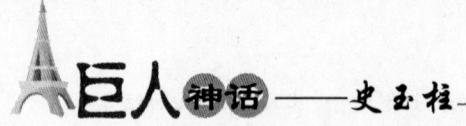

"商场深似海，投资须谨慎。"史玉柱把这一句话深深埋在了自己的心里。对一个将全部身家压在商场的人来说，商场不仅仅有阳光灿烂的一面，也有阴暗肮脏的一面。在这里面，除了团队友情、理想抱负和人性关怀外，还同时充斥着物欲横流、尔虞我诈和商场政治。

商场就是一个小社会，好人坏人善心恶心崇高卑劣，都有其存活的土壤和生长的空间，远没人们想象的那样简单和纯洁。所以，谨慎是福，谨慎是宝，像史玉柱那样做一个谨慎的人，商海的大船才会越走越好！

第二章

只要有胆子，敢干，就有成功的可能

比尔·盖茨曾这样说："上帝赋予任何人以能力，使他们可以成就大业，绝无偏差。"

一个想在职场中大有作为的人，应该有血气和胆量，要有成大事的气魄。面对任何有挑战的工作，面对别人不敢接受的挑战，要有坚强的自信心，要带领所在团队勇往直前。

胆量是职场人生至珍至贵的东西，只有有胆量有气魄的人，才能承担起财富与地位的重任。

那些意志坚定、敢作敢当的人永远具有十足的自信心。遇到任何难以应付的工作，他们都能沉着应对，而不至于惊慌失措。

我们可以看到很多这样的例子：一个人认为他不能，因此做不了；一个人认为他能，因此做成了。那么，怎样才能做到变不可能为可能呢？

这取决于你有没有进取心；有没有胆量去赢得成功。

要想在思想上有所创造，就必须首先做到彻底抛弃旧的思维习惯，并且改变现状。

事情没有大小之分，要改变就会冒风险，有创意的人必须接受风险的挑战。不冒一些风险，不跌几次跤，就不可能有进步。当我们学会用理性的眼光去审视冒险与成功之间的关系时，就会慢慢发现，成功原来真的很简单：在这个世界上，没有什么事是不可能的。

"只要有胆子，敢干，就有成功的可能。"这是史玉柱早期的创业箴言。

的确，当我们仔细品味史玉柱的人生时，我们看到，他在事业早期无疑是有胆量、敢于冒险的，这也是他从小形成的性格。他的冒险精神成就了他的商界传奇。可是，也正是他的这种冒险精神，导致巨人集团后来的失败。等到东山再起时，用他自己的话说，他"已经变得非常胆小了"。

其实这种转变也很好理解。当我们一无所有的时候，即使我们失败了也不会损失太多的东西，当然会胆子大一些；而当我们取得一定成就的时候，就会害怕失去已经拥有的，反而会变得胆小。

"幸运喜欢光临勇敢的人，冒险是表现在人身上的一种勇气和魄力。"

请相信这句话吧！我们只有像史玉柱一样，将准确的判断力和大胆的冒险精神结合起来，才能在事业上取得成功。两者缺一，都不能与胜利顺利交集。

如果你只有冒险精神，而没有良好的判断力，就只能算是鲁莽，而鲁莽是不可能在事业上取得成功的。即便是取得了暂时的胜利，也不会长久，就像早期的史玉柱一样。如果你有良好的判断力，但是不愿意去冒险，不敢承担风险，那么你的事业成功最多也只能是想象中的成功。

如果下海失败，就跳海

1984年，史玉柱大学毕业，被分配到了安徽统计局工作。

他在工作中表现得相当不错，充分表现出了他的技术才能，也深得单位领导的信任。正是在这个时候，他逐渐表现出对计算机技术的浓厚兴趣。在内心深处，他隐隐约约地感到，计算机是一个好东西，肯定会改变很多人的生活。1986年，他被单位公派到深圳大学读研究生。从此，他看到了另外一个不一样的世界，他的人生转变开始迈出了第一步。

在深圳，史玉柱真正接触到了IT业，并且看到了汉卡市场的前景。

上个世纪80年代末，全英文界面的电脑开始从香港进入中国内地，带领了中国"汉卡"市场的兴盛，其中以联想汉卡最为著名。当时正在深圳大学读研究生的史玉柱，敏锐地感觉到汉卡市场蕴藏着巨大的利润空间。1989年，史玉柱研究生毕业以后，就辞职下海了。当时他在亲戚朋友面前说了一句话:"如果下海失败,我就跳海。"

2005年,史玉柱接受《中国新时代》采访时这样解释当时辞职的原因:

> 我以前在安徽省政府的统计局上班,因为觉得那种工作环境使人的想法和个性受到了压抑,所以决定下海经商。最初的创业是在深圳开始的,那时的感觉非常好,从很低的起点一步步往上爬是最快乐的时候。

史玉柱认为统计局的工作使自己的个性受到了压抑,看来国家机关有些僵化的体制并不适合这个年轻人。可是,在1989年那样的社会环境下,史玉柱丢掉铁饭碗无疑需要很大的勇气和魄力。如果在安徽统计局本分安稳地继续踏实工作,一步一步往上升,那么,史玉柱将会继续过着令他人羡慕、称赞的舒适安逸的生活。在1989年,拥有研究生学历的人还相当少,国家统计局的数据显示,这一年全国毕业研究生仅37 232人。而拥有这种高学历的政府机构的工作人员更为稀少。1989年史玉柱研究生毕业的时候,年仅27岁,在这个年龄就做到了处级干部,再加上有高学历、领导赏识,如果史玉柱继续留在统计局,未来的仕途可用"不可限量"来形容。那个时候的史玉柱已经结婚了。在一般人的世俗观念中,结了婚的男人理所当然应该以家庭和安稳为重,可是史玉柱却不这么认为。

史玉柱从小养成了独立的性格,他一旦认准了一件事情就非要进行到底。性格中的求新求变、坚强勇敢与不服输的特点在这个时候发挥了巨大作用。在读完研究生后,回到单位的史玉柱做出了几乎令所有人都意想不到的抉择——他递交了辞职书。

他决心放弃前途无量的仕途,毅然辞职"下海"创办企业。

放弃了前途似锦的仕途,史玉柱只能破釜沉舟,孤注一掷了。

带着领导和同事们的惋惜言辞,耳边是父母和妻子的埋怨、不解与叹息,史玉柱内心仍然平静如水。曾经担任巨人集团副总裁的王建在《谁为晚餐买单》一书中这样描绘史玉柱:"其实史玉柱是个不太有野心的人,他大学毕业后回到家乡的县城,并在不到男性晚婚年龄时经人介绍结婚。"如果是这样,为什么史玉柱在 1989 年一定要舍弃自己的铁饭碗下海呢?

王建给出的答案是:他太喜欢计算机技术,而且看到了可能的市场机会。

其实,事业上的困惑和选择大部分人都会经历,但在面临困惑时,如何整合各种资源,抓住机会,做出有效的选择,是决定每个人的成败及不同经历的关键因素。

在做选择的时候,我们往往需要像史玉柱那样的"破釜沉舟"的决心。作了决策之后,能够坚忍不拔地执行,而不是犹豫和退缩,这样,人生才能焕发出夺目的光彩。

创业就是要从零开始

有人说:"从昨天的坎坷和风雨里走来,我们身上难免沾上世俗的尘土和霉气,心中也多少会留下一些酸楚的记忆。"

史玉柱内心十分清楚,如果总是背着沉重的怀旧包袱,为逝去的流年伤感不已,为昨天的失误捶胸顿足,那只会白白浪费眼前的大好时光,也就等于放弃了现在和未来,也就不可能有所成就。

追悔过去,只能失掉现在;失掉现在,就没有未来!

要想成为一个功名卓著的企业家,需要付出很多的努力。对史玉柱来说,最重要的一点就是:学会将过去的失败或者成功统统忘记,不沉湎于过去之中,而是一直向前看。这时你会发现,伴随着每一天太阳的重新升起,每一天都是朝着成功迈进的新的脚步。

那么,史玉柱辞职下海,登上飞往深圳的飞机的时候,他是否仔细想过,未来对他意味着什么?从此,他就成了一个自由的人,外面的世界有非常广阔的舞台和空间,正等着他去施展才华。从此,他将成为自己的老板。

为别人打工,不如给自己打工,当自己的老板,这也许是每个创业者最原始的创业梦想。

一个成功的创业者在工作中不需要面面俱到,但是他必须有熟练的专业知识、精湛的专业技能，这样才能保证他在本领域内游刃有余，穿棱自如。对于一个从零开始的创业者来说，这是至关重要的。

另外，创业不是为了简单地打工，不是为了能有一口饱饭吃。成功的创业者必须能够找到一条独特之路，达到"人无我有，人有我优"的境界。

当然，创业是艰苦的。创业之初，史玉柱一没资金，二没靠山，他登上飞机飞往深圳的时候，身上的全部家当只有东挪西借的4000元人民币。就是这4000块钱，在那个时代，成就了巨人史玉柱，也成就了一个伟大的传奇。

创业家之所以能够成功，很大程度上在于他们对机会具备天生的敏锐性和判断力。正如经济学家柯兹纳所言："机会源于信息不对称。"正是这种精细和敏锐使创业者能够抓住眼前稍纵即逝的机会，并且常常先于平常人看到这些机会的苗头，从而为采取行动赢得先机。

在史玉柱身上，我们看到很多这样的"敏锐"，也看到了大人物成大事的"梦想"。

你也像史玉柱那样敏锐吗？你也像史玉柱那样怀揣着做大事的梦想吗？

史玉柱在参加一次活动时讲道："所有伟大的成功都是从做白日梦开始的。"他说得很有道理。想象一下，如果当年莱特兄弟不做人类飞上天的白日梦，恐怕我们现在还一直在地面上活动；如果当时爱迪生不做电灯泡的白日梦，或许我们现在夜晚依然点着煤油灯；如果史玉柱当时没有下海创业的白日梦，恐怕我们今天就见识不了铺天盖地的脑白金……

这些伟大的梦想源于兴趣——这个让人全心投入的吸引处。

有没有这种感觉——对自己感兴趣的工作，就会产生强烈的积极进取的意念，总是要做得更好一些；而对讨厌的工作，则唯恐避之而不及。解决一个很感兴趣的工作中遇到的问题时，灵感会源源不断地涌现；而从事一件讨厌的工作时，灵感几乎等于零。

怎么来解释上面的现象呢？当你做自己感兴趣的事情时，体内的血压和荷尔蒙的分泌会很均衡正常，使你精力充沛，从而会促使你产生好的感觉，思考自己喜欢的工作中发生的问题，即使不能立刻得到答案，也会在睡梦中继续不厌倦地思考。

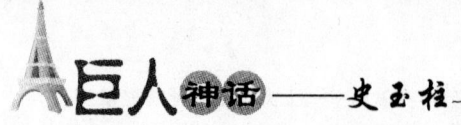

成功有大有小,但是成功的取得必须有个前提——敏锐地沿着自己当前的道路向着目标不断奋斗。史玉柱正是这么一步一步地走过来,并取得成功的。

冒险抓住机遇

成功挖掘到第一桶金,是每个创业者梦寐以求的。

有些人认为,第一桶金不是靠运气得来的,而是靠对市场的把握得来的。有句老话,说的是大富由命,小富由钱。意思就是你创造富可敌国的财富的时候,没有运势是做不到的。但是第一桶金就这么点儿钱,不可能是运气促成的。既然运气不是唯一,那么众多的创业者靠什么赢得了自己的第一桶金呢?是对市场研究之后发现的可乘之机!

在商业活动中,能否把握时机甚至完全可以决定一个创业者是否会有所建树。

在任何创业的过程中,我们都必须具有敏锐的眼光,抓住每一个致富的机会,哪怕这种机会只有万分之一成功的可能。

机不可失,时不再来。这句再普通不过的俗语却蕴涵着一个浅显而深刻的道理。

在商业活动中,如果你能在时机来临之前就识别它,在它溜走之前就采取行动,那么,幸运之神就降临了。

商场上的幸和不幸往往取决于你是否很好地利用了时机。有些人在时机失去之后才顿足扼腕,那他便注定只是一个十足的倒霉蛋。而有些人却深知时机稍纵即逝,因而能及时把握。所以,他的一生都仿佛一帆风顺,心想事成。

我们可以从麦当劳的成功中明白抓住机会的重要性。

闻名世界的"麦当劳"快餐的创始人兼总裁雷·克罗克,是一个特别善于寻找机遇的人,他从一份来自一家汉堡包快餐店的订单中,寻找到了发财的机会,从而改变了自己的命运。

在这份有些意外的订单上写着要求订购14台制奶机。无比惊喜的雷·克罗克觉得对于这样大的一单订货，他应该和客户见上一面，而见面的结果不仅使美国产生了一个新兴的快餐业，也改变了雷·克罗克后半生的命运。雷·克罗克见到的客户不是别人，正是加利福尼亚州圣贝纳迪诺市的麦当劳兄弟，他们经营着"麦当劳"快餐馆。那时的"麦当劳"快餐馆规模不像今天这样庞大，经营的品种也很单一，主要是炸薯条和汉堡包。

雷·克罗克抱着好奇的心理品尝了这种食品，立即就被深深地迷住了。吸引他的不仅是食品的美味可口，更主要的是麦当劳兄弟独特的经营方式。他们创造了流水线生产汉堡包和搭售炸薯条的营销方式。在制作和销售过程中，不仅采用标准化牛肉小馅饼、标准化配菜系列，还采用红外线灯照射，以保持炸薯条的清脆可口。

这种分量足、口感好又方便快捷的食品很受当地居民尤其是青少年的喜爱。此外，雷·克罗克还注意到，麦当劳兄弟俩在餐馆前树起个巨大的拱形"M"招牌，以招徕顾客，而在加利福尼亚州的另外九家餐馆也使用"麦当劳"店名，并且已经有了联合销售、联合经营的发展趋向。

但是，经过周密考察，雷·克罗克发现麦当劳兄弟俩的经营思路并不是完美无缺的。他们也有致命的弱点，那就是思想比较保守落后，而且过于满足现状。另外，他们也不愿过于奔波劳累去进一步开发拓展业务和发展分店。所有这些，都引起了雷·克罗克的深深思考。多年的推销员生活和对饮食业发展趋势了解的经验告诉雷·克罗克，麦当劳兄弟的创造发明非常重要，但也有很多需要改进的地方。因此，他并不急于立即签订出卖制奶机的合同，而是留在加州连续考察了一周。

在这珍贵的七天里，雷·克罗克马不停蹄地四处打听，不断地观察，结果又有了新的发现。他敏锐地意识到，他人生的转折时机就要来临了。终于，雷·克罗克不失时机地抓住了这次机会，取得了成功，实现了他人生的一次大转折。对于这次机会，雷·克罗克并不认为这是命运所赐或偶然所获，而坚持认为是他多年推销员生涯中经验积累的必然结果。

1960年，雷·克罗克在人生的十字路口作出了一次重大抉择：他出资340

万美元,买下了麦当劳兄弟的全部资产和经营权,在美国经商史上,又开始了一个新的奇迹。他后来解释时曾说:"当我遇到麦当劳兄弟时,已有多年准备了。以我多年在食品、饮食业中推销的经验,我有足够的能力来判断机会是否真正来临。"在随后的几年时间里,美国各地的"麦当劳"快餐店发展迅速,从当初的8家猛然增加到2390家,发展成了一个具有一定规模的行业。

雷·克罗克不失时机地抓住机遇,成功也就成了他最终的归宿。

许多人说:为什么机遇都给别人碰上了,我却没有碰上?

看了雷·克罗克的经历,你就应该有所醒悟:机遇不是能随便碰上的,而是要主动去寻找和发现的。就像"麦当劳"的那份订单,倘若是你拿了你会发现这是一个改变人生的机遇吗?

我敢说,绝大多数人想到的就是如何完成这份订单,而不会像雷·克罗克那样从中寻找更大的机遇。而我们所探究的史玉柱呢?在读研究生的时候,史玉柱发现了汉卡的市场前景,就像雷·克罗克发现麦当劳的市场前景一样。像雷·克罗克那样,史玉柱抓住了人生的这次机遇,并成就了中国商界的神话。

神奇的第一桶金

1989年7月,史玉柱来到深圳,开始自己的事业梦想规划。这个时候的史玉柱根本没有多少钱,租不起房子,更买不起设备,他甚至没有一台自己的电脑。

这个时候的他几乎一无所有,而他所有的原动力仅仅是对生活的热情与对梦想的执著。

尽管一无所有,事事艰难,可并不意味着不能成功。史玉柱坚信,问题总是有办法解决的。

多年以后,回想起当年的窘迫,史玉柱还是感叹不已:我回到自己念研究生的深圳大学,偷偷"混进"学生宿舍栖身,偷偷"混进"机房,借用学校的电脑编写程序。那个时候，实在是太缺钱了。

但是，史玉柱毕竟已不再是深圳大学的学生，不久，他就被机房的管理员发现，无法再到机房"蹭"机器用了。于是，他不得不通过熟人找到有计算机的学校办公室，别人下班了他"上班"，别人不用计算机的时候他接着用。

在这样艰苦的条件下，史玉柱开发了M-6401桌面文字系统。经过近一个月的努力，他在固化字体、增加字库、批处理的基础上，解决了所见即所得的界面问题，集录入、排版、编辑、打印于同界面，并且所有功能都以中文窗口菜单提示，经过综合压缩，保证大字无锯齿，小字笔画均匀。

史玉柱确信M-6401是一款成熟的产品，比市场上所有的同类软件产品都要好。史玉柱把他的软件拿去压缩成一种卡，可以装进电脑主机里。

这是史玉柱研发的第一个产品，"汉卡"这个名字因此而来。有了产品，想把它卖出去，史玉柱还需要有个公司。

他联合另外三个伙伴钱宇、姜巨满、蔡玮，用他带来的4000元钱，承包了深圳大学科技工贸公司电脑服务部。这个时候，史玉柱开始显现出他过人的胆量。由于公司需要有电脑才能工作，而这时的史玉柱已经没有钱再去买电脑，经过一番思想斗争，他想出一个办法：用9500元的价格向电脑公司购买一台售价为8500元的电脑，条件是延期付款，在半个月后支付这9500元。

这相当于以1000元的租金来租用电脑半个月。

为了尽快打开软件销路，史玉柱想到了打广告。他再下赌注，以软件的版权作抵押，在《计算机世界》上先做广告后付款，推广预算共计17 550元。

史玉柱赌的是他可以在15天内卖出软件，这无疑存在着巨大的冒险性。

由于时间紧迫，日后以营销著称的史玉柱设计的第一个广告非常简单，在1989年8月2日的《计算机世界》上，半个版面的广告位只印着一行大字："M-6401，历史性的突破。"在接下来的时间里，唯一能够做的事情就是等待。如果在15天里没有订单的话，史玉柱恐怕就只能去电脑公司打工来还清他所欠的钱了。

当然，这个结果并没有出现。在第13天，史玉柱终于收到两张订单，近两万元。这两万元可以算得上是史玉柱的"第一桶金"。

有了这笔收入，接下来的一切困难都迎刃而解。之后，史玉柱把所有的收入再次投入广告。如同滚雪球一般，M-6401给史玉柱带来了越来越多的收入，四个月后，他们的营业收入已经超过100万元人民币。

当年9月中旬，史玉柱的销售额就已突破10万元。史玉柱付清全部欠账，将余下的钱重新投向广告宣传，四个月后，M-6401桌面文字处理系统的销售额突破100万元。这是史玉柱真正的第一桶金。人们把广告比作信息传播的使者、促销的催化剂、企业的"介绍信"、产品的"敲门砖"，甚至有人认为在今后的社会里，没有广告就没有产品，没有广告就没有效益，没有广告的企业将寸步难行。这就是说，广告是企业促销必不可少的手段，能否有效地使用广告将直接关系到企业的成败。

当时，1989年8月2日的《计算机世界》第一次刊出了史玉柱写的M-6401中文软件广告，广州一家政府机关立刻打电话过来说要买，史玉柱跳上中巴赶到广州去，留了三套软件给他们。回来后，史玉柱紧接着接到了宁波的要货电话。

8月16日，史玉柱收到3张银行汇款，一共15 820万元。一张8820元，是广州批发的3套；另外两张是零售汇款，每张3500元。

仅仅在8月，史玉柱的收入就达到4万多元，而9月份则变成了16万元，10月份更是超过了100万元。

M-6401开始时是软加密，但是很快便被破解，史玉柱立即开始使用加密卡。

10月，史玉柱将所得的100万元全部用于广告，砸向《计算机世界》，M-6401月销售额乘势攀升到了500万元。

1990年前三个月，史玉柱已经挣到了3000万元。

史玉柱的冒险取得了巨大的成功。就是这样一个小小的产品，在不到一年的时间，为史玉柱挣了几千万的利润。这是史玉柱以前根本无法想象的事情，要知道，他当时在统计局的工资只有几十块钱。现在，我们回过头来看史玉柱的这段经历，毫无疑问，这次冒险让他获得了巨大的成功。

其实，每一事物都存在于其特定环境条件之中，每一项工作都在特定环境条件中进行。但客观的环境条件是经常变化的。像史玉柱这样有强烈进取心的人，一定会去主动思考，一旦让他们打破常规，你可以设想一下将会出现什么结果。

事物总是要发展前进的，社会大环境、经济环境也是不断变化的，所以在思考问题时，我们可以尝试大胆假设当某一情况发生后，其发展趋势会是怎样，这样也有可能产生新观念、新设想、新创造。

其实，很多人往往不太知道，阻碍自己成功的常常不是一些未知的因素，而是一些常见的事情——固有的观念、前人的经验、世俗的眼光，这一切都会成为枷锁，套住我们的思想，让我们不敢跨出一步去接近成功。

一定记住：要想成功，首先要做的就是拿出打破一切常规的勇气。史玉柱就是这么做的，也是这么成功的。有位著名的企业家曾经说过："在不确定性的环境里，人的冒险精神是最稀有的资源。"确实如此，在20世纪80年代末那个百废待兴的时代里，勇气在很多时候造就了成功。像很多的第一代企业家一样，史玉柱用胆量、用打破常规的勇气抓住了第一次成功的机会，赢得了人生的第一桶金。

胆大源于童年

事业早期的史玉柱胆量过人，这可以从它的童年中找到影子。

大多数人在童年时都看过《十万个为什么》，但是看过之后，一般人来说，为什么还是为什么，而史玉柱却不一样，他从中发现了更多的问题，并且很快就迷上了科学技术，并千方百计地去做试验和探究一些科学问题。

读小学五年级时，史玉柱在自己的家门口树起一个高高的木头十字架，架子上缠满蜘蛛网状的金属线，再接通一根地线，浇上盐水，然后用一些废旧的收音机零件，因陋就简地组装了一台收音机。

让史玉柱不敢相信的是，他竟然真的组装成功了，虽然简陋，但效果还不错，声音清晰且足够大。

初次的成功"膨胀"了史玉柱的"野心"。

还有一次，史玉柱按照书上说的"一硝二磺三木炭"的方法，开始自己配制土炸药。他像科学家在做一项极其精密的实验一样，认真严谨地对待每一个步骤。几经反复，炸药竟然也配制成功了。

炸药制作成功了，史玉柱却还想试试炸药的威力。在一个月黑风高的夜晚，他悄悄把炸药埋在路边。这时，已经"疯狂"的史玉柱全然不知炸药爆炸可能带来的后果。

果然，炸药爆炸了。轰一声，爆炸"炸"开了史玉柱满脸的喜悦，也把他的名字"炸"响了，人送外号"史大胆"。但是炸药也"炸"怒了史玉柱父母的心，因为，爆炸的炸药吓坏了刚好经过此地的邻居。那时的史玉柱才刚好十岁。

因为这件事，史玉柱挨了父亲的一顿暴打和母亲的一番责骂。但史玉柱大胆的疯劲并没有因父母的恼怒而收敛。连炸药都不怕，还会怕什么？史玉柱的胆子更大了，那时候"史大胆"可谓是名声远扬，在他居住地附近更是无人不知，无人不晓。

后来，这种性格在史玉柱的脑海中暂时深埋了起来，直到他辞职下海的那一天，"史大胆"才又开始发威。

可以说，在创业的整个过程中，这种胆大的性格虽然给他带来了一些麻烦，但是这种性格在更大程度上成就了他。

那些在事业上取得很大成功的人，如史玉柱，常常有过人的胆量，敢于打破常规，以积极的思考找到一条适合于自己发展的"规则"，从而每天都有新的突破。史玉柱曾经说过："我从来不为自己确定永远适用的商业原则，我只是在每一具体时刻争取做最合乎情理的事情。"史玉柱没有使自己成为某项商业原则的奴隶，即使对于普遍性原则，他也并不强求在各种情况下都加以实施。

史玉柱正是靠着他的胆识和魄力，成为商场上叱咤风云的高手。

从前期的"史大胆",到后来的胆小如鼠

无疑,早期的史玉柱是非常胆大的,也正是他的敢于冒险,使他挖到了人生的第一桶金,从而走上了事业快速发展的道路。

可是,他把自己冒险得到的东西当成了真理,认为既然自己以前的每一次冒险都成功了,以后的也不会出什么问题。然而事实上这是不可能的。在大胆冒险的思想鼓舞下,史玉柱"野心"不断地膨胀。他梦想带领巨人集团在多元化扩张的道路上走下去,却把巨人集团带入了一个无法回头的死胡同。

刹那间,巨人集团轰然倒下。

史玉柱"一朝被蛇咬,十年怕井绳",他再也不敢冒进了。

最初,史玉柱还是比较在乎外界的评价的,可是后来摔过一次跤以后,他开始对外界的评价不予理会。以前别人怎么看他、别人怎么看巨人,对于他来说,好像还是一件很重要的事情,不过到了后来,他就觉得无所谓了。

> 媒体包括写书的作者,他们并不能代表真正的民意,我不是太在乎他们怎么说。另外,在1997年我最困难的时候,骂我的人比现在多很多,那样骂过来一轮之后,我对这个的抵抗力就很强了。

史玉柱曾经如是说。

是的,诚如史玉柱所说,经过一番磨难,他本人的抵抗力增强了。他知道,很多失败的民营企业家之所以失败,大部分都是由于摊子铺得过大,敢于冒进,轻易地涉足多个产业,而缺乏对这些产业控制和管理的能力。他们当中很多人在失败面前从此一蹶不振,没有回天之力。可是史玉柱不一样,跌倒后的他开始冷静地思考自己失败的原因,开始改变自己以前大胆冒进的发展方式,做事开始变得谨慎起来。

在这其中,史玉柱到底经历了怎样的转变呢?这些转变如何使他由当初的"史大胆"变成了"史小胆"呢?

其实，1997年对史玉柱来说是一个关键的转折点，也正是那一年，巨人倒下了。

在这之后，史玉柱就变得非常胆小。当他看到一些IT行业的人跟他当年一样，冒进、胆大、冲动而又理想主义，只片面地注意事情好的一面时，总是会提醒这些人如果失败了会怎样，失败的因素会有哪些。史玉柱知道，这些冒进的人跟他当年一样，对风险的考虑是不足的，他希望他们能够谨慎一些。

后来的史玉柱在做任何一个项目之前，都是首先做负面的考虑：这个项目有多大的风险？为了不让自己再犯冒进的错误，他给自己定了这样一条纪律：宁可错过一百个机会，绝不投错一个项目。这跟过去的那种绝不放过任何一个机会的思路大相径庭。

另外，1997年前后，经历了大起大落的史玉柱的心态也变得跟以前不一样。以前的他喜欢在一段时间内给自己定一个大目标，然后把它分解成一个个小目标去做。可是，在1997年之后，他基本上没有给自己定过很高的目标，现在，他再也不把资产、销售额和利润这些作为自己的目标了。

但是，没有任何目标是不行的。

不做具体的销售目标，总得有其他方面的目标吧？

现在，对史玉柱来说，他的目标就是把自己所从事的每件事做好。

比如后来史玉柱做了网游，而影响网游这个项目能否成功的因素有很多，包括从策划、研发、美术、运营、售后服务到分公司建设、管理、对外宣传等十几个环节，史玉柱的目标就是把每一个环节都做到极致，做到完美。

有时候，很多麻烦需要史玉柱自己去解决，很多磨难需要史玉柱自己去经历。但他总是感觉自己还不够成熟，其实他知道原因很简单——自己的经历还不够。

从挖到第一桶金，事业迅速发展，到巨人大厦轰然倒下，史玉柱经历了常人没有机会可能也没有能力承受的王者、荣耀、跌落、无奈、失落、困惑……之后，史玉柱练就一副金刚不坏之身，心智也走向成熟，适应能力变得极强，处事变得更加从容。现在的史玉柱随时做好迎接新的挑战的准备。

在大起之后遭遇大跌，然后从谷底开始，让自己重新适应商场，在这个过程中，史玉柱逐步成熟。也正是在这个过程中，史玉柱从前期的胆大转变为后来的胆小。

无论在商海中还是在人生的其他领域，苦难对于每个人都是一笔财富。风浪和凶险并不可怕，只要我们勇于面对，敢于斗争，我们会变得更加成熟，我们的人生会更加厚重。

不是赌徒

2004年4月8日，史玉柱一口气请来了全国130家媒体，在上海金茂大厦的巨大会议包房里，在黄浦江的顶级游轮上，正式宣告了他第三次创业的开始：他在上海新设立一家网游公司——征途网络。这位靠巨人集团起家，折戟沉沙于巨人大厦，后又通过缔造"脑白金"完成咸鱼翻身的传奇商人，在网游领域开始了新的冒险。

不过两年的时间，和他的保健品生意一样，史玉柱的网游生意已经让他赚得盆满钵溢。

对于史玉柱的这次出手网游，外界不约而同地用到跟赌博有关的词"豪赌"和"下注"。人们称史玉柱为赌徒。赌徒是什么？赌徒最基本的特征是：想赢，也敢输，尤其是不怕输。其实赌徒就是有着强大心理承受能力的人。

创业成功——失败——再成功，史玉柱式的大起大落传奇，其颠覆世俗力量和眼光的创业韧性，在近30年的中国人创业史上，似乎无人能出其右，如果不是赌徒，肯定不会有如此强大的心理承受能力。史玉柱职业成长生涯的每一步似乎都充满了"赌性"，而且除了少数的失败，几乎每一次他都能赌赢。如果他真的是赌徒，那他的运气也实在太好了。

同史玉柱一样，现实生活中的我们都是在赌博。赌前景，赌未来，最后是成为成功者还是失败者，就看谁能赌得准了。

大家可以仔细想一想，人生，赌，无处不在。

上大学选择专业，你是在赌博。毕业后的就业情形如何，你知道吗？

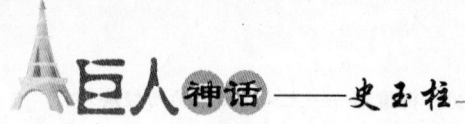

要生活选择爱情,你是在赌博。以后的路能不能携手走,你有信心吗?

要发展选择事业,你是在赌博。能不能适应多变的社会,你能保证吗?

人,天生有一种赌性,问题的关键是,你能不能输得起。早期的史玉柱输不起,巨人大厦的两千万现金缺口就推倒了整个巨人集团,因为他从来没有为失败做好打算;东山再起的史玉柱输得起,即使是在拿出两亿元投资网游的时候,他也已经做好了失败的打算,"就当账上少了两亿元现金",所以他才能够无所畏惧。

史玉柱是在赌,但他不是"赌徒"。他对自己的每一次行动,都有非常清晰的见解和思路。2003 年,在脑白金和黄金搭档如日中天的时候,史玉柱将它们卖掉,转而开始投资新兴的网络游戏。和真正的赌徒不一样,史玉柱懂得见好就收的道理,他不会一条道走到黑。在经历过巨人集团的失败后,史玉柱不再打无准备之仗,他的每一个决定都是深思熟虑之后的结果。投资网络游戏给史玉柱带来了巨大的成功,但这种成功不是赌来的,而是在各种充分准备的基础之上的必然结果。

时刻做好失败的打算

也许正是因为以前的冒险让史玉柱取得了巨大的成功,同时也给他带来了巨大的失败,所以,东山再起的史玉柱,在做任何项目时,都会首先考虑失败后的打算。其实,在做任何一个项目的时候,负面因素考虑得越多,消极的因素考虑得越多,往往对这个项目越有好处。史玉柱认为,在投资项目之前,如果想得过于理想化,只是考虑这个项目我可以赚多少多少钱,而把风险因素考虑得少了,操作的层面因素考虑得少了,那么失败率往往也就高了。

史玉柱这么做是有一定道理的。只有先想好了失败,才能有效地规避失败,从而走向成功。史玉柱后来所有的项目,都是先假设失败,然后他会考虑,如果失败了,我能不能支撑住。如果能支撑住,那就做;如果不能的话,那就放弃。所以,史玉柱后来再也没有犯过像巨人集团倒下那样的错误。

另外，以前的史玉柱做任何的事情，总是一个人说了算，往往自己头脑一发热就做决定了。这种做法使巨人集团快速崛起，但也导致了巨人的土崩瓦解。所以，后来的史玉柱设立了一个投资委员会，利用投资委员会来对每一个投资的项目进行评估，从而有效地降低风险。

可是，这也涉及另外一个方面，那就是设立决策委员会会影响到决策的效率。

确实，速度是受到影响了，但是风险降低了。在后来，史玉柱的眼中，风险是首先要考虑的问题，也是最重要的问题。

在一次访谈时，史玉柱曾经这样说：

> 我觉得对我们现在的中国民营企业家来说，最大的挑战不在于他能不能发现机遇和把握机遇，最大的挑战是他能不能抵挡诱惑。这跟十年前、八年前的环境不一样了，所以现在很多人还没有弄明白。中国现在的机会太多了，不用去找机会，机会都会找上门。

我们来看看最近几年出问题的企业家，大部分都是因为他们战线拉得过长，没能够抵挡住诱惑，最后出了问题。摊子一旦铺得太大，手头的现金不足以支撑这些项目，那就必然要做一些非常规的事，而在中国的法律体系下，非常规的事往往就是非法的事。所以，史玉柱在看了和经历了那么多失败的教训之后，更加认定了自己现在的策略是正确的，那就是最大限度地规避风险。因为他现在很清楚什么险可以冒，什么险却是碰都不能碰的。

反过来看我们自己。

过去的经历对于你，可能是一部创巨痛深的伤心史。在"检阅"着过去的一切时，你会觉得自己处处失败，碌碌无为。你热烈地期待着成就的事业，竟不会成就；你所亲爱的亲戚朋友，甚至会离弃你；你曾失掉职位，甚至会因不能维持家庭的原因而失掉你的家庭……你的前途，似乎是十分暗淡。

然而，虽有上面的种种不幸，只要你向史玉柱看齐，只要你永远不甘屈服，那胜利还是等在远处，向你招手。失败不是你人生的终点，失败只是你

人格的试验田。

爱默生说："伟大、高贵人物的最明显的标志，就是他的坚韧的意志；不管环境变换到何种地步，他的初衷与希望，仍不会有丝毫的改变，而终至克服阻碍，以达到企望的目的。"

跌倒之后，能够立刻站起来，在失败中去争取胜利，这是自古以来伟大人物的成功秘诀，也是史玉柱能够东山再起的精神动力。

你可能还很疑惑：失败究竟意味着什么？

就让史玉柱来告诉你吧！

不是别的，失败只是走上较高地位的第一阶段。失败中孕育成功的能量。

这句话可谓精辟至极。很多人之所以成功，就是因为他们经历过一次又一次的失败。失败增加了他们的决心和勇气，磨砺了他们的意志，使他们愈挫愈勇。失败乃成功之母。时刻做好失败的打算，成功就在明天向你招手。

第三章

我要做东方的巨人

经历了跌宕起伏的史玉柱在谈起梦想时，有着更深刻的感悟。

史玉柱认为，任何人都要有自己的梦想，梦想是成功的原料，它可以转变成信心，再变成决心，最后付诸行动。他甚至认为，如果你有梦想，即便不能实现，也是有价值的，因为此种梦想可使你看到许多可能的机会，这是别人难以见到的。

伟大的思想家和诗人歌德说："人的一生中最重要的就是要树立远大的目标，并且以足够的才能和坚强的忍耐力来实现它。"

我们几乎随处可见这样的人，他们一生都做着简单平常的事，他们似乎也因此而满足，实际上他们完全有能力干一些更伟大的事情。但是因为他们的期望值很低，所以他们不可能开创一项伟大的事业。

狭隘的目标限制了他们的进取心，阻断了他们走向大成功的路途。

那么，史玉柱的梦想是什么呢？从他毅然辞职下海的那一天开始，史玉柱已经在内心深处为自己做了一个宏伟的规划：他要做东方的巨人，像IBM的蓝色巨人一样。这个梦想在史玉柱的内心深处绵延了将近20年，即使在巨人身陷危机的时候，史玉柱都不曾放弃过这个梦想。

离梦想更近了

企业之间的竞争，从根本上说是产品和市场的竞争。

如前文所述，史玉柱的 M-6401 汉卡为他带来了巨额的利润，可是巨大的市场空间肯定会吸引其他的竞争对手进入。1990 年，求伯君的 WPS 借助方正的品牌和渠道横空出世的时候，便给史玉柱的 M-6401 带来了巨大的压力。

凭着敏锐的商业直觉，史玉柱感到情况不妙，便用五个月的时间开发功能更加强大的 M-6402 汉卡。

150 个昏天黑地，150 个日日夜夜，伴着 20 箱方便面的支撑，史玉柱和他的伙伴进行了一场"超重量级的拳击比赛"，在精疲力竭的时候，他们凭点数取胜——他们终于成功了。

经过将近五个月的苦心钻研，史玉柱和他的同伴完成了第二代汉卡的研发工作，用功能更为强大的 M-6402 取代曾经帮史玉柱掘到人生第一桶金的 M-6401。史玉柱从来不守株待兔，坐以待毙，他以求新求变作为自己的人生法则。携着他的第二代软件产品，史玉柱又一次引领他的公司走向成功。

可是，就在这个紧要关头，史玉柱的妻子却提出要和他离婚。我们不知道，为什么这样一个在史玉柱最困难的时候可以不离不弃的女人，却在史玉柱已经取得成功的时候选择了离开？

你不知道，我不知道，只有当事人心知肚明。也许这里咱们可以这样猜测：这个时候痴迷于创业的史玉柱冷落了妻子，在感情无所依托的状态下，妻子选择了离开。

日后，史玉柱也很少提起这件事情。只不过在一次访谈的时候，他谈到自己人生的两次痛哭，其中一次就是妻子的离去。看来，这件事在很大程度上深深地伤害了史玉柱，只不过这个时候的史玉柱根本没有时间去疗伤，因为他的事业发展越来越大了。

仅仅一年的时间，史玉柱获得了原来想都没有想过的成就，而且他的巨人梦马上就要破土而出了。

看到这里，我们可以说每一个成就了伟大事业的人，都是一个梦想家。而他们所完成的工作、所取得的成就，又与他们的想象力、能力、毅力，与他们对理想的执著程度和他们所付出的努力密切相关。

梦想是成功必备的条件之一，有梦想才会成功。

　　一幢建筑物如果没有具体的建筑计划，是根本不可能建成的。在砖瓦运来之前，建筑师必须在头脑中描绘详尽的蓝图，必须先在构想中把它创造出来。生活中出现的任何事物，你总是先在精神中把它创造出来。

　　史玉柱曾经如是说。
　　是的。梦想就是对可能性生活的设计。但是，假如我们不通过执著的追求和不懈的努力使它变为现实，那它也只是一个设计而已。正如一张建筑图纸，如果不通过建筑工人的努力劳作，它就不会成为美丽的建筑，而只能是一张图纸。
　　每个人都应该有梦想，这种梦想是来自心灵的合理愿望，是有望变为现实的理想。向着自己的梦想去奋斗，每个人都会实现自我，改变现实。

我要做中国的 IBM

　　1991年4月，史玉柱注册了自己的公司——"巨人"。
　　本来，他想把公司注册在深圳，但是深圳工商行政管理局不给注册"巨人"这两个字，于是，史玉柱把公司注册到了珠海。虽然公司注册地在珠海，但直到1992年7月之前，公司事实上的总部仍然在深圳。
　　新公司的全名是"珠海巨人新技术公司"，注册资金200万元，员工15人。
　　史玉柱这样解释公司的名字：

　　IBM是国际公认的蓝色巨人，我用"巨人"命名公司，就是要做中国的IBM，东方的巨人。

史玉柱常常对他的部下讲述中国古代神话"夸父逐日"的故事。

他认为"巨人"就是今天为中国电脑业奋不顾身的夸父。

我想，巨人现象的核心是一种精神，是一群年轻人执著地追求自己选择的事业并为这种追求不顾一切的拼搏精神，是追逐太阳的精神。

可是，无论梦想多么大，路还得一步一步走。

强烈的成功欲望能极大地激发一个人的能量与热情，但仅凭美好的愿望和辛勤的工作，还不足以使一个人成功。人的能量与热情如果得不到正确的引导，就会因行动的盲目而浪费。因此，成功的秘诀，就是要有明确的奋斗目标。

刚刚把企业做大的史玉柱感受到了市场的压力。强烈的市场竞争很快使M-6402受到了来自竞争对手的冲击。IT行业的产品更新换代实在是太快了，在这个时候，史玉柱深深懂得了商场的残酷。

市场瞬息万变，如果不想被淘汰，就不要害怕变化，不要放弃改变。

是的，变化意味着将放弃拥有的东西，面对未知的风险。可是变化同样让你拥有重新开始的可能，让你获得重新成长的机会。竞争，是每一个商场中的人赖以生存的法则：原地不动，你会被超越；发展缓慢，你会被超越；脱颖而出，你仍有可能被超越。

那么，史玉柱应该怎么办？

在激烈的市场竞争中，必须保证自己的产品不断地更新换代，才能确保企业屹立于不败之地。

为了迅速打开市场，建立起庞大的营销网络，史玉柱又做了一次大胆的豪赌——向全国各地的电脑销售商发出邀请，只要订购10块巨人汉卡，史玉柱为他们报销路费，让他们前来珠海参加巨人汉卡的全国订货会。

史玉柱以几十万元的代价，吸引了全国200多家大大小小的软件经销商前来参加订货会。这些经销商不但订了货，还组成了巨人汉卡的营销网络。

有了这样一张庞大的销售网络，史玉柱的事业如虎添翼。1991年，巨人汉卡的销量一跃成为全国同类产品之首，卖出了2.8万套，实现利润3500万元。公司员工很快发展到200多人，而且都是清一色的青年，平均年龄24岁，97%的人是研究生和大学生。员工平均年龄小，平均学历水平高，这成为史玉柱当时最值得炫耀的事情之一。

在此期间，巨人集团又开发出中文手写电脑、巨人防病毒软件等多种产品。

1992年，巨人集团的资本已经超过了1亿元，并下设8家分公司。史玉柱出任总裁，公司员工迅速发展到1000人，成为当时仅次于四通的全国第二大民营高科技企业。巨人的目标，是在两三年内全面赶超四通，成为中国最大的计算机公司，在不远的将来成为中国最大的企业，最终成为世界巨型企业——东方的IBM。

步入辉煌顶峰的巨人集团，俨然化身为中国电脑行业的领头羊，史玉柱本人也被罩上各种各样的光环，迎来第一个事业高峰。

巨人的梦想似乎已经实现了，一切来得似乎是那么的容易，史玉柱有些飘飘然了。很快，近乎骄傲的史玉柱开始了巨人集团的多元化之路，并逐渐把巨人引入了一条不归路。毫无疑问，史玉柱的初衷是好的，可是好的初衷并不代表有好的结果。伴随着巨人大厦的兴建，巨人集团轰然倒地。

静止不动，按部就班，漫无目标，或目标过多，都会阻碍我们成功的脚步。如果不能随机应变，顺势而动，最终很可能是一事无成。

在中国的企业界，我们可以看到不少人在取得一定的成就后沾沾自喜，整天都像梦游者一样，带着自己过去的辉煌游荡。他们每天都按熟悉的"老一套"生活，从来不问自己：我这一生到底要干什么？我的理想是什么？现在的成就是不是就是我能力的全部？他们对自己的所作所为不甚了了，整日浑浑噩噩度日，这注定了他们不会取得大的成就。

明确的奋斗目标催人奋进，促使你千方百计去达到预定的目标；反之，目标不明确，你就会感到无所追求，无所事事，结果自然是一事无成，碌碌无为地度过一生。

一个人若只满足于小小的成就，树立不了自己长远的奋斗目标，就像一个射手看不到靶子，不知从何下手；就像沙漠中的骆驼，缺乏前进的动力；就像挖到第一桶金再也不努力的史玉柱，不会有后来巨人集团的辉煌。

正如一句西方谚语所说的："如果你不知道你要到哪儿去，那通常你哪儿也去不了。"史玉柱深知这一点，并把它牢牢记在了内心深处。他有明确的目标，知道自己要走向何方，并且朝着自己的目标披荆斩棘，不断前进。因此，史玉柱能够成功是必然的。

东方巨人的梦想

真正优秀的企业家即使对自己看好的领域一无所知，也敢于思考和创新。而很多人对很多事都是望而却步，用自制的枷锁将自己捆绑起来，日复一日生活在自己熟悉的环境中。正因为如此，才有了成功和平庸的区别。

倘若一个人没有梦想，那这个人的一生就像枯黄的叶子一样四散飘零。史玉柱绝不会做那种守株待兔，毫无目的，不会自己朝着梦想努力的人，因为那种人的生活没有意义。史玉柱是一个敢于梦想、勇于挑战自己的人，正因为有了梦想，他的一颗心不再流浪，终于知道自己要往何处去……

诚然，未来是无法保证的，任何人都一样。但梦想可以大大增加我们成功的机会。

要想成大事，不能没有梦想。人要把目光盯在远处，确定好自己人生的方向，用美好的梦想激发自己的工作热情，并咬紧牙关，握紧拳头，顽强地朝着自己的职场目标走下去。

没有这种品性的人，是绝对不可能成大事的，甚至连小事都做不成。

史玉柱是一个拥有梦想并为梦想奋斗终生的人，成为东方巨人的梦想一直在召唤着他，使他愈战愈勇。即使到后来巨人危机爆发，面对着两亿多的债务，史玉柱仍然没有放弃自己的巨人梦想。

1997 年，巨人危机爆发后，策划专家何学林给史玉柱设计了一个"零成本"收购方案，即收购方不需要掏一分钱，但条件是"整体接收"，接收珠海巨人集团的所有资产和负债，承担所有债权债务。收购方占51%以上的股份，史玉柱占49%以下的股份。收购之后，由收购方投入启动资金，将断裂的资金链"焊接"起来，重新启动新巨人。收购方用"零成本"收购的，主要是"巨人"品牌的无形资产、史玉柱的失败教训和史玉柱这个人本身。通过收购，珠海巨人集团原先积累的无形资产一下子被嫁接到了收购者身上。而且，巨人的倒下引起了人们极大的震撼，收购巨人这一行动本身，也会引起巨大的轰动效应。何学林认为，这是一个双赢之举：通过收购珠海巨人集团，史玉柱可以重新获得发展资金，发展起来之后，可以按股分红，如果想单打独斗，再另起炉灶也不迟；收购方则一下子站在了"巨人"的肩膀之上，可以跃上一个新的台阶，同时又可以拯救巨人品牌，使之起死回生。然而，史玉柱不愿意看到自己辛苦创立的珠海巨人集团被整体收购，他打算将巨人大厦从珠海巨人集团剥离出来寻求合作，出让股份。何学林后来在多篇文章中指出，史玉柱的算盘是，巨人大厦能够盘活，整个珠海巨人集团也能保住。而且他出让的只是一个项目的股权，整个集团还是他的。"但这只是一厢情愿，是注定要失败的。"

何学林指出："现在不是你选择别人的时候，而是别人选择你。所以你必须考虑合作方的需求点在什么地方，然后想方设法去满足他，而不是一厢情愿地按自己的如意算盘来设计。合作者感兴趣的是整体收购巨人集团，而不是合作跟你搞巨人大厦。因为72层的大厦在珠海根本不可能有那么大的终端市场。当时，房地产热早已降温，大量楼盘积压，大厦即使盖起来，也卖不出去。"何学林最后说，"果然，巨人大厦股权出让计划无果而终。"

今天，我们再来找寻答案：为什么史玉柱宁愿珠海巨人集团彻底陷入困境，也不愿意集团被人整体收购，而只是愿意剥离巨人大厦的股份呢？

总结起来，这是史玉柱的巨人情结使然。巨人作为史玉柱一生的梦想，怎么可能随便分割给别人呢？1999年7月12日，脑白金项目运作成功，史玉柱再次注册公司，依然没有放弃从前的巨人梦。新公司的名字叫上海健特生物科技有限公司，而健特是英文巨人GIANT的音译。

史玉柱曾告诉媒体说：

巨人神话——史玉柱

巨人的名字我在投资领域一直在用，IT 领域一直没有用。当年是在 IT 起来的，倒下去了，这个情结是有的。现在认为在 IT 这块初步成功了，所以又可以用巨人了。

史玉柱明确表达了自己对巨人的深厚感情，以及深藏在自己内心的巨人梦。这个梦想的灯塔从来就没有熄灭过。

茫茫宇宙，大千世界，为什么有的人能长期奋斗，给自己创造成就，给人类带来光明，成为成就卓越者乃至伟大者；而有的人却庸庸碌碌，无所作为，一生像燃着的湿绳，烟雾弥漫，没有亮光，成为失败者？

出现这种天差地别的原因在于：前者心中有一盏梦想的明灯，后者心中却是一片灰暗。

梦想是一个人取得成功的原动力，梦想能激发你体内的所有潜能，人类历史上一切成就的取得都是梦想成真的结果。

巨人梦想永远不会破灭

2001 年 4 月，史玉柱在上海浦东注资成立上海巨人投资有限公司。在巨人投资有限公司筹备成立期间，史玉柱就对媒体说：

新的巨人公司将是一个投资控股公司，我将出任法人代表，以生物制药、保健品为主，还是私营企业性质。巨人的牌子还要用，尽管它存在着许多污点。我的主营产业一定只有一个，在无风险的大前提下以参股的形式有限介入其他行业。

2002 年末，史玉柱开始接触网络游戏。

凭着一个商人天生的嗅觉和敏锐，他意识到网络游戏中蕴涵着巨大商机。2004 年 11 月，征途公司成立，史玉柱先后从盛大挖来 20 余名游戏研发人员，开始了公司第一款产品《征途》游戏的研发工作。2005 年 9 月 29 日，《征途》游戏开始封闭测试，在不到两年的时间内，游戏的在线人数持续上升，目前已经成为全球第三款同时在线人数超过100万的中文网络游戏。《征途》游戏的火爆，使公司的月销售收入已经突破16亿元，月利润直逼亿元大关。当《征途》游戏走向成功的时候，巨人情结再次在史玉柱的心中激起阵阵浪花。于是，征途公司旗下第二款网络游戏《巨人》在紧锣密鼓的开发和准备之后，终于在2007年9月21日被推到了前台，同时"上海征途网络"更名为"巨人网络"。

史玉柱绵延十载的"巨人"之梦，终于成真。有评论说，从1997到2007，十年时间史玉柱经历了人生的大起大落，尝遍了苦辣酸甜。史玉柱当年曾亲眼看着自己的珠海巨人集团倒下，如今他又亲手让巨人涅槃重生。众所周知，史玉柱一直对巨人大厦没有建成感到遗憾。那段失败的经历帮助史玉柱在网络游戏行业取得了巨大成功。当巨人在美国纽交所成功上市后，手握68.43%巨人股权的史玉柱已经拥有了近500亿元的身价。当有媒体记者问史玉柱拥有了这么多的财富，会不会重新盖巨人大厦时，史玉柱非常肯定地回答："不会再盖巨人大厦了，尽管从内心来讲我还是想。但是我给自己定了一个纪律：不该自己做的别做。"

如今，史玉柱不会再去盖那座徒有虚名的巨人大厦，可是巨人的梦想会一直在他的心中绵延，直到未来。

儿时的我们每个人，都有建立丰功伟绩的伟大梦想，但在长大后却蜕变得畏手畏脚，犹犹豫豫，戴上面具，忘记梦想。你是不是会为自己感到很可惜：原来的那股豪气去哪儿了呢？

为了家庭，为了自己，为了卑微的利益，难道那些美好的梦就该全忘记，全放弃？

在追逐梦想的路上，有很多人选择了放弃，但也有很多人选择了坚持。回头看看，最让你感动的是不是那些坚持梦想的人？

史玉柱的成功告诉我们，人应该坚强地面对困难，全身心地投入，去干自己喜欢做的事。梦想的实现需要时间，十年不行，二十年，二十年不行，三十年……只要心中怀有梦想，只要勇敢拼搏，坚持到底，必能走向成功。

巨人梦想到底是什么

前面我们梳理了史玉柱从注册巨人集团，到后来巨人的轰然倒下，再到重新注册巨人投资和巨人网络等历程，我们说过，巨人的梦想在史玉柱的心中一直没有破灭。那么，这个梦想到底是什么呢？当年发誓做中国的 IBM 的梦想肯定早就被史玉柱抛到九霄云外去了，因为如今他的巨人基本上和 IT 无关。

这就有点让人想不通了。

史玉柱一直以来坚持的巨人梦想到底是什么呢？难道仅仅只是两个字的意思吗？马云的阿里巴巴把"让天下没有难做的生意"当成自己的梦想，那么史玉柱的梦想是什么呢？

一直以来，史玉柱就像是一个挣钱的机器，不断地创造利润。外人看到的是史玉柱的行业模式，却很难看到他的商业理想。

史玉柱以做汉卡起家，他应该算是 IT 业的老前辈，甚至比当时的联想都要出色。我们可以假设，如果史玉柱一直坚持这个理想的话，现在的巨人不会比联想逊色多少。但是，史玉柱放弃了，这说明 IT 业并不是史玉柱的理想所在。

而巨人的东山再起，史玉柱靠的是保健品。如果他坚持这么一个理想的话，也许能改变整个保健品行业，做成保健品行业里的万科。

但是，史玉柱又放弃了。

他跑去做网络游戏了。到目前为止，网络游戏似乎是他最后的梦想了。史玉柱宣称，要为玩家奉献最好玩的游戏，这就是他的理想，而网络游戏似乎也将是他从事的最后一个行业。

在这里，我们可以把史玉柱与阿里巴巴的马云拿来做个对比。马云一直专注于电子商务，而史玉柱似乎善于发现机会，不断转变方向，什么赚钱做什么。

作为一个善于发现机会、抓住机会的企业家，史玉柱的商业二十年，是由一场一场的战役组成的，这与马云的做法完全不同。

做过翻译公司、做过黄页网站的马云，从1999年创办阿里巴巴起，就立下了做102年企业的愿望，算起来正好跨越三个世纪。自此，马云所做的所有的事，不管是秘密布兵淘宝还是与雅虎中国并购，包括联交所IPO，都只有一个主题：电子商务。与雅虎中国并购时，马云的一项坚持是："有一样东西不能讨价还价，就是企业文化、使命感与价值观。"

在这里谈到马云，我们并不是要说马云比史玉柱崇高多少，只不过是进行一个简单的对比。

马云要打造一个自己的电子商务帝国，但是他仅凭一己之力无法实现这一目标，在很长的一段时间里人们看不到前景何在。在这种情况下，马云只能靠理念和理想来号召大家往前冲。可是，失败后的史玉柱呢？背负亿元的债务，再谈什么理想就显得那么不合时宜了。

史玉柱曾说，经历了1997年全国媒体一哄而上，上万篇文章的痛骂，人这一辈子还有什么挺不过去的？

他考虑问题的思路已变为：

首先公司是否安全，其次是我个人是否安全。

大抵已经没有了早年的那种雄心壮志，比如当中国首富、进世界500强，这些他看得很淡，没兴趣，甚至没兴趣把公司做大。

所以，我们无法责怪史玉柱，一切都是时代造就的。所幸，还有一个巨人的标志，似乎在昭示着史玉柱曾经的商业力量。不过，这个理想似乎再也不能实现了。

另外，要在商场中站稳脚跟，应当培养自己全方位收集信息的习惯。因为，在同一个行业待久了，往往对事情的处理程序产生模式化的固定流程，在日复一日的流水工作中，并没有开发自己其他的触角与解决问题的创意方法，应变能力跟着降低。

商场机会是随时充满挑战的，不需要一个套公式作业的机器人，而更需

要一个能够根据有关信息及时体察变化并提出变革方案的人。

激烈的竞争，也是一个促使商场中人检讨自身不足，提高自身工作能力的契机。要成为一个具有过硬实力的强者，就需要保持并且不断发展自己固有的强项，通过学习形成自己的独门"内功"。在这个基础上，还要时时吸收新知，不断培养自己的第二专长、第三专长，甚至是第四专长。只要有足够的实力，什么时候都不用担心没有用武之地。

对不同领域的信息、进程、趋势都保持高度的好奇心与学习力，可以让自己的思想随时注入新的能量，开发新的触角。这种不经意的积累，往往会在意想不到的时候发挥作用，产生意外的收获。这恐怕也是史玉柱进军网游行业的心得吧！

第四章

我曾经是一个失败者

有位哲人说:"百分之九十的失败者其实不是被打败,而是自己放弃了成功的希望。"

如果把失败比喻成一块石头,你处理得不好,它就会变成你人生成功道路上真正的绊脚石;而如果你将失败化为动力,那它便会成为你成功的垫脚石,给你以无穷的力量,磨炼你的毅力,助你走上成功之路。

我们经常会发现,有许多人做事最初都能保持旺盛的斗志,在这个阶段普通人与杰出的人是没有多大差别的。然而,往往到最后那一刻,坚强者与软弱者便会显现出差别来。

坚强者的希望之火不灭,能够咬紧牙关,一直坚持到胜利;而软弱者在最后阶段,被前进路上的迷雾遮住了眼睛,他们不想或者不愿意再忍耐一下,再跨前一步。结果是坚强者等到了成功的硕果,而软弱者在胜利即将到来之前那一刻,放弃了希望,停住了脚步,因而也就失去了自己应有的成功。

毫无疑问,史玉柱曾经是一个失败者。巨人危机的爆发使他一败涂地。

可是,史玉柱知道,任何一个成功的企业家,都不是一帆风顺的,可能要面对许多次的失败。在失败面前,这些人都能经得住考验。因为在他们的眼中,"成功只不过是爬起来比倒下去多一次而已"。

面对逆境的时候,史玉柱的心态是乐观的、积极的。巨人危机爆发后,史玉柱把自己所有的精力都集中在如何克服困难上,而不做他想。他也知道,这个时候,想得越多,自己的麻烦就越多。

每一个在他所在的领域中取得重大成就的人，都承受过巨大的失败。尽管他们也和普通人一样，因此沮丧、灰心，甚至失望，但他们并不会一蹶不振，不会在失败中沉沦，更不会不珍惜自己，使自己的身心受到伤害。

他们明白：损失和代价够多了，再自己伤害自己，那多划不来，多么愚蠢，只有傻子才这么做！在这时，他们又是智者，表现出了智者的风范。

在月明星稀的夜晚，在辗转反侧的床榻，孤枕难眠，徘徊彷徨，痛悔不已，左思右想，难以释怀，这对于他们来说，只是一个过程，只是一时的，很快就会过去，因为他们明白：一切抱怨和后悔是无济于事的，重要的是奋起，而不是悔恨。他们像折翅的鹰一样，迅速整理好自己的羽毛，展翅而飞，凌云而上，搏击长空。观看他们的身姿，你甚至看不出他们曾经受过伤害、遭受过打击。

请记住奥格·曼狄诺说过的一句话："金子在火红的炭火中保存下来，毫无损失。我将比金子更为珍贵！"

离失败近了

史玉柱曾经靠汉卡，取得了人生的第一次辉煌。

伴随着汉卡的热销，巨人一下子发展起来了，速度之快甚至出乎史玉柱本人的意料。当公司发展起来后，史玉柱不再满足于做汉卡，他开始做巨人电脑。现在我们回头来看，巨人电脑是挣了点钱，可是坏账却非常多。

这边巨人电脑刚做开了头，那边史玉柱又看上了财务软件和酒店管理系统等。

到了1993年，史玉柱的巨人集团已经越做越大，下属全资子公司已经由最初的8个发展到了38个，呈几何式增长。这种成长的速度使得当年年仅31岁的史玉柱，作为唯一的一个以高科技起家的民营企业代表，被《福布斯》列为大陆富豪第8位。从一个普通的国家机关干部，到大陆富豪第8位，史玉柱一路走来，用了不到4年的时间。

可是，风光无限的史玉柱根本没有想到，危机正在一步步逼近。

在他接近辉煌的顶点的同时，也一步步地接近了失败。

为什么这么说呢？

众所周知，民营企业因其机制灵活，有较大的经营自主权，因而在人员招聘、工资体系、员工辞退等方面均有较大的灵活性，这使得它在获取和拥有优质人力资源上比国有企业更有优势。但在这种优势下，也隐藏着一些问题。

企业人员有合理的流动是正常现象，也是必要的。但员工的高比例流失，一方面带走了商业、技术秘密，带走了客户，使企业蒙受直接经济损失；另一方面也增加了企业的人力重置成本，影响工作的连续性和工作质量，也影响在职员工的稳定性和忠诚度，如不加以控制，最终将影响企业持续发展的潜力和竞争力。

当时的巨人集团对这些方面的管理问题处理得极其混乱。

那时史玉柱刚刚31岁，基本上没有什么管理经验。在这种情况下，让他管理一个庞大的巨人集团，确实有些吃力，而出现问题也就在所难免了。

从另一个方面来说，巨人集团从1989年到1992年的腾飞是靠创业精神支撑发展起来的。遗憾的是，在企业迅速发展的过程中，史玉柱并没有建立起相应完善的企业制度和科学的管理体系。随着资产规模的急剧膨胀，巨人集团管理上的隐患也日益暴露，整个集团的管理浮躁而混乱。

为此，史玉柱曾有一个形象的比喻："一个运动员超极限的训练，必然伤痕累累。"

实际上，在产业多元化初期，史玉柱就意识到了公司的管理隐患。他在公司1994年元旦献词中说："我们创业时的管理方式，如果只维持几十人的状态，不会有问题。但现在的管理系统，不可能运作规模更大的公司。巨人公司正向大企业迈进，管理必须首先上台阶。"他还直截了当地指出了集团当时存在的问题，例如创业激情基本消失、出现大锅饭机制、管理水平低下、产品和产业单一以及市场开发能力停滞等等。但是，仅仅意识到问题，而不能发现问题症结之所在，并从根本上找到解决问题的办法，企业仍然会向危险的境地继续滑下去。

巨人集团原来的管理基础就很脆弱，再加上领导体制、决策机制、企业组织、财务控制、员工管理等诸多方面都不能适应集团发展的需要，因此它陷入困境只是早晚的事。

在管理上寻找出路

为了寻找出路，1993年5月和8月，史玉柱先后邀请了多名经济学家，对巨人的管理模式进行畅所欲言的讨论，史玉柱则恭敬地做着学生。

可见，史玉柱对巨人有着科学管理的思想意识，他认识到自己在管理上存在很多问题，正在努力弥补。专家们在管理民主化、专业化、管理权与经营权分离等方面提供了许多建设性的意见，史玉柱开始了巨人管理的改造。

1994年初，史玉柱请来北大方正首任总裁楼滨龙担任巨人集团总裁，试图推行"专家管理"，以此稳住人才。这是巨人管理的第二阶段。此时，史玉柱提出"二次创业"的口号，但"二次创业"并没有成功。

1994年8月，从美国回来的史玉柱又重提二次创业。这次的二次创业因为进入了新的业务领域——保健品领域，成了名副其实的二次创业。

史玉柱在巨人集团内部率先实行股份制，很多下属公司的法人由他任命担任，他想尝试性地做一个控股"老板"。职能部门除总裁办、人事部，全部尝试在内部"下海"，进行相对独立的核算。1994年5月，史玉柱"放权"完毕后，召开了"董事局会议"，然后故作轻松但行色匆匆地跑到美国，实施他另外的经营计划。

然而，史玉柱的"放权"并没有取得良好的效果，相反，比想象的还要糟糕很多。史玉柱从美国回来后，发现所有放权经营的公司全部一塌糊涂，他非常气愤，即刻采取对策：有的公司经营对路，就干脆将之"推"出去；有的公司经营不善，只能迫不得已地收回来；有的即使"推"出去也推不走，经营者缺乏足够的危机意识，只能让其抱着集团"吃大户"。

在一次次的问题面前，史玉柱不断寻找出路，希望通过管理体系的改造和完善，将发展中的问题解决掉，避免企业危机的发生。但是，他没有想到危机来得那么快,问题那么重。

开始走下坡路

商场如战场,巨人集团自1993年开始走下坡路。

随着西方国家向中国大量出口计算机的浪潮,康柏、惠普、阿斯特(AST)、IBM等国际电脑公司开始"围剿"中国的电脑公司,中国电脑业于1993年走入低谷,史玉柱的老本行受到重创。

在这种情况下,巨人集团开始迈向多元化经营之路,决定进军房地产和生物工程领域。但是这两个领域恰恰成为史玉柱的两大败笔。

1993年也是巨人集团出现大转折的一年。

由于暂时的一帆风顺,史玉柱的头脑开始发热,他下令全方位出击,向房地产和生物工程领域进军。他的计划是到2000年,让巨人集团的资产发展到100亿元。

进入房地产领域的主要目的是开发建造巨人大厦。起初,史玉柱打算盖一幢18层的大楼,之后又变成38层,预计资金2亿元。但是后来当地政府的一些领导建议巨人集团为珠海建一座标志性大厦,因此巨人大厦又由原来计划的38层改至54层、64层,最后升至72层,预算也因此从2亿元增至12亿元。

生物工程领域是史玉柱的第二大败笔。

对巨人集团来说,生物工程本来有一片大好的前景,但是由于史玉柱错误的决定被白白葬送了。生物工程领域萎缩的一个重要原因是巨人大厦的拖累。

在决定进军房地产和生物工程领域之前,史玉柱曾设想了一个绝妙的财务运作机制:先用开发巨人大厦卖楼花的钱投入生物工程,再用生物工程产生的利润反过来支撑巨人大厦。

但是,实际的运作却出现了偏差:由于巨人大厦预算的不断上升,史玉柱不能为生物工程注资,反而不断从生物工程中抽资去支撑巨人大厦,活钱

变成了死钱,结果巨人大厦没能建起,反倒赔进了生物工程。

1995年,巨人集团的事业从辉煌的顶峰走向了大溃败:从这一年的下半年开始,巨人集团的计算机产品和楼花的销售形势出现了逆转,生物工程全面亏损,财务状况吃紧,再加上工程由于下雨延期,首期合同未能按时交付,债主纷纷要求退赔,巨人集团就此陷入深深的危机……

当时摆在史玉柱面前的有两条路,"一是破产,但是政府是不会同意破产的,因为在当时巨人的知名度非常之大,珠海最出名的企业就是巨人,如果巨人破产了,那将会对珠海的投资环境带来巨大的的影响","所以我们跟政府官员谈,政府不同意,说破产的事不能谈。所以我们后来就没有走破产的路,但是我们也救活不了,就拖着吧,也只有这条路了,一拖着,我们也就没什么事干了"。

史玉柱敏锐地感觉到,保健品是一个非常有前景的行业。

保健品的研发、生产成本都比电脑业低很多。另外,保健品市场的进入机制受限较少,需求面广,从小孩到老人的各个年龄层都能够定位消费,只要保健品企业能够提供符合市场需求的较好的产品,就能够快速地启动市场。倘若再有到位的广告宣传,保健品行业的高回报率一定能在短时间内体现效益和价值。史玉柱甚至还预言:保健品市场将是21世纪发展最快的三大产业之一。

初步尝试保健品市场

1994年8月,国外软件大举进军中国,抢走了汉卡的市场份额,也侵占了巨人集团其他软件产品的生存空间。急于从IT困境中突围的史玉柱把目光转向了保健品,斥资1.2亿元开发全新产品——脑黄金。

一旦选准新的目标,史玉柱强烈的营销意识再次显现。

首先,是广告战。

1994年秋冬,脑黄金上市之后,在江浙与当地的一款保健产品"狭路相逢",于是两公司在媒体上打起广告战:在资金上,对手投入100万元做广告,脑黄金随即投入200万元;在广告语上,对手以"五盒一疗程"为自己宣传,脑黄金则以"四盒见效"与之叫板。此外,在媒体投入上,脑黄金在中央电视台以形象宣传为主,比如当年12月1日在黄金时段播出30秒广告;区域媒体以功能诉求为主,侧重地方日报、晚报,三天一期,辅之以科普文章,再加上海报、挂旗等户外宣传。那时候,脑黄金仅在华东地区每天的广告投放额就高达10万元,但其投入产出比却达到了1∶8。

其次,建分公司,设营销部,强力出击。

1994年11月,脑黄金在全国市场启动。史玉柱把市场分为华东、华南、中南、西北、西南、华北、东北七大片区,在省、自治区、直辖市设分公司,要求建分公司、培训考核、实现销售回款,"闯三关"。史玉柱对时间的要求很严格,比如在华东市场试销期间,分公司必须建成。有的分公司经理直接带上汇票赤膊上阵,不到一个月建好一个分公司。史玉柱亲自主抓销售人员的培训工作,他对每一位分公司经理都灌输同一种理念:健脑观念与渠道网络经销的面要铺开,最重要的是"回款才是硬道理"。集团总部设立营销管理部,不停地向分公司经理施压。

再次,各类促销铺天盖地。

在硬广告全面开花的同时,史玉柱要求加大软性宣传的比重,注重收集消费案例,进行脑黄金临床检验报告、典型病例以及科普文章的宣传。为了配合宣传,《巨人报》的印数达到了100多万份,以夹报赠送和直投入户等方式广泛散发,成为当时中国企业印数最大的"内刊"。

脑黄金第一战役从1994年10月至1995年2月,仅仅四个月,在供货不足的情况下,回款突破1.8亿元,"暴力营销"成效显著。在当时的三株、太阳神等保健品还在农村做刷墙体广告的时候,"既有贼心又有贼胆"的史玉柱采用铺天盖地、无孔不入、狂轰滥炸式的广告策略,加之渠道建设和严格管理,让一款全新的保健品在12亿中国人中家喻户晓。当年,史玉柱和他的脑黄金一起,成为妇孺皆知的明星。

在西方,被称为新古典经济学家之父的马歇尔,把广告分为两类,一是"情报性"的,一是"说服性"的。他承认为消费者提供有关商品的知识是必

要的,但他对"说服性"的广告则表示反对,认为它只不过把人们对某种产品的需求从一个牌号转向另一个牌号而已,但对整个社会并无半点好处。

马歇尔和其他新经济学派人士并不认为广告可以增加产品价值,也不认为广告可以提高人们对某类产品的需求。现代经济学家中也有人认为广告的"说服性"是不符合"经济节约"的精神的。他们认为人们应该按照自己的理智而不是凭感情冲动来进行购买。

一些社会名流、历史人物对广告也各有他们的看法。英国前首相丘吉尔认为:广告滋养了人们的消耗能力。它创造了一种人们对生活的更高的追求。它在人们面前树立了一个值得人们去追求的目标:为了自己和家人,为了一个漂亮的家、更好的衣服和更诱人的商品。广告鞭策了个人奋斗并促进了生产力的发展。它把从来互不相关的事物撮合起来,使之繁衍。

美国前总统罗斯福热情地说:假如我能重新开始生活的话,我将不顾一切地投身于广告事业。

更有些历史学家、作家讴歌广告"其社会影响可与学校、教堂等传统性机构相媲美","个体交易的时代已是一去不复返了,资本主义注定终归是要充分利用广告"……

对广告的功过尽管褒贬不一,但是,广告作为商品经济的产物,无疑在搞活经济的舞台上,正扮演着越来越重要的角色。史玉柱就是广告的受益者。

在中国,凭借广告取得如此巨大成功的,史玉柱应该是最典型的一个。

百亿计划,三大战役

1995年春,人们还没有从春节的喜庆中回过神来,史玉柱就召集下属开了一个直接影响巨人集团命运的会议。

会议气氛很平静,史玉柱用平静的语调说出了一个石破天惊的计划:"百亿计划"。他宣布:"巨人集团将实现从大型企业向巨型企业转变的过程,从1995年开始'三大战役',到1997年,全面实现企业的百亿元产值。"

史玉柱对脑黄金第一阶段的成绩相当满意,他说:"巨人从去年8月进入二次创业，从10月份开始增长速度加快，实际运作的效益开始增加，人员1000人，产品从单一的电脑走向了多元化，现在保健品的利润已经超过电脑。保健品从零开始，声势非常大，效益显著，我们用两个月的时间成就了别人一年才能完成的工作，为百亿计划奠定了基础，二次创业取得了成效，巨人准备实现第二次腾飞。"

史玉柱还总结了保健品市场的营销经验：

> 以前我们做一件事，特别迷信专家，上脑黄金时，我们经验、素质、能力等方面远远不够，最后也成功了，最重要的是公司尝试性地采用了一些锻炼人的方式，模拟战争年代的环境，压力大了，有一批经得住考验的人就起来了，同时也起来了一些市场。在这种压力机制之下，一批年轻人在短时间内可以迅速锻炼起来，这是我感受最深的。这一段时间，我准备在总部也模拟当年的战争环境。
>
> 巨人在打一场大的战役，严密高效的组织非常重要。组织有几种，一种是土匪式的，组织松散，缺乏远大抱负；一种是军阀式的，诸侯割据，各自为政，很快都会灭亡。我们要学习共产党的军队组织，团结严密，步调一致，令行禁止。

史玉柱需要组建一支富有战斗力、组织严密的营销队伍，以最大的力度，在最短的时间内冲击市场，让巨人能够从多个产品领域遍地开花，从而实现"百亿计划"。

会上，史玉柱还提出了他构想的该计划的具体实施方案：同时进入多个产品领域，将保健品、医药、电脑一起投入市场，这些产品要体现高科技、高附加值、高效益。巨人在这三大产业上的整体战略是：通过电脑树立品牌和高科技形象；医药形成产业规模后，会成为巨人一个稳定的产业支柱；保健品的目标是迅速获利，并通过产品的不断更新换代，保持不断增长的态势。

于是，后来被媒体、消费者所津津乐道的"三大战役"，在会上浮出水面。

史玉柱抱以厚望的"三大战役",全以失败告终,巨人集团元气大伤。史玉柱公开在媒体上表示:"巨人交了上亿元的学费。"这亿元损失,让巨人再也无法缓过劲来。而后来的"巨人大厦",只不过在悬崖边上又推了史玉柱一把。

人们常说:"冲动是魔鬼。"

那些看似理智冷静的成功企业家们,在自己的事业如日中天的时候,许多人都会因为情绪一时冲动而做出令自己后悔不已的选择来。相信今天的史玉柱再面对当年的形势,肯定会做出不一样的选择。因此,有效管理和调控自己的情绪,是一个人走向成熟的标志,也是在商场上获得成功的重要基础。

巨人大厦——永远的痛

令巨人集团倒下去的导火索是巨人大厦。在一次接受记者采访时,史玉柱说:

> 假如巨人今年的利润是5000万元,那么巨人明年的投入肯定会过亿……巨人是不做传统积累的。

正是在这样的理念指导下,建造巨人大厦的想法在史玉柱的脑海中浮现,那一年是1992年。史玉柱之所以能够建设巨人大厦,与他在珠海受到的礼遇是分不开的。自从1992年邓小平南方讲话以后,珠海市政府对于科技的重视就走在了全国前列。史玉柱就此抓住时机挺进珠海,并且获得政府大力支持。公开的报道说,巨人集团所受到的政府支持,包括解决科技骨干人员特区户口调动、公司高层领导赴港澳长期往返通行证、税收减免等诸多问题。比如,拿税收减免这一点来说,珠海政府对巨人集团的高科技企业所得税全免,当时也没有增值税,要缴的税特别低,又由于软件业的规律,其复制成本几乎可以忽略不计,这时候巨人的利润几乎就等于销售额,净资产也已经上亿了。此外,政府对巨人集团还有很多现实的照顾。

比如，可以破例审批珠海巨人集团的人出国；该集团的人户口一时不能从原籍转过来，可以在珠海重新办理一个户口。据说，史玉柱的户口当年也是迁不到珠海来的，因为他的原户籍所在地安徽不让迁。珠海相关部门知道这样的情况后，就为他重新办了一个。这在当时的确是开了风气之先。在巨人集团落户珠海之后，当地的领导立刻去视察，给予该集团意想不到的关怀。接着，时任珠海市委书记、市长的梁广大也开始到珠海巨人集团现场办公。据说，正是在一次现场办公时，珠海巨人集团获得了珠海市政府的"厚礼"——那块按当时地价减免50%，并可分期付款先行使用的土地。正是珠海市政府的这一分量十足的大礼，让史玉柱身价倍增。这块规划面积达10 000平方米的土地，地理位置极佳：它东临珠海市电视中心、金融中心和邮电中心，西靠体育中心，南接商业中心，北面则以当时正处于规划建设中的珠海市新政府为邻居。如此得天独厚的地理环境令巨人在珠海的落户占尽了先机。

然而，尽管"天时地利"俱佳，面对这么大的一块地，当时的史玉柱着实有些迷糊。对于土地、增值的问题，他可以说是一窍不通，而当时的房地产远没有像后来一样有花样迭出的营销手段，史玉柱也很难从中得到些许启示。面对"寸土寸金"、价值极高的政府拨地，史玉柱的唯一念头便是："不能就这么轻易地白白浪费。"于是，对于还是一片荒草的这块宝地，史玉柱开始思考如何规划和开发利用了。

在这片土地的使用方式上，史玉柱面临着多种选择：选择一，建设一座技术一流的科研大楼，专门用于软硬件的开发和电脑的生产；选择二，建设一座配套设施完善的员工公寓，让员工在这座公寓里统一地生活作息，就像当年他在封闭的环境中努力完成了汉卡的研制工作那样。然而，这两种选择似乎都不太符合史玉柱的初衷。如何最大限度地使用土地并让其带来最大的财富是史玉柱首先要考虑的问题。毕竟史玉柱的社会角色中更多的还是一个商人，而商人无法不去追求经济利益的最大化。

当然，除了上述选择，史玉柱仍有更多的想法。颇费了一些心思的史玉柱最终将这块土地作为巨人大厦的基地。根据史玉柱的构想，巨人大厦将完

成巨人集团开发中心、行政中心、物流中心、员工公寓、员工食堂、员工活动中心等功能的承载。简而言之,史玉柱的最初想法仍是以巨人集团的自行使用为基本出发点的。

然而,之后的史玉柱突然改变了方向,带给人们很大的意外,他决定将巨人大厦作为一个房地产项目来开发和经营。

于是,巨人这个"房地产巨人"开始了它异常离奇的建设过程。

从13层到72层

熟悉房地产的人们对于1992年的感觉应该是异常亲切而又敏感的。

一方面,1992年可以被称为是"房地产元年",这一年中国的房地产市场开始了"第一次启动";而另一方面,在1992年这个中国房地产的"山洪暴发"期,当时千军万马盲目而盛大的场面仍令人记忆犹新。当时的投资商们,谁都不懂房地产,但谁都知道房地产是一个暴利行业,都拼命往房地产行业里挤。这一时期房地产所产生的巨大的暴利空间,使得进入者处于非理性状态,人们对于房地产的理解只停留在浅层次上,没人去悉心研究房地产的产品、服务、长线,而这一切的背后是一种强烈的投机心理。

而这个时期获得了优惠购地的史玉柱,似乎也有些蠢蠢欲动了。

从巨人大厦的19层自用功能为主的工业性大厦构想到72层的商用房地产经营计划,便可看出史玉柱急于在刚刚兴起的房地产界大展拳脚的勃勃雄心。

在巨人大厦的最初构想中,13~14层已经足够满足整个巨人集团各方面的使用。但是在最初的讨论中,有人提议建到18层,原因是在广东人看来18层比较吉利,而在这时,反对意见却认为18这个数字可能会有18层地狱的嫌疑,于是经过讨论,大家一致选定为19层。因为中国古代语言中,9象征着无穷无尽的意思。然而不久,出乎人们意料的是,史玉柱忽然改变主意了:他决定建一幢38层的商业楼宇。这也是史玉柱进军当时被炒得沸沸扬扬、喧嚣满天的房地产所发出的一个微弱信号。只是这个时候的史玉柱似乎还稍微保留有精明商人应有的那份矜持与隔岸观火的态度。因为毕竟38层的楼高所需要的建设资金投入还是巨人集团所能应付得了的。在这一点上，我们不能否认史玉柱这一时期的谨慎与小心的经营态度。但接下来所发生的一切却让我们看到了一个深陷房地产泥沼的史玉柱。巨人大厦竟然在史玉柱理想的蓝图中凭空般地又加高了将近一倍——72层的巨人大厦果真成了真正的"巨人"。

后来史玉柱自己回忆说：

> 当时决定盖72层的时候，当然如果他们硬让我盖，我不同意，他们也没有办法。我当时考虑的几个背景：第一个背景是珠海当时的房地产还是很热的，特别好卖，那时候实际是一个供方市场，就是无论谁，只要有房子就卖得出，甚至楼花都卖得掉，实际上那时候是最疯狂的时候，写字楼的价格都在一万五到两万一平方米。第二点是当时珠海是高定位，当时在修大港口、大机场，还有跨海大桥，国际大公司、大集团都往珠海来，我也被熏陶了，认为珠海肯定是跟深圳一样的，甚至未来是比深圳还好的国际大都市，所以认为市场没问题。另外，政府给我们的地价非常便宜，按照楼面价，每平方米是125元，我认为这个巨大利益在诱惑我，因为别人都是两三千块钱一平方米拿的，我只要一百多块钱，所以我成本就比别人低，利益在诱惑，风险也小，所以就决定做了。

就在这座高楼的招标设计得到了社会各界的广泛关注的时候，云云响应者中的香港巴马丹公司通过海运送来的美轮美奂的设计模型得到了史玉柱和巨人集团的一致首肯。正是这个实力俱佳的巴马丹公司，使得巨人大厦一再加高楼层所需要克服的许多有关地质、施工、工艺的技术问题一一迎刃而解。这座楼最后建设成了平均桩基深度达68米的牢固根基。然而，这一切并没有带来巨人大厦的稳定。

盖72层的巨人大厦需要12亿元，而此时，史玉柱手中只有1亿元现金。

当时的想法是,自己投一亿多,当然实际上最后投了两亿五进去,当时我以为投入一亿多就可以出地面,然后出地面银行就可以提供贷款了,所以在出地面之前,也没去找过银行,找了银行可能也不会贷,因为那时候对民营企业贷款还是限制的。另外,我卖了一亿多的楼花。

史玉柱后来如此解释说。

反思巨人大厦的失败

关于巨人大厦的失败原因,有几种解释基本是没有争议的:

一是失去贷款的机会。

由于1994年底到1995年上半年是珠海巨人集团效益最好的时候,所以大家都认为没有银行贷款也可顺利建成大厦。直到1996年5月,史玉柱依然相信依靠自己的能力能把大厦建起来,他把各子公司交来的资金大量投向巨人大厦的建设中。可是人算不如天算,时间到了1996年的7月份,中国的保健品市场出现了史无前例的市场滑坡,史玉柱领导的珠海巨人集团旗下的保健品产业也不可避免地受到冲击,加之现金流基本被挪用到了巨人大厦的建设中,巨人集团的保健品产业存在巨大危机。所以,维持珠海巨人集团的相关产业正常运作的基本费用和广告费用出现不足,相关产业的发展都受到了极大的影响。

二是估计不足。

就在保健品产业受到连累的同时,似乎老天也要为难珠海巨人集团,巨人大厦的基础正巧建在三条断裂带上,为解决断裂带积水问题,修建中,巨人大厦多投入了3000万元。

然而更要命的是,在这期间珠海还发生了两次水灾,巨人大厦的地基两次被泡,整个工期被耽误了足有10个月。1996年9月11日,巨人大厦才终于完成了地下工程,11月,相当于三层楼高的首层大堂完成。此后,大厦将以每五天一层的速度进入建设的快速增长期。但是，此时的史玉柱已经没钱了。按原合同，大厦施工三年要盖到20层，1996年底兑现，但由于施工不顺利而没有完工。公开的资料显示，巨人大厦动工时为了筹措资金，珠海巨人集团在香港卖楼花拿到了6000万港币，国内卖了4000万元。其中在国内签订的楼花买卖协议规定，三年大楼一期工程（盖20层）完工后履约，如未能如期完工，应退还定金给予经济补偿。而当1996年底大楼一期工程未能完成时，建巨人大厦时卖给国内的4000万楼花就成了导致珠海巨人集团财务危机的真正导火索。债主上门了，此时的珠海巨人集团因财务状况不良无法退赔而陷入破产的危机，巨人大厦随即成为史玉柱的珠海巨人集团失败的导火线。现在，反思因巨人大厦危机引发的珠海巨人集团的失败，每个人都能提出几个原因，但是每个人都不否认，史玉柱及珠海巨人集团在管理上的败笔，都是战略失误惹的祸。

巨人又一次崛起后，记者在采访中曾问史玉柱：“很多人都对1997年发生的巨人大厦危机记忆犹新。经历了这样的大起大落，一定有很多感慨吧？”

史玉柱回答说：“是的。我们之所以能很快起来是因为摔了那一跤，刻骨铭心的教训啊。中国传统文化里有个'成者为王，败者寇'，我觉得很不好。在美国硅谷，风险投资人普遍有一个标准，就是看投资对象以前失败过没有。没失败过，很少有给他投钱的。这种文化是容忍失败，尊重失败者，但中国是'败者寇'。珠海巨人摔跤是必然的，即使媒体不报道，即使后来巨人大厦盖起来了！那时我确实头脑发热，就连我的团队都有些不太客观了。"

失败是好事抑或坏事，没有人能说得清。

人要在翻江倒海的商海竞争中取得成功，总不免要遭遇挫折，遭遇失败。

失败是成功之母，这话虽糙，但理不糙。你可以不信，可能巨人倒下的那刻史玉柱也不信。但实践总是给人意料之外的答案。

人人都喜欢体味成功的喜悦，不喜欢品尝失败的苦味。但是倘若在失败到来时不仔细品尝其中的苦涩，那么成功到来时甜美的浓度必然会降低很多。

商海角逐中，投资或经营失败的时候，你可以由此放弃，一直回头看害你跌倒的坑洞，检讨自己为什么失败；也可以伤心、落泪，但是一边擦眼泪，

一边站起身，准备再一次向目标发起进攻。

任何由弱而强的人在达到成功之前，没有不遭遇失败的。但凡能够成功的人，总是能乐观地对待失败。

"我们的军队是不会被打败的，被打败的是你自己。"当下属向他汇报军队撤退情况时，这个发布命令的军官对下属训斥道。

在战场上，一个想着自己会被打败的人总是要被打败；而那个总是相信自己并且坚守自己的使命的人很可能会成功。能以自信的心态去面对一次又一次突然袭来的失败，才是职场成功人士必备的素质和能力。

未曾经历过失败的人，是脆弱的，经不起重创。只有在商海中经历失败的考验，成大事的基础才更加稳固和坚强。因此，失败可能成为你事业生涯的幸事！

幸与不幸，失败者知道，后来东山再起的史玉柱也知道。

反思巨人集团失败的原因

现在，我们来反思一下巨人集团为什么会失败。

失败的民营企业，一般都有一大堆乱七八糟的问题，而各家的问题又都不尽相同，一次决策的失误、一个疏于管理的问题、一种性格品行方面的弱点、一个领袖情结等等，都可能导致整个企业陷入无可挽回的败局。

那么，巨人集团失败的根本原因是什么呢？下面，我们进行全面的分析。

1. 媒体是一把双刃剑

史玉柱对报道巨人危机的媒体，尤其是对最先披露其危机内幕的深圳《投资导报》一直耿耿于怀："我本来还能走出困境，经媒体这么一报道，就彻底完了。"他认为，如果媒体不报道，他的命运将会是另一个样子。

其实，媒体本来就是一把双刃剑，你不懂得驾驭媒体，本来就是你的错。这是其一。

其二，媒体只是对本来已经败落的事实进行了负面报道，而不是使其败落的根源。在媒体报道之前，败因已经存在。如果不能找到失败的根源，进行对症下药的治疗，失败仍将不可避免，即使媒体不报道，企业也会继续走向失败。委过于媒体，恰恰证明史玉柱没有找到真正的根源。这就更可以证明失败的不可避免性。

其三，在巨人走向辉煌的过程中，海内外媒体对其所作的正面报道不计其数，给巨人带来了数以亿计的无形资产，媒体功不可没，与负面报道相比，媒体绝对是功大于过。

如果说媒体"以落井下石的火力一夜之间彻底打垮了被它几年吹捧过的企业——巨人集团"，那是不客观的。关于企业应该如何与媒体更好地合作，我们在后面的章节还会详细论述。

2．资金短缺的原因

"如果有1000万资金，让大厦开工，一层一层往上盖，人心自然安定，支撑几个月，生物工程启动后，留足滚动发展资金，利润可观，再投入大厦建设，从电脑软件方面再拆借点钱完成一期工程没有问题。待20层盖完，我不仅兑现合同，再多拿出一些楼面补偿买楼花者，危机自然化解。目前就是资金周转不灵，卡在这个坎儿上了。"

史玉柱曾经这样盘算。

这种观点同样很有市场，例如，几位"资深"专家和财经记者在对史玉柱进行联合采访后的分析中甚至得出一个"不无悲壮的结论"，说："对融资的隔膜，对金融市场的疏离，才是史玉柱败走麦城的关键所在。"

在他们看来，巨人的倒下就是因为资金周转不过来引起的。为什么资金周转不过来呢？融资能力差！似乎只要能融到1000万资金，巨人就能立于不败之地。

其实，巨人的问题绝不仅仅是"资金短缺"那么简单。

所有破产的企业在破产时都是因为"资金短缺"。每一个赌输了的人也都是因为"资金短缺"，如果他有更多的资金作赌注，他也能把输了的钱再赢回来。但是"资金短缺"仅仅是一种表象，如果只看到资金的短缺，看不到资金短缺背后隐藏着的深刻根源，无异于赌红了眼的赌徒，即使资金短缺问题

得到了解决，迟早还会走向失败。

3. 机制有问题

这种论调与上一种论调一脉相承。为什么巨人会融不到钱呢？一方面固然是因为史玉柱"对融资的隔膜"，但在更深层次上则又要归咎于民营企业的体制和政策环境。民营企业融资渠道过窄，中国资本市场又不发达，民企很难在资本市场上融资和在银行贷款。"我就差1000万，巨人集团资产规模5个亿，区区1000万的小数目根本不算什么，可眼下这一关就是过不去。"而这要怪民营企业的政策环境。

众所周知，民营企业的机制几乎成了"包治百病"的"灵丹妙药"，今天你融不到资就说民营企业的政策环境不好，可为什么不讲正是民营企业机制的优越性成就了你的宏伟大业呢？难道好的东西就不能有一点瑕疵？况且，民营企业的生存环境早已客观存在，你没有考虑到也是你个人的错。

4. 抽血过多

巨人大厦向生物工程抽调资金过多，导致这一新兴产业过度贫血，生物工程出现萎缩。"1992年下半年，一位领导来我们公司参观，建议把楼盖高一点，于是，我们就把设计改到了54层。1994年初，又有一位领导来珠海视察，要参观巨人，我们又把设计改到了72层。"言外之意，似乎巨人大厦不盖那么高，巨人就不会有此一劫。

这个论调是把失败的原因归咎于某一个具体操作上的失误，就事论事，但仍然没有看到问题的实质。为什么会发生这样的失误？其背后的深层原因是什么？如何避免这样的失误？这种论调并没有告诉我们。

5. 进入了多元化陷阱

史玉柱承认，在保健品领域他付出了上亿元的"学费"，巨人大厦的兴建则更是把他推向了深渊。

这已经是比较深刻的观点了。

但是，为什么恰恰是在此时而不是彼时进行了多元化？为什么选择房地产和保健品行业？多元化背后的决策动因又是什么呢？不克服其中的动因，即使没有多元化，那也会以别的形式表现出来。再者说，多元化有"同心多元化"和"多心多元化"之分，"同心多元化"即主业突出、结构合理的多元化是规避风险、做大利润的正确经营模式。即使是"多心多元化"，世界上也不乏成功的案例，近的就有华人首富李嘉诚，焉能用一句"多头陷阱"一言以蔽之？

6．运气不好

有人说："史玉柱运气不好。盖巨人大厦恰好碰上中国加强宏观调控，银根紧缩，地产降温。同时巨人大厦非常不巧地建在三条断裂带上，珠海两次发大水又将地基全部淹没了，整个建设工期耽误了10个月，导致企业多投了3000万。再加上开发保健品的时候恰好撞上全国整顿保健品市场，保健品降温，史玉柱的巨人梦可以说是处处碰壁。"

运气不好，巨人集团受到上至中央下至地方政府的大力支持，在巨人大厦项目上，原本每平方米1600元的地价最后只收了350元，而且还可以后交，全中国又有几个人能有这等好运气？进入房地产行业，房地产降温，进入保健品，保健品降温，看似偶然，实则必然。当一个行业赚钱的秘密连行外人都知道了，这个行业离赔钱还会远吗？大凡在热潮中抓住机遇的人，都是在热潮来临之前就已提前进入了，而看到热潮来临就去追赶热潮的脚步，一定是步步为迟，步步踏错。

7．广告的恶果

"靠广告吹起来的企业终究没有好下场。"这种论调颇有市场，尤其是当类似这样的企业一个个都倒下来之后，这种论调几乎成了全社会的一种共识，以致企业家个个都变得小心翼翼的，不再大声张扬，中央电视台取消了广告标王，国家工商行政管理局对广告作出了限制性的规定。

广告原是第一代民营企业成功的秘诀，为什么在此时此刻变成罪魁祸首了呢？巨人、三株、505、飞龙、爱多等等，中国第一代民营企业天空中一颗颗耀眼的星星都是依靠强势的广告迅速膨胀起来的，广告是它们共同的、心照不宣的秘密。如果没有广告，它们在前期根本不可能取得那样大的辉煌业绩，而在后期照样会走向败落，因为它们的失败并不是广告对错那么简单。如果没有广告，或许它们连失败的机会都不会有。

对此我们稍作具体分析。中国第一代民营企业的衰落是不是因为广告做得太多了？我们知道，在前期这些企业恰恰是因为"广告做得太多"而快速地发展起来的，那么，为什么在后期"广告做得太多"又使它们倒下了呢？同样是广告，为什么昨天还是制胜的法宝，今天就成了败北的元凶？显然，把衰落的原因归咎于"广告做得太多"，这种论断经不起简单的推敲。"广告做得太多"只是一种表面现象，我们应该透过这种表面的现象去把握问题的实质。

8. 性格缺陷

史玉柱性格中有一种与生俱来的豪赌天性，正是这种豪赌的天性把巨人推向了深渊。为什么同样的性格昨天还是他成功的关键因素，今天却成了败北的元凶了呢？仿佛昨天还是他的风光之日，媒体记者对他进行肉麻的吹捧，而到了今天，随着企业的败落，记者们就来了个一百八十度的大转弯儿，对他口诛笔伐，幸灾乐祸地嘲骂。这种前后自相矛盾的"揭秘"分析，又有多少含金量呢？

前面谈了那么多，到底巨人集团倒下的根本原因是什么呢？其实，战略性失误才是巨人倒下的根源，其他的原因都是一种表象。

在改革开放的初期，中国大地到处传诵着一些白手起家的神奇故事，与今天民营企业的情形形成了鲜明的对比。例如，某某某用借来的几百元或几千元启动资金，在短短的几年内竟奇迹般地一跃成为身价几亿甚至几十亿的大富豪，这正是改革开放"摸着石头过河"所带来的历史机遇的真实写照，是天赐良机的真实反映。这使得中国第一代民营企业家轻松地过关斩将，迅速积累起连自己做梦都没有想到过的庞大财富，登上了成功宝鼎。

但是，这些民营企业家们却不懂得一点，他们把历史性的机遇误认为无边无际的商机，他们欣喜若狂，被早期的胜利冲昏了头脑，竟以为天下真有免费的午餐，真有不落的太阳、不醒的梦，因此，他们不仅没有在如日中天时调整发展战略，收缩战线，为接下来的夕阳西下做未雨绸缪的准备，反而一再地梦想如何更上一层楼，再越一座山，去领略悬崖绝壁险峰上的无限风光。他们往往到了夕阳西下之时还沉浸在昨夜的温柔梦乡里不肯醒来，继续他们那改革开放早期、原始资本积累阶段的思维定式和操作惯性，其不信邪的勇气可嘉，但与经济规律硬碰，摔坏的必定是自己。

经过各方面的分析，我们说，对大变革时代的历史性没有清醒的认识，把历史性机遇永恒化，由此导致的发展战略的失误，这才是巨人集团衰落的根本原因。

同样，联想、海尔等一批企业的成功也是源于其正确的战略——稳健型的战略在高潮期虽然失去了扩张的机会，但是在低潮期却避免了失败。

在经济高潮盛极之时不能继续采取扩张型发展战略，是因为经济高潮很快就将盛极而衰；相反，当经济低潮持续已久之后显露转盛迹象之时也不应该继续采取经济低潮期的收缩战略，此时采取适当扩张的发展战略乃明智之举。

不怕赚钱少，就怕赔钱多，要想赚钱，得先学会怎样规避风险。那些愿意东山再起，不想重蹈覆辙的第一代民营企业家们和梦想立于不败之地的第二代民营企业家们，请你们在上路之前先在心中装一条经济走势的曲线，继而克服非理性的贪欲，再记住：什么时候都不要"满仓"，手中要始终握有资金，而且手里的资金要随经济形势的增长而增加，随经济形势的下降而减少。因为如果高潮过高，往往是个巨大的陷阱、致命的诱惑，最好清仓离场，把钱紧紧地抓在手里；相反，如果低潮过低，则常常潜伏着巨大商机，正是趁低吸纳，大举进攻的投资好时机。

"我曾经是一个著名的失败者，我害怕失败，我经不住失败，所以只能把不失败的准备工作做好。"现如今当年巨人大厦的失败让史玉柱刻骨铭心，也让其反思不断，《太平天国》是他后来最爱看的一本书，他想研究太平天国为何失败。

第五章

不怕失败，就怕放弃，我最大的品质是坚强

坚持是一种能力，更是一种眼光。

许多人在创业的时候，往往一会儿想东，一会儿想西，贪婪地进军每个领域，可是他们在真正做的时候却坚持不了多久，结果，这种人总是看不到成功的果实。

实际上，做一件事情往往不是想想这么简单的，要想成功，就需要在正确方向指引下，坚持到底。史玉柱正是在这个问题上犯了巨大的错误。可是，史玉柱也知道，当企业家是条漫长又艰辛的路，不但要保持冲劲十足的精神，更要秉持一贯的信念，坚持到底，渡过重重难关，才能走向最终的胜利。

"每一个问题都蕴涵着解决的种子。"

这句了不起的话是美国一位杰出的思想家史坦利·阿诺德说的。它强调了一个重要的事实：每一个问题内部都自有解决之道。几乎所有的人都认为问题本身必是坏的，然而事实正好相反。史玉柱的经历正好说明了这一点。

1997年，珠海巨人集团倒下的消息石破天惊般传出，社会舆论一片哗然，所有的声音都在揭史玉柱的伤疤，没有人相信他还能东山再起。在这样的舆论环境和社会氛围里，史玉柱四处奔走，求教东山再起之策：进京拜访柳传志、段永基，但没有找到答案；赴济南，向吴炳新求教，吴炳新话音刚落，三株大厦倒塌，全军覆没。

似乎没有任何希望了，可是史玉柱依然没有放弃，他没有放弃自己的同伴，没有放弃自己的公司，更没有放弃自己的梦想。

死过一回了

1997年初，巨人大厦未按期完工，国内购楼花者天天上门要求退款，巨人集团深陷危机之中，史玉柱沦落为负债2.5亿元的"中国首穷"。败走麦城的史玉柱，在媒体和公众的视线中默默地消失，如同一位隐形人，无影无踪。有人说他躲起来了，也有人说他被抓起来了，满城风雨。没有人会相信史玉柱会东山再起，除了他自己的那"二十几条枪"。

那么，史玉柱到底做什么去了呢？带着极端的心情，史玉柱去感受了人生最极端的环境。

1997年，史玉柱和三个部下决定去爬山，爬珠穆朗玛峰。

史玉柱在这次攀登中，经历了死亡的考验。在准备下山的时候，他们发现背去的氧气用完了，缺氧像死神的代言人一样，威胁着登山者的生命。

"最后连路都走不动了，每走一步，都要坐下来休息一会，才能走下一步。"

而更糟的是，他们发现，在冰川里找不到下山的路了。

"那时候觉得天就要黑了，在零下二三十摄氏度的冰川里，如果天黑肯定要冻死。"

史玉柱让几个部下先走，没有人肯先走。万幸的是，后来一个部下找到了路，就拖着史玉柱走，他"咬着牙爬到了路上"。

到了路上就简单了，虽然是很窄的一条路，但有路就好办了，他们顺着下坡机械地走了下去。

等回到营地才知道，他们上山的那条路是著名的禁区：皑皑的白雪下面埋藏着像马蜂窝一样的冰窟窿，深达几米、几十米甚至几百米。

"当时雇一个导游要800元，为了省钱，我们四个人什么也不知道就那么往前冲了。"为了省800元导游费，史玉柱和部下走了一趟鬼门关。当时如果掉进任何一个冰窟窿，凭他们几个人的力量根本无法自救。

"下来之后感觉到，我已经死了。"

史玉柱说:"确实,我是捡了一条命回来。"

但是史玉柱从来没有后怕过。"下都下来了,"他说,以后还有什么要顾虑的时候就会想,这条命都是白捡的了,所以一下子人就放得特别开,在管理、营销各个方面再没有任何条条框框,"怎么实用怎么来"。

西方有句谚语说:"年轻的本钱,就是有时间去失败第二次。"

这句话说得非常好。

年轻的时候不去尝试,等到你老了,就再也没有机会去做事情了,对的也好,错的也好。所以年轻时努力奋斗是很重要的。成功,给自己增加资本;失败,给自己积蓄力量。

假如一个人的一生要走完100步,而现在已经走完了99步,最后一步应该很容易就走过去了,但很多人却说,最后一步最难走。其实这最后一步和99步的每一步,没有什么两样,只是我们在迈这一步时自己吓唬自己,还不够坚强,没有去坚持罢了。

无论做什么事,即使面对生死抉择,只要坚强地挺一下,不轻易放弃,那些不可能的事,也会变为可能。

有人问成功的秘诀是什么,史玉柱的行动给了我们很好的答案:成功的秘诀有三个:第一是,决不放弃;第二是,决不决不放弃;第三是,决不决不决不放弃。决不放弃,就是坚持,它来自于人的坚强毅力。

坚强的毅力是人类最可贵的财富,在走向成功的路上,没有任何东西能代替它。

只有偏执狂才能生存

安迪·格鲁夫,英特尔公司创始人、董事会主席,曾入选《时代》杂志"风云人物"。这样一个引领时代、震撼管理界的偏执型商业领袖对于自己的商业经历,写过这样一本书——《只有偏执狂才能生存》。

"这是偏执狂才能成功的时代,只有偏执狂才能生存!"安迪·格鲁夫的话在世界商业领域几乎已是一个定律。

当星巴克股票在纳斯达克上市的时候，霍华德·舒尔茨偏执地向世界宣布"我是一个梦想者"，然后星巴克果然成为世界商业的一个奇迹；当保罗·艾伦和比尔·盖茨在漫不经心地玩电脑时，其偏执的梦想在某一天不经意地弄出了微软这个全球最大的商业怪兽；而作为中国最早一批从事IT行业的创业者，史玉柱从他选择下海那一刻开始就展示了超乎常人的偏执，这种偏执在其依靠脑白金东山再起之后表现得尤为突出。

假如史玉柱不够偏执坚强，那就不会有脑白金、黄金搭档以及后来的巨人网络，这是公认的事实。假如史玉柱不够偏执坚强，他也许早就过着牢狱生活了，也许这样的判断不一定会有人接受，但的确有这种可能。

想一想，为什么珠海巨人集团没有被注销？那么多人都奉劝史玉柱，一旦把这个公司注销，他也就安然无忧了。

但是，史玉柱是何等聪明之人，他并没有抛弃那些曾对珠海巨人集团给予信任的投资者，因为一旦用了这些所谓聪明人的招数，他的问题就严重了。

假如珠海巨人集团真的注销了，从法律上来说，史玉柱可以规避债务，但是，他之前的"三年回报100%"、"保险公司保险"等说法难道就不会被追究？国家难道不可以判他个"非法集资"或者是"诈骗"吗？

如此这般，哪里会给史玉柱留有东山再起的机会呢？

无疑，史玉柱足够聪明和坚强。如果他不偏执坚强，就有可能面对危险"英勇就义"。这样的话，他也不可能在多年之后重出江湖，更别说中国还会出现一个身价500亿的富翁了。

有媒体曾经宣称："史玉柱成功的秘诀，就是不怕失败。他在事业上竭尽全力，近乎偏执，毫不顾忌失败，即使失败也会卷土重来，并立下比以前更大的决心，努力奋斗，直至成功。"

巨人失败后，史玉柱一辈子也不想面临困境，在这里我也没有必要刻意赞美失败，但失败总是在不经意间来到我们身边。

一时的失败并不代表我们真的不行，而是告诫我们需要更加努力；失败并不说明我们真的很笨，而是提醒我们在某些方面有待改善；失败并不意味着我们将一事无成，可能是启示我们，也许我们并不适合某种工作；失败帮

我们积累经验：这个方法可能不行；失败帮我们增加一个改进的机会。失败次数越多，只要我们有韧性、肯坚持，我们离成功的距离就越近。

世界上的一切伟大事业，都在坚韧勇毅者或者说是偏执狂的掌握之中，当别人开始放弃无法再做时，他们却仍然坚定地去做。那些一心要得胜、立意要成功的人即使失败，也不以一时失败为最后结局，他们还会继续奋斗，在遭到失败后会重新站起，且比以前更有决心地向前努力，不达目的绝不罢休。

大丈夫能屈能伸

失败是成功之母，史玉柱也有同感。

他认为果断放弃是巨人再生的充分条件。

史玉柱总结了失败的教训，他认为，巨人陷入困境是盲目发展多元产业而导致的。药品、服装、化妆品……巨人当时还成立了营销部门，但隔行如隔山，在自己不熟悉的领域投下棋子，肯定是要交学费的。

为此，在重整巨人的漫漫征途中，巨人学会了放弃。但放弃和聚焦又是一对孪生兄弟。对付市场，不能平均用力，巨人还是选择以保健品作为主攻方向。

于是，曾经在创业初期放出"如果下海失败，我就跳海"的不悔誓言的史玉柱并没有照他自己所说的，真的去跳海自寻短见。毕竟大丈夫能屈能伸，有着疯狂赌性的史玉柱自然是不会善罢甘休。

"不以物喜，不以己悲。""宠辱不惊，看庭前花开花落；去留无意，望窗外云卷云舒。"如果说这种境界，是常人难以企及的，那我们就要像史玉柱那样学会放弃。

放弃也是一种美丽。生活有时会逼迫你，不得不交出权力，不得不放走机遇，甚至不得不抛下爱情。如果把"权势"、"钱途"看得透、想得开，拿得起，放得下，有大丈夫能屈能伸的气度，任何人的心理压力都会得到化解——失败也好，成功也好。

放弃是一种坦荡的心境和大度的气概。

放弃，也是一种胸怀，更是一种升华。

与此同时，不理智的放弃是一种浪费和一种执迷不悟，也是一种对自己生命的践踏和对自己人生的不负责任。

商海中有苦有乐、有喜有悲、有得有失，拥有一颗能屈能伸的心，就会使平凡暗淡的生活变得有滋有味，有声有色。什么时候学会放弃，什么时候学会能屈能伸，你什么时候便学会了成熟。这是我们从史玉柱的故事中得出的结论。

人真正成长的时候，大都是逆境

史玉柱说，在逆境中做事可以保持冷静。

生活在逆境中比生活在成功中要舒服一些——没有执法部门不断检查，没有拉赞助者的不断敲门游说，没有……从现在的眼光来看，当时巨人一下窒息了反而是好事，如果病程拖得太长，只会更加痛苦。

经过一番抉择，史玉柱决定留下十人留守珠海，其余人来到江苏江阴，做的还是保健品。在已经不多的几十万资金中，抽出十多万，委托当地一家保健品公司开始生产脑白金。在生产几百箱后，史玉柱又在广告上投下十多万巨资，江阴市场就这样被打开了。自此以后的进展就开始变得程序化，巨人拿在江阴赚的钱启动无锡市场，拿无锡赚的钱启动其他市场。

史玉柱补充说，在低谷时，企业制订的营销方案比较客观，也实事求是。南京、苏州等苏南重镇被开发后，吉林、浙江、上海等省市又相继地开花结果，一个全国性的市场也呼之欲出。等到 1999 年 12 月，脑白金的月销售额已经达到了 1 个亿。

虽然"失败"并不是一个令人赏心悦目的字眼，却有人（史玉柱是典型代表）从中收获了自己的成功。

每个扬帆商海的人都在极力避免自己失败的结局。在优秀人才集中的地方，成功者如果只有为数不多的人，那闪耀着金华的桂冠如果仅能为少数人所拥有，那要想获得成功就必须竭尽全力。

商海波涛汹涌，芸芸众生，想要获得成功谈何容易？哪个人不想做备受尊敬的成功者？又有谁甘愿被奴役被歧视被轻蔑被嘲笑？没有哪个人注定成功，也没有哪个人注定失败，一切全凭你战胜挫折的意念。因为人真正成熟是在逆境之中。

成功就像一块饱和海绵，一旦有水分进入就一定会有水分从反方向被挤出。现实残酷的商海竞争，不容侥幸，没有余地。

成功者固然令人羡慕，但微笑着认真面对失败的人比成功者更令人肃然起敬。从这一点来看，不管你喜欢史玉柱也好，讨厌史玉柱也罢，你必须真心地尊敬他——因为，除了他，没有人将失败利用得如此彻底。

跌倒不算失败，跌倒了爬不起来才算失败

史玉柱总是能保持积极的想法，他具有牢不可破的信心，不肯轻易服输。他认为，任何的困难都打不垮他。在他的心目中，压根儿就没有"放弃"这两个字。

能忍受挫折，具备良好的适应能力，能保持正常的心理活动，这是心理健康的标志，也是史玉柱能够东山再起的基本原因之一。

其实，每个人在生命历程中都应该重视这种精神，不论贫富与否。我们应该有一个坚定的、永不放弃的希望，我们要在不屈不挠的奋斗中生活。

是的，只有永不放弃希望的人，最终才能成就大的事业。他们敢于向一切不满意的事物挑战，在挑战中改变自己的命运，改变自己的世界。

险恶的环境，能使他们越挫越勇。

众所周知，失败容易使人产生或轻或重的挫折感，这种消极的情绪状态，有人称之为"心理停滞状态"。它有时会造成非常严重的甚至不可挽回的后果。而造成这种严重后果的原因之一就是放弃。我们在遇到失败时，往往很快就会放弃努力而不再坚持尝试。实际上，我们不再努力的理由通常是不充足的。我们常说"这是不可能的"或者"我无法改变自己"，其实，我们本来

是能够改变的。

只有想成大事者，才能在磨难和挫折中继续生存，才有勇气去迎接困难的挑战，才有毅力去战胜逆境，获得新的成功。

在这个世界上，为什么百分之九十九的人会失败？

原因在于当成功触手可及的时候，他放弃了。这是不能取得成功的最根本原因，也是最可惜的原因。

从另一方面来说，这就是成功者可以实现梦想的成功法则——永远不放弃，绝对坚持到底。

后来曾有人问史玉柱他是怎样东山再起成就一番事业的，史玉柱笑笑回答道："哦，跌倒了爬起来，爬起来再跌倒，事业就这样成功了。"

就是这样一种精神，使得史玉柱能够东山再起！跌倒不算失败，跌倒了站不起来才是失败。

其实，在成功这个终极目标的前面，横亘着的是一条漫长而修远的道路，成功永远只属于那些锲而不舍，矢志不渝，永不放弃，坚持到底，不达目的不罢休的人们，绝不会与浅尝辄止、见异思迁生活在同一个屋檐下。

"也知年少登科好，孰料龙头属老成。"我国古代害死人的科举制度，曾经创造了梁灏八十二岁考上状元这样伟大的传奇，然而，从另一角度来说，梁灏这种永不放弃，坚持到底的精神，是不是也值得现在心态无比浮躁的人学习呢？

中国有句老话，叫做"不到黄河心不死"，这句话用在成功人士的身上同样也适用，那就是为了把自己的事业做好，不达目的决不罢休——这才是一个成功者应该具备的基本品质。

史玉柱说："创业的过程，实际上就是恒心和毅力坚持不懈的发展过程，其实并没有什么秘密，但要真正做到中国古老的格言所说的勤和俭也不太容易。而且，从创业之初开始，就要不断地学习，把握时机。"

坚持是一种能力，更是一种眼光。

许多人在刚开始做自己事业的时候，往往一会儿想做这个，一会儿想做那个，但是，每个领域都是只做一段时间就不做了，结果，他总是看不到成

功的果实。实际上，做一件事情往往不是想想这么简单的，要想成功，就需要在正确方向指引下，坚持到底。

成为成功者是条漫长又艰辛的路，不但要保持冲劲十足的精神，更要秉持一贯的信念，成功只不过是跌倒了再爬起来，坚持到底，渡过重重难关，走向最终的胜利。

不抛弃、不放弃是2007年《士兵突击》宣扬的一个主题，其实早在十年前的史玉柱那里，这一主题已经被镶嵌在了他骨子里。

第二部分 反思篇
——失败的教训才更有价值

史玉柱说:"我相信福祸相倚的老话,不过从前还是太顺。我很感激这一跤。上次我和刘永行谈,他实际上也不断地在摔跤,不过他属于感冒,一个又一个感冒让他免疫力增强,身体强壮了。虽然增长不是很快,但是时间一长总量就很大了。我是从创业那天到我摔跤那天,中间就没感冒过,结果一摔就是很大一跤。不过摔跤这一课是肯定要补的,否则还是不能长大。不管政治、军事还是经济,一帆风顺是不可能的,李嘉诚还要跳楼呢,共产党没有第五次反围剿的失败,也总结不出十大军事原则。"

所有优秀的企业家都知道,如果想要成功,就永远都不能轻言放弃。有时我们可能会有错觉,似乎不可能再坚持下去了,但这恰恰是最重要的时刻,因为这意味着我们开始摸索到成功的关键门道,成功指日可待。

朝着目标迈进的时候,我们必须充满热情,也必须十分耐心。胸怀大志的同时,也要十分现实。我们总会遇到障碍,实际上,我们完全可以把这些障碍利用起来。如果把它们当作挑战,而不是障碍,我们就会发现自己有能力克服它们。最重要的是,我们要坚忍不拔,永远不要放弃。因为失败的教训才更有价值;要勇往直前,保持明确的目标,从失败中寻找成功的影子。

第六章

产品绝不能对不起消费者

对史玉柱来说，无论成功还是失败，虚名、骂名总是与他形影不离。

对于脑白金的成功，有人说那是靠广告，靠忽悠；对于《征途》游戏，出来的时候，大家都在喝彩，但是喝的是倒彩，说别人都在做3D了，你还搞2D，完全是骗人的吧！史玉柱对这些言论已经习以为常，他只说了一句话："骗消费者一年，有可能。骗消费者十年，不可能。"

在史玉柱眼里，口碑宣传是最重要的，时间最能说明问题。

每一个成功的人士在面对自己成功的理由时，都会说："产品质量是我们的诚信，而正是优秀的产品才促使我们走向了成功，铸就了我们今日的辉煌和荣誉。"

缺乏产品质量的企业等于失去诚信，没有产品质量的企业等于走向失败！产品质量是荣誉的奠基，失去质量等于失去成功的机会……

产品是什么？成功又是什么？如果说成功是大海，那么产品质量就是每天给予大海活力的小溪，没有了小溪的保障，又怎会有源源不断的海水？

一个做企业的人，如果没有了产品质量的保障，又怎么可能有对未来的美好憧憬？

每一个投保人面对自己买保险的理由时，大都会说："现在质量问题层出不穷，一会儿是这个新买的房子由于质量问题而出事情，一会儿是那个工程也由于质量酿成重大险情，一会儿是某个保健品吃出了人命，所以我们现在最想的还是质量好的产品，这样我们也就等于买了保险……"

为什么会有这种说法呢？原因是他们关爱自己的生命、生活，而只有优质的产品，才能使他们不必买保险。没有了质量，生命、生活将受到威胁，一切将都不再那么美好……

试问：没有了生命的人又何来希望？没有了质量的世界又何来幸福的生活？史玉柱凭什么这么牛？他的凭借有许多，但是离开产品的质量，这些凭借都会无所依托。

一定要靠口碑

在史玉柱跻身保健品行业之前，中国的保健品巨头比比皆是，但是无不因为产品本身的问题而轰然倒地。

曾经被史玉柱奉为老师的三株因为一场"八瓶三株口服液喝死一位老汉"的意外官司而导致一个保健品帝国迅速土崩瓦解，它的瓦解更大的后果是把一个千辛万苦培育出来的肠胃保健品市场缩小到了极限。

同样，和三株一样曾经风光无限的沈阳飞龙的老板姜伟，再次出山时希望以拳头产品开泰胶囊快速崛起，结果，开泰胶囊却被国家药监局认定为"劣药"。

自然，姜伟也只能是无功而返。

正是这些前车之鉴，让史玉柱深刻体会到了前中国消费者协会投诉与法律事务部主任王虎所言的本质。王虎说："保健品关键看质量、看科技、看效果！概念只是附加值，保健品光有概念是不行的。水能载舟，亦能覆舟，好概念可在短期内成就一个企业，成就一个品牌，但也可以在极短的时间内毁掉一个企业，毁掉一个新兴产业。概念驾驭不好，就可能遭到'杀身之祸'！"

史玉柱后来说："我在最低谷时曾经研究过医药保健品市场，我分析中国保健品企业十个里有九个是不赚钱的。为什么？产品功效不明显，过分依赖广告。过分依赖广告的产品必死，保健品一定要靠口碑。"

口碑是人们对所用之产品、所接受之服务发表的个人见解的汇集，当多数人对某一产品、某一服务的见解基本相同时,就会形成一种舆论力量,从而影响其他消费者乃至政府对该产品、该服务的看法、立场,最终影响该产品、该服务的市场销售量。

可见,口碑也是一种能够左右公司命运的力量,它直接触及当事人的利害关系,因此,为了避免不利口碑对自己公司产品的影响,在推广产品时事先一定要考虑到口碑的作用,要尽量避免负面的口碑出现,宣扬好的口碑。

有个成语叫做以讹传讹,也难怪,因为我们听说的总是比看到的要多,而且据说人的可视范围不及可听范围,于是,见者远非听者众,没有哪国人能像中国人一样容易成群结派,人云亦云,于是众口一词,所谓的"真理"就出来了。

消费者有知情权,大家喊着不要盲目从众,但又都不相信会空穴来风,相信真理掌握在大多数人手里。最后真假难辨,倒霉的只能是你自己。

重视市场调查

在"巨人"曾经有这样一句话:"巨人没有固定资产,所有的钱全部投入无形资产的宣传上。"巨人每推出一款新产品,总是伴随着大手笔的巨额广告投入。而广告的每一次出色发挥都令巨人获得了令人瞩目的成功,以至于经济学家和新闻界创造了一个新名词——"巨人模式"。

巨人广告所引发的这种商业营销现象,既是一种经验,也是一种教训。

经验之处在于,"一家靠高科技发展的企业,在它步入市场时,不可能不去借助广告手段",从而强调视觉冲击与震撼力。强调"密集轰炸"的巨人广告并没有错。如果说一定要在广告中找失误的原因,用巨人公司北京区经理的话来说,巨人广告错便错在"此次广告的创意有一种强加于人的感觉"。

至于史玉柱为什么那么重视市场调查,忠实于消费者,当然也是交了学费的。继 1995 年发动的"三大战役"失败之后,史玉柱为了挽救当时的珠海巨人集团和完成"百亿计划",启动了"巨不肥之战"。

史玉柱在总结"三大战役"的失败原因时,谈到很重要的一点,那就是产品的效果不明显，不能吸引消费者持续消费。在实际运作中，虽然打出了旗号，号称动用了1亿元收购好产品，但是，这些产品的效果如何，我们认为是需要打一个问号的。

对消费者不重视

水能载舟，亦能覆舟。

在巨人大厦的运作中，对消费者的不重视，更是史玉柱交学费交得最多的一次。

1996年8月16日，三年前开始销售的第一批巨人大厦的楼花到期。人们开始翻阅珠海巨人集团从前的宣传手册，上面有着这样的介绍："巨人年增长率为百分之三百，1994年产值5亿元人民币，利润5500万元人民币，价值45亿元的巨人大厦将在1996年封顶，同时，巨人斥资5亿元启动健康、医药产业……"

人们期待着自己三年前的投入会马上兑现回报。

但是，没有多少人知道，他们期待兑现承诺的一方史玉柱和他领导的珠海巨人集团此时已经深陷经济危机，他们根本没有钱去补给曾经承诺的100%回报的楼花购买者们，甚至连本金都无法交还给人家。

史玉柱是聪明人，面对危机，珠海巨人集团开始化被动为主动——努力加大珠海巨人集团的正面宣传。

在这期间，各大媒体开始发表关于珠海巨人集团及史玉柱的报告文学和长篇通讯，还带着专访和言论，所有的宣传都在向公众展示珠海巨人集团和巨人大厦的光明前景。

其中1996年7月在《珠海特区报》上发表的《巨人大厦树丰碑》文章颇具典型性。据说，此长篇报告文学曾经六易其稿，文章气势恢弘，分为三个部分：树起丰碑、走向地心和托起太阳。

不仅如此，在楼花到期之时，珠海巨人集团还主动在《珠海巨人报》头版刊登了《关于楼花兑付的通告》，通告中称，经有关部门的批准，巨人大厦的楼花将按照下述几种方式返还，购楼者可自行选择其中任一方式：

方法一：楼花到期时，经预约，可于3个月返还预付款，之后6~12个月内分期返还契约中所约定的补偿金；

方法二：经预约，楼花到期之日9个月一次性偿还预付款和补偿金，并按契约规定的补偿率，对预付款增加支付 9 个月的补偿金；

方法三：经预约后，15天~30天返还预付款和利息，利息按同期银行存款利率计算；

方法四：预付款和补偿金总额达到购房款的20%或以上者，即可转为其购房款，购楼时可享受八折优惠，其余的购房款在交楼时支付或由银行提供按揭。

但是，稍微理性的人都能从这个兑付方案中看出些问题来。这个给付方案并没有重视消费者的利益，从法律的角度看，消费者的利益仅有第三条的补偿方案能受到法院的保护。这让举棋不定的消费者们面临着进退两难的选择。

当然，如此不重视消费者的利益，自然就遭到了消费者的攻击。

我是被消费者打倒的

随着巨人集团的衰败，曾经的承诺都不能兑现，越来越多的人开始愤怒了。

1996年12月中旬的一天下午，几个东北大汉就直接闯进了珠海巨人集团总部办公楼，他们一边破口大骂史玉柱和珠海巨人集团，一边又大打出手，就连保安人员也被他们打得鼻青脸肿。原因何在？这几个人三年前在珠海做生意，因为经不住珠海巨人集团销售的巨人大厦的楼花的诱惑，购买了巨人大厦的楼花。就在好不容易等到了要兑现承诺的时候，结果却等来了珠海巨人集团对他们的伤害，这实在让他们憋气，于是"冲动就变成了行动"。

更严重的事情发生在1997年1月12日。

当天，史玉柱从上海回到珠海，在一家叫"海南东山羊"的地方吃完饭

回公司的时候,碰到十余名从深圳赶来的债主登门讨债。

据说,当时史玉柱是在员工和律师的帮助下,才成功地从围追堵截的债主中"逃"出来的。当时史玉柱对债主承诺:"老百姓的钱我一定还,只是晚些。"随后,史玉柱和债主们约定第二天谈判。

在第二天谈判时,债主方承诺不让媒体参加,同时不准拍照。珠海巨人集团把公司的困难和内部实情告诉了债主。

然而,情绪激动的债主们并没有遵守承诺,整个谈话被他们秘密录音并通报给了媒体。随后,巨人集团的实际苦难被好事的媒体大做文章,如此这般,更多的债主蜂拥而至,事情立即就闹大了。

更凑巧的是,当闻风而来的香港记者在探访珠海巨人集团时,恰逢员工休假,集团总部大楼大门紧闭,于是新一轮的新闻冲击波又起来了,香港媒介大呼:"巨人破产了!"

珠海巨人集团出现异常状况后,让很多小债主叫苦不迭。公开的资料显示,巨人集团当年在深圳、珠海征求到的消费者及债权人超过千位,他们中虽不乏真正的有钱人,但也有不少"打工妹"、"打工仔",他们的钱一下子全没了,自然会情绪不稳,干出过激的事情来。

在香港,有超过 200 名小投资人投入了 8000 多万港币的楼款。但是,随着"巨人集团"神话的破灭,他们的钱很可能会化为乌有。

面对这样的情况,史玉柱自己也无能为力。他曾经在一次会见小投资人和债权人的时候说,珠海巨人集团已经没有什么可被查封的资产了。此时,珠海巨人集团的总部大楼已经抵押给了银行,银行里也没有了流动资金,公司总部只剩下一些桌椅板凳。

另一方面,因为珠海巨人集团都是委托生产,他们根本就没有生产设备,自然也没有厂房。

唯一让小投资人安慰的是,尽管困难重重,但是史玉柱依然承诺自己会寻找买家出售巨人大厦的权益还债。

于是小投资者们联合起来寻找途径来进行自我保护。

1997 年,珠海巨人集团危机暴发,史玉柱去请教同样做保健品的三株集团的吴炳新,但同样陷入危机的吴炳新只能表示有心无力。

结果,不出几天,三株集团自己就破产了。看到如此情景,史玉柱是否会想起过去的一年,为在各大报刊媒体推出的颇有些蛊惑人心的"巨不肥"广告语感到滑稽呢?

从这个角度来讲,我们可以认为,史玉柱领导的珠海巨人集团之所以失败,是由于不重视消费者的利益,他是被消费者打倒的。

这自然也成了为什么史玉柱后来那么重视消费者的注解。

第七章

媒体是一把双刃剑，看你抓哪头

史玉柱传奇的创业经历和知识背景，是他有别于一般消失的"富豪"的特征。这位曾经的数字英雄，身后所代表的符号意义现在还影响着许多创业者。

现实有时就是这么残酷，媒体一直是史玉柱头上悬着的一把利剑。

对有些媒体的报道，史玉柱一直耿耿于怀：保健品不可能对每个人都有效，关键问题在于，只要大多数的消费者觉得有效果，这就是一种好产品。一种好的产品，最大的市场动力来自于人们的口碑相传，而大多数媒体往往热衷于炒作没有效果的个案，这样对企业的伤害很大。对于史玉柱来说，媒体一直都是他心中永远的痛。

当今社会，媒体的力量之强大超乎我们的想象。如果仅为了商业利益而不加限制这种力量，让媒体向大众对自己的产品做种种的心理暗示，做"洗脑"，你设想过结果吗？

有很多的人会陷入媒体的暗示中。尤其是如果针对对象是还没有辨别是非能力的孩子们，那后果更是不可想象。

所以，作为产品的制造者，我们必须对媒体的操作有所警觉。媒体的力量是把双刃剑。水能载舟，亦能覆舟。一定要抓住对你没有伤害的那一头。

枪打出头鸟，这个枪就是媒体

史玉柱对媒体所抱的心态更多的是一朝被蛇咬，十年怕井绳。这些年隐姓埋名相当程度上也是因为这个原因，这也是史玉柱在开展新的事业时，一直躲开媒体，藏身幕后的深层动机。

当一个行业面临整体性的信用危机的时候，如何重建新的信用，不管是对企业的领导人史玉柱，还是对他所苦心经营的产品脑白金来说，都是一种负重。但是在国内，史玉柱本人的经历和身份，使他在重操旧业时难免会受到格外的关注。换成别人，未必就会这样的"幸运"。

史玉柱说，在健特所面临的危险中，舆论的风险最让他痛苦。没有任何办法，只能是自己主动示弱。"求求你们别再骂我们的产品了，我们的命根子在脑白金，我只想早点解决巨人的遗留问题，把钱还了，尽我的一份社会责任，这个过程越快越好。对我本人怎么骂都可以，我内心绝对一点怨言都没有。"

"巨人危机"的披露首先见于《投资导报》的一篇《"巨人"史玉柱身陷重围》的报道，当时是1997年1月19日。该报道透露，"巨人集团资产已被法院查封"，"集团本部职工三个月未发工资"，"巨人集团一名副总裁、七名分公司经理携款携物失踪"，"巨人集团在保健品开发上交了上亿元的学费"。

当天，史玉柱正率领集团20多位核心成员在安徽黄山脚下的太平镇，召开"批评与自我批评"的内部会议，为珠海巨人集团面临的危机寻找良方。

等到下午4点多，多年来一直追随史玉柱的程晨接到珠海的电话称，一个重要文件要马上转给史玉柱。当传真机吐出第一页纸时，"'巨人'史玉柱身陷重围"几个大字就冲入程晨眼帘。这就是是深圳《投资导报》的报道，巨人危机终被媒体捅破。

史玉柱大惊失色。

后来的描述说，当时窗外大雪纷纷，正是黄山一年之中温度最低的时候，敏感的史玉柱知道本就处于风雨飘摇中的"巨人"在劫难逃了。

之所以组织手下在黄山开会，就是希望和大家商量出如何融资，以解珠海巨人集团的燃眉之急。办法没找到，却出了这样的大事，所有的情况被媒体一捅而破。

于是，原定三天的会议提前结束，1月20日，史玉柱一行人黯然奔赴杭州道歉。而就在这短短的24小时里，珠海巨人集团濒临危机的消息已经被高效的现代传媒传遍了大江南北，各种版本的珠海巨人集团内幕、公众质疑、专家评论开始蔓延。

因为史玉柱曾经在媒体和公众中大放异彩，现在对于这个突然出现的困境，有很多人持幸灾乐祸的责骂态度。一个昨天还被奉为创业英雄、年轻人偶像的企业家，一夜之间就被千夫所指，说他是罪人、笨蛋。

史玉柱和他领导的珠海巨人集团所做过的任何好事都被人们忽略不计，现在大家看到的只有史玉柱和珠海巨人集团的缺点，而且都是致命的缺点。

有人说史玉柱该老实地坐在办公室搞他的研发，去搞什么房地产、保健品，完全是在扯淡；还有人说他那么大力气地做广告，就是为了吹肥皂泡。居然还有更毒的，说史玉柱失败都是性格缺陷惹的祸。更好笑的是这样的观点——知识分子怎么可能把商业搞好呢？

当然，所有的评论中，还不乏人身攻击，说史玉柱纯粹是个骗子，应该把他抓起来。在这样的舆论环境和社会氛围里，史玉柱像个做错了事的小学生一样到处"做检查"，同时四处奔走向人请教，寻找东山再起之策。

几乎就是一夜之间，史玉柱被打入了地狱。

多年以后，在回忆起为什么运作脑白金时不敢用自己的名义去注册的时候，史玉柱说出了心里话——怕债主，怕媒体。史玉柱说，枪打出头鸟，这句中国古话，太有道理了。"只要你出头，就会有枪对着你。"

而这个枪就是媒体。"当年是媒体把我搞死了，搞休克了。1997年初，我们的净资产还有两个多亿，媒体突然说巨人破产了，其实我到现在也没破产。然后再造几个谣说，史玉柱的护照已经给扣押了，又说，巨人大厦已经停工了。"

"在这以后一个月中，铺天盖地的新闻围剿开始了，国内外骂巨人的文章有好几百篇，香港媒体还专门开出了'巨人专版'，连美国、日本、澳洲、新加坡的报纸也有加入。"史玉柱后来说。

媒体一报道，情况马上变了。

一方面，拖欠史玉柱钱的人们，一看巨人破产了，高兴极了，觉得可以不还钱了。另一方面，史玉柱的债主们，一听说巨人不行了，全部涌到珠海来，拼命抢资产，能抢多少抢多少，就连财务部里的电脑也被抢光了，整个公司一下子陷入瘫痪状态。

史玉柱后来说："巨人走下坡路是我的错，我的责任。我如果不走下坡路，你这么搞也搞不死我。可突然休克了，是媒体的错。我本来身体虚弱，你突然一下子把我的鼻子和嘴巴给捂住了，我就彻底休克掉了。"

在接受外界采访时，重新站起来的史玉柱说："如果媒体晚搞我们两三个月，我们不会死。"因为在史玉柱看来，当时的经营上面临一个很好的机会："过了春节我们的产品马上就进入销售旺季了，本来也是有机会的。"

像出土文物一样被挖了出来

2000年5月，一篇《南京街头雄心勃勃的神秘客》的新闻专访出现在互联网上，并被高速传播，访问的对象竟是"失踪"了将近三年的史玉柱。

有人发表文章说："史玉柱像是出土文物一样被挖了出来。"此后，他又两度走进中央电视台《对话》栏目接受访问，阔谈巨人能否再站起来，以及什么时候还钱的问题。

在接受媒体采访时，史玉柱曾这样描述他的生活状况："我现在的办公室就是一个手提箱，我就拎着我的办公室四处去跑吧。""现在我到书店只买两种书，一是基因的书，再就是毛主席的书。一个政党也好，一个国家也好，一个企业也好，深层次上的问题是一样的。"

史玉柱的再度出现，让很多人欣喜。

有记录说，当时有一位史玉柱的老部下，名叫江红，他在电视机前默默地看完了电视台王利芬对史玉柱进行的的访谈，忍不住给杂志写了一篇短短的感想，他说："今天在电视上见到了久违的史玉柱，他气色大好，看上去比当我们老板时还大气了一些。一个男人成熟的风韵正在呈现，这也许跟他攀登了珠穆朗玛峰有关吧。我感到可笑的同时，对人类博大而盲目的同情心

和英雄崇拜的情结俯首无语。作为当年巨人指挥部的成员，被史玉柱发动的三大战役的硝烟熏过，近距离看过史总从狂妄到焦灸到崩溃的交替表情，我不可能像中国广大的民众那样对巨人有多少神秘感和多余的敬意。见到中央电视台的《对话》，王利芬对史玉柱仍然以'天才'相称，我不禁感到悲哀。毁掉史玉柱的正是他的'营销天才'。"

第八章

多元化是一道槛

"凡是鼓吹自己多元化的，三年就会经营困难，不过五年就会完蛋。民营企业面临的最大问题，不在于你有没有发现机会的能力，而在于你能不能抗拒各种机会的诱惑。"

史玉柱曾经公开反对多元化。他表示，他本人就是多元化的受害者。

1995年，珠海巨人集团如果不搞多元化，企业发展会顺利很多。史玉柱和他的伙伴当初以电脑软件开发起步创立"巨人"公司，面对许多创业的艰辛和困难，他们不断地激励自己，从而得以生存、发展和成功，应该说是可敬可佩的。如果一直迈着踏实的步子继续走下去，巨人是否会成为今天南方的"四通"或者深圳的"华为"，我们实在不敢妄下定论，或者连史玉柱自己也不敢夸下海口。唯一可以看到的是，走上多元化转型道路的巨人确实走出了它的万分精彩与无限辉煌。

今天，越来越多的中国企业正在主业利润趋薄的压力下面临着多元化的诱惑。除喧嚣的家电企业有多元化冲动之外，饮料、软件、保健品等厂家也往多元化的道路发展。

多元化本身无对错，我们也无可厚非。但多元化并非易事，除了少数多元化最成功的企业GE、西门子之外，我们看到越来越多的国际性企业正在多元化的泥沼中挣扎，有的已经开始在做减法。对于多元化能力尚且不足的中国企业来说，面对多元化诱惑时说YES还是NO，必须慎之又慎。

对史玉柱而言，多元化也是一道门槛，而他带领下的巨人集团正是倒在

了多元化的门槛前。

追求暴利的多元化

在中国，暴利行业已经不再是什么神秘的字眼，而高回报行业与暴利行业似乎只是经济学家和社会政策学家们把玩的一种让公众看不明白的文字游戏。或者借用逻辑学的公式，暴利是高回报的充分非必要条件，而高回报则是暴利的必要非充分条件。如此一来，似乎有将问题复杂化的嫌疑。因而，对于高回报行业，我们姑且看做是暴利行业的优雅的代名词，之所以是姑且看作，是因为高回报往往意味着高风险。暴利行业则不尽然，它存在着许多的准入机制，风险性自是低了不少，甚至是无利不往。而它的暴利性质之所以为公众所诟病，更多的是由于它暴利的由来——近似于完全垄断的托拉斯王朝。

用时下常用的搜索引擎，比如雅虎、百度或者谷歌，键入"暴利行业"，一定会得出不计其数的搜索记录，其中对于暴利行业的范围定义，无疑不会超出诸如能源行业、医药行业、保健行业以及一些新兴的 IT 业等等。根据《法制早报》推出的 2005 年十大暴利行业排行榜，能源、医疗、教育、殡葬、教材、高速公路、有线电视、房地产、网络游戏和美容整形被评定为十大暴利行业。而排行老二的医疗，便囊括了史玉柱所看好的医药与保健品。

巨人集团轰然倒下之前，拥有服装实业部、化妆品实业部、供销实业部等十几个实业部，并先后开发出了服装、保健品、药品、软件等 30 多类产品，但最后大都不了了之。史玉柱后来在一次演讲中不无风趣地说，"我的领带是最多的，因为服装实业部当年生产的那些领带，至今还有不少堆在家里。"

正是一系列不成功的投资和动用巨资修建的大厦拖垮了"巨人"的资金链。1996 年，"巨人"的资金告急，1997 年，"巨人"已没有现金可用。"企业没有现金，像人没有血液一样，没法生存，一个星期之内，'巨人'迅速地垮了，并欠下了两亿元的债务，从休克到死亡，过程非常短。"史玉柱日后平静地讲述这件事，冷静地评述自己追求多元化的后果。

与史玉柱的产品同时期，同为保健品行业的太阳神，在迅速崛起后，也没能抵挡住诱惑，在盲目地多元化扩张后快速倒塌了。

1987年底，太阳神的前身"黄江保健品厂"在广东东莞黄江镇挂牌。1988年初，"生物健"技术的持有人怀汉新辞去公职，投入"生物健"；8月，黄江厂的厂名、商品名和商标统一变更为"太阳神"（APOLLO），当年实现销售收入750万元。1990年，销售额跃升至24亿元。

广州太阳神公司的战略一直是"以纵向发展为主，以横向发展为辅"，即以保健品发展为主，多元化发展为辅。但从1993年开始，太阳神将企业原有的战略改变为"纵向发展与横向发展齐头并进"，一年内启动了包括石油、房地产、化妆品、电脑、酒店等在内的20个项目，在新疆、云南、广东和山东相继组建了"经济发展总公司"，进行大规模的收购。

短短两年时间，太阳神转移到这些项目中的资金高达3.4亿元。然而，这些项目竟没有一个成为新的"太阳神"，投入的资金血本无归。在完成早期积累步入持续发展的时候，其管理者认为什么领域利润高就盲目进入什么领域，最终使太阳神落入了多元化扩张的陷阱。到1997年，太阳神全年亏损1.59亿元，最终香港的股价由1996年的每股2.2元港币惨跌到9分港币。

珠海巨人的失败教训以及所有进行过多元化扩张并最终失败的企业都给了史玉柱一个警告，那就是：盲目进行多元化扩张必将元气大伤。史玉柱后来反思说。

头脑发热的时候，说了我也不听

在中国民营企业界有一个非常有名的企业家沙龙，叫泰山产业研究院，原名叫作泰山产业研究会，柳传志、段永基、冯仑等中国商界的大腕都是这个沙龙的成员。

从1993年11月份开始，泰山产业研究院每年都要召开一次例会，企业家们坐在一起共同探讨经营之道，交流信息，分析企业发展，并创造合作的

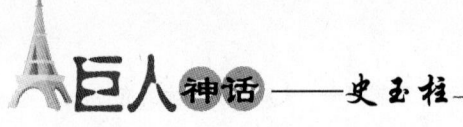

机会。

每次开会,作为发起人之一的史玉柱都会参加,但是在 1997 年之前,他很难听得进老前辈们的真心话,也根本不将这些前辈放在眼里。他觉得自己处处都比这些人强,他们根本不如自己。

这时的史玉柱使我想起曾在一本杂志上看到的一幅漫画:大象吊着自己长长的鼻子,指着树上的猴子说,看它的鼻子多短!猴子则拖着它的尾巴,指着远处的山羊说,看它的尾巴多短!山羊则顶着自己的长角,指着站在一边的长颈鹿说,看它头上的角多短!长颈鹿则伸长它的脖子,指着大象,放开嗓门说,看象的脖子好短呀!

其实,大象、猴子、山羊、长颈鹿这四种动物之间各有所长、各有所短,不是吗?象的鼻子长而颈短,猴的尾巴长而鼻短,羊的角长而尾短,鹿的颈长而角短!可是它们却只知道用自己的长处去比别的动物的短处,狂妄自大,毫无自知之明,真让人感到好笑。

犯同样错误的人,在当今的社会中和人群中是常有的,聪明过人的史玉柱就是其中一个。这时的他还不明白,一个人无论处于什么社会地位,都有他的长处和优点,反之,也不免有短处和缺点。

但在我们接触的人群中,有的人总认为自己是最了不起的(此时的史玉柱就是头脑发热,谁的话也听不进去),走路抬头往天看,目中无人,只看到自己的长处和优点,而看不到自己的短处和缺点,即使看到了,也不想去正视它,或不以为然。

可这种人,对待他人的态度却截然相反:只看到他人的短处和缺点,而看不到他人的长处和优点,即使看到了,也不愿意去发掘,或评长论短,或嗤之以鼻。

历史上也有许多这样的事例。发明家爱迪生,到了晚年变得十分自负,对他的助手说:不要向我建议什么,你高明的想法都超越不了我的思维。他看不到周围的变化、发展、进步,自负堵塞了智慧的源泉,使他再没有什么新发明问世。

狂妄自大,是傲慢和无知的表现。一个国家是这样,一个民族是这样,一个人也是这样。狂妄自大，只能导致衰退落后，导致最后的失败。

马铁丁在《骄必败》中骂道："看不到缺点，看不到困难，因而疏忽大意，100件工作，99件没有不失败的。"狂妄自大的危害由此可见一斑。因此，必须戒除这种虚幻的自豪感，从而形成一种成功和谦恭结合的人生修养，在生命的历程中找到自己真正的价值。

联想集团的创始人柳传志在1993年或者1994年的时候，基本上不跟史玉柱打招呼。原因是，他当时就感觉到史玉柱心浮气躁，以后必定要出大问题。

泰山峰会的元老华贻芳后来也说，当时的史玉柱根本听不进别人的劝告。

1997年，珠海巨人集团失败，史玉柱穷到有客人来，要请吃饭都要掂量掂量的时候，华贻芳终于给史玉柱写了一首三十二字的打油诗。

打油诗是这样写的：不顾血本，渴求虚荣；恶性膨胀，人财两空；大事不精，小事不细；如此寨主，岂能成功！

华贻芳说，这"不顾血本，渴求虚荣"，就是指他当时打广告简直都疯了，而广告其实并没有什么效果，把钱成千上万地往外支，自然最后的结果就是恶性膨胀，人财两空。

写完后华贻芳也没敢直接给史玉柱看，一是怕他不接受，二是担心他受不了。直到周围的人都说应该给他看的时候，华贻芳才把这首诗送给了史玉柱。

后来，史玉柱把这首诗挂到了墙上。那些关心史玉柱的企业界的前辈此时才知道，史玉柱的心态开始转变了。

从某种意义上说，史玉柱是一个特别重情义之人。珠海巨人集团的危机暴发后，他没有离开泰山产业研究院，即使再艰难，他也要坚持参加每年的泰山例会。

此时，从前牛气十足的史玉柱终于知道了"泰山"中的大佬柳传志和段永基的话多么有用。

多元与专注的矛盾

20世纪90年代中期，当年"十大改革风云人物"之一的史玉柱决意在

美丽的珠海盖一栋自己的大厦，如同那个年代大学生都喜欢的诗里描绘的那般："我有一所房子，面朝大海，春暖花开。"

可在他一次又一次和总理握手之后，这栋原本18层的房子骤然间被拔高到72层。史玉柱意气风发地决心要盖中国第一高楼，虽然当时他手里揣着的钱仅仅够为这栋楼打桩。

理工科出身的史玉柱虽然看过大厦的设计图纸，并计算过这项工程的成本收益，可是面对内心按捺不住的愿景与冲动，他还是将先前靠汉卡、保健品等赚得的所有钱都划拨给了这栋遥遥无期的"巴别塔"。

这一举动至今仍被史玉柱视作其生涯中"最发昏的举动"，甚至"直到它死那一天，我都没觉得这个楼盖不起来"。

联想集团总裁柳传志这样形容当时的史玉柱："他意气风发，向我们请教，无非是表示一种谦虚的态度，所以没有必要和他多讲。而且他还很浮躁，我觉得他迟早会出大娄子。"

正是在这样的担忧和预言下，巨人大厦很快坍塌下来。"当我真正感到无力回天时，就完全放松了！"这也是史玉柱，没有其他人在负债2亿元时还能避免崩溃。后来，史玉柱认识到，必须摒弃过去的多元化经营模式，变得专注起来。

> 我现在给自己定了这样一个纪律：一个人一生只能做一个行业，不能做第二个行业；而且不能这个行业所有环节都做，要做就只做自己熟悉的那部分领域，同时做的时候不要平均用力，只用自己最特长的那一部分……

史玉柱如此说。

经历了人生最低谷的史玉柱显得保守而谨慎，他甚至为自己制定了三条"铁律"：第一，必须时时刻刻保持危机意识，每时每刻提防公司明天会突然垮掉，随时防备最坏的结果；第二，不得盲目冒进，草率进行多元化经营；第三，让企业永远保持充沛的现金流。

相比那些一帆风顺的企业家，此刻，巨人大厦的坍塌无疑成为史玉柱的又一份财富，以至于他在和老朋友段永基聊天时如此戏谑："成功经验的总结多数是扭曲的，失败教训的总结才是正确的。"尤其在2001年高调还款之后，曾经的失败反倒更像是史玉柱另一种与众不同且引以为傲的经历。

多元化经营的陷阱何在

在企业的发展过程中，有诸多的影响因素，包括利润、市场份额、竞争优势、核心能力等，而对企业影响最深远的是核心竞争能力，即企业面对市场变化作出反应的能力。

企业的核心能力是企业的一项竞争优势资源和企业发展的长期支撑力，它可能表现为先进的技术，或一种服务理念，其实质就是一组先进技术和能力的集合体。尽管企业之间的竞争通常表现为核心能力所衍生出来的核心产品、最终产品的市场之争，但其实质应归结为核心能力之间的竞争。企业只有具有核心竞争能力，才能具有持久的竞争优势，否则，只能"昙花一现"。企业一时的成功并不表明企业已经拥有了核心能力，这种能力要靠企业的长期培植。

在企业的经营中，获取企业核心竞争能力的基本途径有：内部管理型战略和外部交易型战略。

企业内部管理型战略是一种产品扩张战略，即在现有资本结构下，通过整合内部资源，包括控制成本、提高生产效率、开发新产品等，维持并发展企业竞争优势，横向延伸企业生命周期线。

内部管理型战略通过企业内部的力量培植、巩固和发展企业核心能力，创造竞争优势。

外部交易型战略是一种资本扩张战略，通过吸纳外部资源，推动企业生命周期线的纵向延伸。外部交易型战略可以借助外力来培植、巩固和发展企业核心能力，创造竞争优势。企业经营的精髓就是内部管理型战略和外部交易型战略的有效应用。

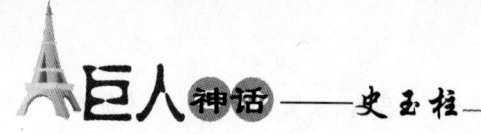

从国际上所有著名企业的发展可以看出，企业在其持续经营和长期发展的过程中始终在综合运用这两种发展战略。

内部管理型战略与外部交易型战略只有共同作用于企业，通过有机配合、有效运用，才能使企业生命周期曲线不断得以延伸，核心能力得以巩固和发展，竞争优势持续存在。否则，企业就难以维持原有的竞争优势，更不可能培育出可以长期拥有竞争优势的核心能力。

由此可见，企业应该根据其所拥有的核心能力和竞争优势作出是否采取多元化经营的策略。从这个角度说，企业必须首先有一个具有竞争力的核心产品，围绕核心产品、核心能力和竞争优势再考虑是否应该多元化经营。没有根植于核心能力的企业多元化经营，又不能在外部扩张战略中培植新的核心能力，最终可能原来的竞争优势也会丧失。

巨人集团在既有主业的基础上，未能有效运用内部管理型战略与外部交易型战略延伸企业生命周期曲线，巩固和发展核心能力，而贸然跨入一个自己完全生疏的行业，从而使企业的竞争优势无法持续存在。尽管这种外延式扩张的道路暂时掩盖了各种矛盾，但因没有培植企业新的核心竞争能力而为企业埋下了致命的隐患。

无论是实物资产投资，还是金融资产投资，都以赢利为目的，即都以投资的赢利性与风险性比较为基础进行决策。但由于投资对象不同，决定了两者具有完全不同的特点。

金融资产投资具有可分割性、流动性和相容性等特点。因而，在进行金融资产投资时，不必考虑投资的规模、投资的时间约束以及投资项目的多少等因素，只要考虑各金融资产之间的相关性、风险、报酬及其相互关系问题，并依据风险—报酬的选择，实现金融资产投资的优化选择。

实物资产投资则具有整体性、时间约束性和互斥性等特点。因此，进行实物资产的投资时，不仅要考虑投资的规模，而且要考虑资金的时间因素，更要考虑在资金约束条件下各项目的比较选优问题。

由此可见，在财务资源有限的条件下，实行多元化投资，必须充分考虑并合理解决企业资产结构与资本结构的有机协调、赢利性与流动性的有机协调等财务问题。

从赢利性看，基于流动资产与固定资产赢利能力的差别，以及短期资金与长期资金筹资成本的差别，"净营运资本"越多，意味着企业是以更大份额的筹资成本较高的长期资金运用到赢利能力较低的流动资产上，从而使企业整体的赢利水平相应地降低，反之亦然。

从风险性看，企业的净营运资本越多，意味着流动资产与流动负债之间的差额越大，则陷入技术性无力清偿的可能性也就越小，反之亦然。

因此，资产结构性管理的目的，在于既能确定一个维持企业的正常生产经营活动，又能在减少或不增加风险的前提下，给企业带来尽可能多利润的流动资金水平。由于预期现金流动很难与债务的到期及数量保持协调一致，这就要求负债的结构性管理把重点放在负债到期结构问题上，即在允许现金流动波动的前提下，在负债到期结构上应保持多大的安全边际。长、短负债的赢利能力与风险各不相同，负债的结构性管理要求对其赢利能力与风险进行权衡选择，以确定出既能使风险最小又能使企业赢利能力最大化的负债结构。

巨人集团为追求资产的赢利性，以超过其资金实力十几倍的规模投资于一个自己生疏而资金周转周期长的房地产行业，实物资产的整体性和时间约束性，使公司有限的财务资源被冻结，从而使公司的资金周转产生困难，并因此形成了十分严峻的资产赢利性与流动性矛盾，最后由于实物资产的互斥性，生物工程因正常运作的基本费用和广告费用不足而深受影响。

与此同时，巨人集团从事房地产开发和建设，却未向银行申请任何贷款，不仅使企业白白浪费了合理利用财务杠杆作用从而给企业带来效益的可能机会，而且也使企业因放弃举债而承担高额的资本成本，最后使企业在资产结构与资本结构、赢利性与流动性的相互矛盾中陷入难以自拔的财务困境。

多元化经营与财务失控的矛盾随着多元化经营的发展而发展，企业规模急速扩大，集团化管理成为必然。集团公司管理的主要任务是集团公司的整合。没有整合的集团公司难以发挥集团的整体优势，充其量是一个大拼盘，各个属下各自为政，集团内部难以协调运作，财务失控也就在所难免。

集团公司组织形式不同，其财务控制的方式也不相同。

集团公司就其组织形式而言，分为 U 型组织结构（直线职能制）、H 型组织结构（控股公司制）和 M 型组织结构（事业部制）三种。

U 型组织结构是一种中央集权式的结构。企业内部按职能（如制造、销售等）划分为若干部门，各部门只具有很小的独立性，权力集中在企业最高决策者手中。

H 型组织结构较多地出现于由横向合并而形成的企业中，这种结构使合并后的子公司保持了较大的独立性。

M 型组织结构是一种分权式结构。这种结构中的基本单位是半自主的利润中心，按成品的商标或地区设立，每个利润中心内部通常都是按 U 型结构来组织的。在利润中心之上，是一个由高级经理人组成的总部，负责整个公司的资源分配和对下级单位的监督协调。这种组织结构已经成为各国大公司的基本组织形式。对 M 型组织结构而言，财务控制的关键在于解决好集权与分权的问题。目前比较普遍的做法是在资金、财务信息和人事等方面集中控制的基础上，充分实行分权管理制度，在财务控制上形成一套包括财务激励机制、财务监控机制和资金运作机制在内的集团公司财务管理体系，从而在制度上保证集团公司资金的合理配置和有效利用，确保集团公司战略目标的实现，如投资行为约束制度、筹资行为约束制度、成本费用约束制度、内部控制制度、财务报告制度、预算约束制度、现金集中存储和调度制度等。

巨人集团采用的是控股型组织结构形式，企业欲使各厂属单位（子公司）保持较大独立性，却又缺乏相应的财务控制制度，因而公司违规违纪、挪用贪污事件层出不穷，这在一定程度上加速了巨人集团陷入财务困境的步伐。

结合比尔·盖茨与李嘉诚的优点

失败是成功之母，史玉柱深信不疑。

他认为果断放弃是巨人再生的充分条件。史玉柱经过一番总结，认为巨人陷入困境是盲目发展多元产业而导致的。药品、服装、化妆品……巨人当时还成立了营销部门，但隔行如隔山，在自己不熟悉的领域投下棋子，肯定是要交学费的。为此，在重整巨人的漫漫征途中，巨人学会了放弃。但放弃和聚焦又是一对孪生兄弟。对付市场，不能平均用力，巨人还是选择保健品作为主攻方向。

当人生处在低谷时，也是及时总结企业经验教训的大好时机。

珠海巨人多元化的发展战略失败之后，史玉柱发现3亿多的烂账中有2亿是由于管理不善造成的，其根本原因是赊账给经销商引起的。正是由于这个教训，巨人后来对经销商都实行现款现结；与此同时，巨人对供应商和广告商也采取同样的办法，可以毫不夸张地说，年销售额100多亿的脑白金没有一分钱烂账。

后来的巨人不给自己定战略性目标，因为史玉柱觉得制定目标对企业反而是件坏事。一旦定了长远的目标就要不断分解到每年的任务上，如果定得不高无所谓，如果太高则会打乱原先计划，形成欲速则不达的局面。

虽然在战略上不作考虑，但是在战术上史玉柱却有严格的要求，他要求员工把每件事都做好。比如投入产出比，史玉柱永远追求的是利润最大化，至于企业发展能做多大就多大，听天由命，不必强求。

有两个人，史玉柱始终将其挂在嘴边，他们是史玉柱一直在研究和学习的对象：微软总裁——世界首富比尔·盖茨和华人首富李嘉诚。

比尔·盖茨做专业领域的纵深发展，认准一个方向，把自己所熟知、能够呼风唤雨的软件开发制造产业做大做透，使其股价迅速增值。

李嘉诚则是做投资规模的横向发展，看什么行业赚钱便做什么行业，他涉及的行业从小到大共有几十个。李嘉诚是以投资家的身份，通过高明的投资手段、严密的项目论证，使其集团的规模一步步扩大。

史玉柱放着好好的保健品行业不做，却转而投资群雄争霸的网络游戏，显然他正在不断寻找新的赢利点，"不在一棵树上吊死"已经成为史玉柱后来选择投资方向的根本出发点。后来的史玉柱所持有的理性，似乎已经达到了常人难以企及的高度。

他对于自己的投资思路，有着非常清醒的独到见解：

任何一个行业今年赚钱明年未必能赚钱。回过头来看这十年来的洗衣机、电视机行业里，当时是很赚钱的，但是目前来看，没有一个成为朝阳产业，最后搞得大家都不赚钱，所以一个企业不能在一棵树上吊死。但是搞多元化也不行，至少我认为自己不行。基于这种情况，我认为应该结合比尔·盖茨与李嘉诚的路子：集中几乎全部的人力投入到主营产业，集中一半的财力投入到主营产业；留一半的财力做其他方面的投入，容易变现且不需要投入很多精力的，当主营业务出现危机时，可以通过这一块在现金流方面给予支撑。

在业务的选择上，巨人主营业务只选一个。自己不熟悉的行业，坚决不做，不能发挥特长的事情不做，不是朝阳产业不做，没有专业人才不做，没有充裕资金不做。

经过探索，史玉柱确定把健康产业作为巨人的主营方向，其中包括保健品、非处方药，这在相当长时间内将是巨人的主业。

在投资方面，史玉柱坚持两点：一是投资方面不需要投入人力；二是变现容易，比如参股华夏银行就是他在投资方面的尝试。

宁可错过，不可投错

现在的史玉柱变得越来越胆小，他不肯再轻易做无谓的冒险。曾经失败的经历加强了他的危机感。

近十年间，史玉柱只做了三件事：做保健品、买入银行股票、做网游。而在保健品当中，史玉柱利用几年时间只做脑白金一个产品。出于谨慎的考虑，很早就研制出的黄金搭档，直到2002年才最终推出。如今，史玉柱手里仍有十几个新产品，但由于没有必胜的把握，他一直不肯推广。

由于现在史玉柱的事业越做越大，很多人也希望史玉柱去扮演风险投资家的角色。

为了保证自己不至于因为一时的头脑发热而酿成大祸，史玉柱在巨人投资公司内部建立了七人决策委员会，投票决定提名的项目。几年下来，虽然汽车、手机等很多富有诱惑力的机会都出现过，但均被决策委员会拒之门外。

曾经有国内某家汽车公司转让股份，找到了史玉柱。当时史玉柱动了心，但遭到决策委员会的反对。另外，史玉柱也曾对手机行业动过心，希望能收购国内的某家手机企业，最终也被决策委员会否决。

正如史玉柱所说：

> 中国现在的机会太多了，你不用去找机会，机会都会（自动）找上门。企业家最大的挑战在于是否能抵挡（住）诱惑。

史玉柱认为，正是这两次拒绝让他避免了再次翻船的可能：汽车行业投资过大，竞争激烈，充满变数；手机行业也很快行情大变。

第九章

民营企业的十三种死法

从前有一个富商,每天要接见很多宾客,或者要出去办很多事情;晚上,他总是吹灭灯火,一个人独自坐在书房反省自己:

今天使我敦品励行的人是谁?
今天使我增加智慧的人是谁?
今天使我浪费光阴的人是谁?
今天使我贪图享受的人是谁?
今天让我闯祸惹麻烦的人是谁?

富商在逐步的反省中不断进步,使自己变得理性,财富也越聚越多。

可惜,像这位富商一样时刻自我反省的人并不多,大多数人只是盲目地生活,过一天算一天,过一天少一天。

自省的好习惯,其实就是每天进行自我检查,这一点并不难做。

自省,换句话说是用客观的态度反思一下我们失败的根本原因:是自视太高,还是没有执行的毅力?是目标太困难,还是你的习惯或态度需要调整?

史玉柱无疑是一个懂得反思的企业家,特别是在他经历了巨大的挫折后的反思。

不管是做人还是做企业,与其低着头埋怨错误,不如昂起头纠正错误;

与其在反思中衰颓，不如在反思中奋起。反思之后，心灵得到净化，人性真正流露，这时无论我们做什么，都会有前所未有的热情。

一个国家为什么能够强大？一个集体为什么能够强大？一个人为什么能够强大？只有两个途径：一是有一个好老师，二是会自我反思。好老师很难找，而且好老师在你面前你可能也不认识。所以一定要学会自我反思。

反思是能力之母，反思是能力之王。

学会反思对你而言真的非常重要，因为一个人学会了反思就学会了快速地进步。

反思是一门学问，它包括信号标准的确认、信号的出现和觉察、反省、修正，以正确的自我认识为前提。

反思是强者的一种特征。

剖析巨人的四大内伤

2001年2月24日，史玉柱在"中国民营科技企业新世纪高峰论坛"中宣称自己是"一个著名的失败者"，并自我剖析了"巨人"的四大内伤。

1. 投资的失误

一个企业最终步入困境很少是因为操作层面的原因，最大的失败或者说对企业损害最大的，是它做了不该做的事。

做企业就要进行投资，而在投资前，国外企业往往花总投资的百分之几进行可行性论证。但巨人集团过去的投资过于草率，做了大量自己不该做的事，形成了巨大的"窟窿"，最终导致巨人因资金周转不灵而陷入停滞状态。

因此，我们今后再进行投资时，就重点把握这样几个原则：（1）投资领域是不是朝阳产业，不是不做。(2)对投资行业熟不熟悉，不熟不做。(3)在新项目中，自己干部队伍的特长能不能发挥出来，发挥不出来也不做。(4)一旦发现投资失误的苗头，当机立断，损失再大也要砍掉。

2. 资金结构的失误

一方面是资金的流动性太差。过去巨人的资金要么是办公楼、巨人大厦，要么就是债权，一旦出现问题，抗风险能力特别弱。这些教训给史玉柱的启示是：除了主营业务之外，还要持有一些债券、上市公司股权等，这样变现能力特别强。

另一方面是应收款或者说债权过大。巨人没有停止、没有休克时，这部分是资产，一旦出现意外，这部分就变成零了。

3. 管理的失误

巨人突出的问题：一是责、权、利不配套。以前，我在大会小会上也经常讲这个，但实际上并没有做到，最终还是停留在口号上。比如巨人的分公司经理，开始权力很大，后来被缩得很小，要请客都得发个传真到总部批准，但同时责任却很大，要做市场，要完成多少销售额。责、权、利不协调，不配套，最终导致了管理失控。二是货款管理混乱。由于一些企业的信用不好和管理混乱，坏账率比较高。当巨人危机到来的时候，一度只差2000万元资金周转就能渡过一关，可当时未到的货款竟高达3亿元。三是抓管理面面俱到，没有重点。巨人过去的规章制度很全，从营销、策划、质量管理到统计报表怎么做，无一遗漏，加起来能有一尺厚。面面俱到的管理，理论上可以，实际上根本做不到，不过这一点我当时没有意识到，最终导致巨人的管理流于形式。

4. 企业文化的失误

企业文化应当是管理的组成部分，除了正常的制度管理，企业中存在的不良风气、氛围等等，要靠企业文化进行补充、约束和引导，以推动企业稳定、健康、持续发展。当时，虽然巨人提出了"要做东方巨人"的文化理念，但停留于空洞的口号，在具体做事的时候还是存在许多不好的"气氛"，暴露出许多问题。

这是史玉柱对巨人集团轰然倒塌的真诚反思。

民营企业的十三种死法

如今春风得意的史玉柱再谈起那些往事，颇有感慨。他总是很少说起自己东山再起的过程，倒是总结出了"民营企业的十三种死法"。

> 我粗粗地算了一下，要搞死一个民营企业，至少有十三种方法。这里面还不包括出于企业内部的原因，比如经营不善等。
> 不正当竞争是第一种死法。竞争对手如想整你，你在明处，他在暗处，很容易整死一个企业。诬告、打官司等破坏你的声誉，方法很多。

史玉柱说起自己的产品总是颇有感触：

> 去年秋天，全国有一半省会城市的人大、政协突然每天都能接到有关脑白金产品的投诉，这导致销售受阻。经过调查，发现原来是有些竞争对手在每个城市都雇了几个人，这几个人主要就是写针对脑白金的投诉信。事情被发现后，投诉信随即就消失了。
> 第二种死法是碰到恶意的"消费者"。我们曾经碰到湖北有个人，身体某个地方骨质增生就怨厂家，也不管自己的身体情况，把责任全推给我们。
> 第三种死法是媒体的围剿。

也许是对媒体至今还心存余悸的原因，史玉柱没有讲媒体在巨人当初倒下去时充当什么角色，而是举了银行的例子：

> 比如说媒体一旦围剿银行，银行运转再健康，它说你已经资不

抵债了，储户只要去提钱，银行肯定完蛋。

第四种死法是对产品的不客观报道。在药品和保健品领域里，任何一个产品都不可能100%有效，能70%~80%有效就比较好了，如果90%有效，产品就称得上优秀。如果媒体只报道10%无效的，产品马上完蛋。这是因为，在中国，说产品不好的时候，老百姓更容易相信。

史玉柱把第五种死法归纳为主管部门把企业搞死。

产品做大了，哪怕有万分之一的不合格率，只要被投诉到主管部门，就有可能将整个产品的批文吊销了。还有各地主管部门的处罚，比如说工商局，每年是有罚款任务的，到年底任务完不成，就只能找做得好的企业完成任务，因为这些企业有现金。有一年在某市，我们曾被一个工商所毫无理由地罚了50万元，不缴这50万元就不让在当地卖产品。所以只好缴罚款，谁知刚过一个月，另外一个工商所也说任务没有完成，要求向他们缴50万元。我们只有忍气吞声，做企业的，尤其是做民营企业的，要想活的话只能低着头。

第六种死法是法律制度上的弹性。很多事，你这么说是件好事，但换一种说法很可能就是违法犯罪，再加上法律制度的不合理，使你不得不违规。比方说，以前规定进口计算机必须要有批文，可是民营企业根本拿不到批文，你想做计算机只能花钱买批文。而按照有关规定，买批文是违法的，你要么不做，要做就要违法。其他行业同样有很多这样类似的情况。

第七种死法就是企业领导不当心，企业资金被骗了，有时候一个企业的资金被骗后出现现金短缺，资金周转不开，甚至整个企业会一蹶不振，而对民营企业来说，法律的保护很有限。

我也很害怕那些害红眼病的人，忌妒心让他们看到你的企业做大做强就眼红脑热，也不管为什么我们做得好，就想方设法造谣诽谤，想搞垮我们的企业。有关企业的谣言还算是好的，最怕的就是关于产品的谣言，谣言一起，产品马上就卖不出去了。

在现在的中国，企业发展肯定要面临社会舆论的困扰。企业做好了，就会有这种势力的阻碍，除非是特别大的企业。

史玉柱显然相信这种社会势力在民营企业发展过程中已无孔不入。

你和你的企业千万不能得罪某些政府官员，他可能随时利用手中的权力给企业发展制造障碍，给你穿小鞋，让你吃不了兜着走，这样对企业而言是相当不利的。

不只是领导官员，有时候得罪了某一刁民也有可能把企业搞死，比如说他可能会在你的产品中投毒，或者匿名信举报你的产品质量有问题，影响很不好。

企业做大了，产品好卖了，免不了会遭遇造假。假货多，影响销量是一个方面，最关键的是影响声誉。在江苏有个地方，有一个比较大的造假窝点，家家户户造假，去打假没用的，当地有地方保护。后来，我们请来外地的公安，当场查封价值几千万元的假产品及造假设备，人赃俱获。可结果呢，人家当地公安要求把人送回去，送回去就被放掉了，然后继续造假。

说起这事史玉柱满脸的无奈：

现在，我们见到假货根本没办法，只好自己买回来。
最后就是企业家的自身安全问题。我接到过不少恐吓电话，这样的电话，在我一无所有的时候，从没有出现过，当我卷土重来了，就开始一个接一个地出现了。

史玉柱所提到的中国民营企业的经营环境问题，早已不是什么新鲜的话

题。在史玉柱一一阐明的过程中，诸多的感慨交织其中。尽管如此，饱经挫折的史玉柱仍然对公司未来的发展充满了向往：

中国产业倒退十五年，没有哪一个没经历过风波，但是如果是上市公司，每一个波折后它都能起得来。

几经起伏，史玉柱成熟了不少：

高峰期的体会现在看来都很荒唐，有了这样一次经历，如果我以后再出什么岔子，大概也不会跌这么大的跤。

第十章

人才我从来不骗他们

史玉柱认为，一个优秀的企业家，不一定要具有很深的专业知识，但必须要懂得领导谋略，特别是在选人和用人方面，选人用人的能力直接决定了企业家事业发展的前景。

我们能够看到，有的企业曾经无比辉煌，可是最终只是昙花一现。原因何在？

记得有一位研究婚姻家庭的大师说过：幸福的家庭都是相同的，不幸的家庭则各有各的不幸。把这句话改动一下，那就是：成功的企业都是一样的，失败的企业各有各的原因，但有一点是共同的，那就是在选人、用人上都是失败者。追寻这些成功企业的足迹，它们无疑都是选人、用人的成功者，几乎每一位都聚集了一大批卓越的人才。

在当今的商业世界，挑战无处不在，创业的所谓企业家们很容易陷入孤立的状态。但在复杂的社会中，没有一个人能够单独完成所有的事情。成功的关键就是：个体、公司、团队以及其与他组织之间灵活的合作。

合作是一种智慧，用好人才是一种智慧，发挥团队力量更是企业家的用人艺术。

史玉柱曾说：

在我的事业中，我不得不说我最好的经营决策是必须挑选人才，

拥有一个完全信任的人，一个可以委以重任的人，一个可以为你分担忧愁的人。

要相信创业的旅途是充满了坎坷荆棘的，而不会是一帆风顺的。你纵有再强的能力，也很难独自一人完成创业的目标。一个优秀的、踏实肯干的团队，才能使创业之路平坦。因为当你遇到困难的时候，不必一人承担，你的身后还有一个团队在帮助你，支持你，这就是力量！

凭人才，就是凭靠你的团队，这需要你增强构建团队的凝聚力。团队中的每一个成员都有自己对团队的理解、明确的任务。优秀的人才能够走到一起，团结在一起，正是由于他们有着共同的理想和追求。在共同的理想和追求支配之下，整个团队无坚不摧，无往不胜，推着你从一个成功走向另一个成功。

该给的，就给

20世纪90年代中期，史玉柱第一次涉足保健品行业，运营脑黄金项目。第一阶段考核结束后，按照制度规定，对完成任务的经理要兑现奖金。其中江苏和浙江分公司的两名经理个人奖金累计近40万元，相当于当时广东市场一个月的回款。数额如此之大，并且财务也指出有的分公司存在回款作假的问题。在常人的思维里，奖金即使要发，也不能马上就发，至少应该查出哪些分公司在作假后，才能给没有作假的分公司发放。所以，在公司的办公会上，面对奖金问题谁也不敢作声。最后还是史玉柱打破了沉默，他说："能者多得，只要能为巨人作出贡献，不拒绝索取。要在巨人内部培养一批富翁。"在榜样和制度之间、士气与议论之间，史玉柱最后力排众议，把该获奖的经理的奖金一分不少地发了。

在史玉柱看来，制度下面，获得利益就该支付，而不该支付的就永远不要想。

后来，史玉柱总是喜欢给他的高管们分发高额的薪水和奖金，甚至超过他们应该得到的股份分红的钱。1993年6月，在珠海市召开的第二届科技进步特殊贡献奖大会上，获得珠海市第二届科技进步特殊贡献奖的史玉柱手捧鲜花，站到了领奖台上，因为他获得的是珠海市政府的科技重奖，奖品是一辆奥迪轿车、一套三室一厅的住房和63 620元人民币奖金。看到巨大的荣誉和巨额的财富转眼就成了私人的囊中之物，珠海巨人集团内部不少人都眼红起来，开发部一批技术骨干集体辞职。所有辞职者的理由都很简单，但也很实在——他们要产权。在这些员工心中，珠海巨人集团的产品都是他们研究开发的结果，所以，有收益就应该实行"再分配"。后来有人说，史玉柱起初并没有理会这个问题，因为与其委曲求全地平息这一场辞职事件而换来更多人的不满，不如让这些好事者离开珠海巨人集团。但是，大家都忽略了这样的现实：珠海巨人集团当时开发的软件从技术的角度来讲并不复杂，这些骨干中的任何一个人只要掌握系统编程之后，都可以继续开发，最终形成产品。事实上也的确有人这么干了。一名邓姓员工从珠海巨人集团辞职后，就将一项技术转让给了深圳一家公司。不久，当珠海巨人集团的M-6405投放市场的时候，他们发现深圳这家公司出品的某某超级"多窗口办公系统"，无论从技术上还是程序方面，与巨人集团的M-6405均如出一辙。由于这件事情的原因，诞生了广东省首宗计算机软件雇员侵权案。尽管珠海巨人集团最终赢了这场官司，但是珠海巨人集团的损失已成为永远的伤痛。当然，整个事件中受伤最深的，还是史玉柱。他越来越觉得"中国人合作精神本来就很差"这句话是真理。

曾经遭遇集体出走

早年间，巨人集团的员工年龄都比较小，是一个非常年轻的团队。这个曾经让史玉柱引以为豪的年轻团队，的确给巨人带来了很多的活力、冲劲与闯劲。但是，也正是这样一支团队，无法经受住利益的诱惑与考验。所以，人才的大量流失让史玉柱始料不及，以至于最终难以掌控。

早在史玉柱创办巨人集团的早期，一群自恃颇高的年轻人就组成团队自

立门户。原本雄心勃勃的他们，本希望可以有一番大作为，却在出走巨人后不久，变得组织涣散，再次各奔东西。这一次集体出走事件带给史玉柱的不但是人力上的损失，更多的是财产上的损失以及市场的反侵入。

这些人才的流失，给史玉柱带来了很大的打击，也令他思考良久。比如，如何进行企业管理，如何带领企业发展。

对于史玉柱来说，一个纯理工学科背景的研究型企业家，如何研制适应市场需求的软件对他来说，几乎是囊中取物，但是对于企业管理、人才培养规划等等问题，史玉柱只是个"门外汉"。

在这之后的时间里，巨人集团多次遭遇集体出走事件。如果说凡事都要刨根问底地追究深层次原因的话，除了员工们的一些个人因素之外，不得不承认的是，巨人集团也存在一定的问题。

这在哲学里可以用相应的"一分为二"以及"联系"的命题来理解，或者用社会学的想象力来理解，也许更能说明问题。一个人的辞职也许可以解释为个人因素，但是一群人，尤其是发生了两次群体出走，就不能只从个人因素来解释了，还必须将这一事件与其发生的广阔的社会环境与社会背景相联系。

史玉柱后来慢慢明白了这一点，并且在人员管理上采取了各种措施，以防再次出现这样的事情。

要留住人才，必须增强所构建团队的凝聚力。

而所谓团队凝聚力，在团队内部表现为团队成员之间的融合度和团队的士气。

人是社会中的人，良好的人际关系是高效团队的润滑剂。因此，必须采取有效措施增强团队成员之间的融合度和亲和力，形成高昂的团队士气。

团队是开放的，在不同阶段都会有新成员不断加入，良好的团队凝聚力会让团队成员在短期内树立起团队意识，形成对团队的认同感和归属感，缩短新成员与团队的磨合期，在正常运营期间，促使团队的工作绩效大幅度提高。

团队的大问题

正所谓:"当局者迷,旁观者清。"

其实,现在我们回过头来看,史玉柱在早期创建巨人集团的过程中,忽视了团队的利益分享机制的有效构建,加之早期成立之初的巨人集团尚未形成自身的企业文化,团队成员的凝聚力没有得到有效的提升,这或许更有助于理解史玉柱和巨人集团初期的不幸遭遇。

而当时的史玉柱也并非没有意识到这一点,只是囿于初次创业时各种经验的缺乏,尤其是管理经验的匮乏,使得巨人集团在多次集体出走事件中无法以有效的机制对整个事态进行控制。

不过值得一提的是,史玉柱从这两次事件中清醒而深刻地认识到了问题的所在,他在风浪面前更看清了许多企业管理的核心所在,于是他毅然决定实施他的"精神领袖"计划。

为了摆脱人才流失的难堪局面,史玉柱开始着手这个计划。"擒贼先擒王",在企业员工凝聚力还一时无法通过尚未成型的巨人的企业文化来实现的时候,"精神领袖"的作用无疑是不可低估的。

精神领袖往往具备两个显著特征:其一,不可抗拒的人格魅力;其二,常人不及的执行力。

精神领袖,比如通用电气公司的韦尔奇、海尔集团的张瑞敏、阿里巴巴的马云,都是通过人格魅力迅速地集结兵力,建立无坚不摧的创业团队。由此可见,精神领袖是极富凝聚力的活动组织者。

得人心者才能得天下。

史玉柱尽管不是管理科班出身,但他也是个明白人,并非人们想象中的那种木讷书生。在史玉柱看来,树立精神领袖计划最关键的一步就是找到合适的人选,因为精神领袖不只是一种个人魅力所集结的广泛而深入的凝聚力的代表,他还有更深层次的要求:执行力。

精神领袖必须具备超凡的意志力,纵使困难如泰山压顶,也不会有丝毫

动摇。精神领袖总是能穷尽办法来化解困难。在精神领袖看来，执行力绝不仅仅只是口号，从容驾驭形势使得精神领袖的执行力常常具有神话色彩，殊不知其中包含了多少睿智和经验总结。

而备受世人瞩目的各大跨国企业和上市公司的 CEO 们能取得成功的最主要原因就是他们有着更胜一筹的执行力，他们懂得如何最优化地集结资源来创造企业的价值，并通过企业的光华来实现自我升华。

执行力在这些卓越的 CEO 看来并不是开几场会或制订一纸方案那么简单，而是通过集结资源后的兵力优先原则快速达到商业目的；是通过自身对企业的了解和对行业的洞悉以及对资本张力的认识，来简化行为和提高效率。执行力对精神领袖而言更是对员工的以身作则，是不让所领导的组织对自己失望。

在对精神领袖的思考中，史玉柱选择了巨人足球队队长张凯作为发展对象，他甚至将自己的总工程师的职位也全权交由别人接手。

史玉柱的这一放权做法，很多初次创业者做不到，也不敢尝试。对于史玉柱的这种魄力，在当时看来的确需要付出很大的勇气。

但在史玉柱的眼中，这个时期的他想到更多的还是巨人的长远发展。正所谓"风物长宜放眼量"，史玉柱想在放权的同时将更多的精力放在市场上。当然，这种做法从一定程度上缓解了巨人集团在人才流失方面的压力，可是终究解决不了根本性问题。

激励的手段

史玉柱从一开始就怀疑金钱在企业管理中的力量。

埃尔菲·艾恩在《奖励的惩罚》一书中描述了一个古老而有趣的故事：一群放学的孩子每天都会去嘲弄一个上了年纪的老人，他们天天取笑他，并乐此不疲，这好像成了他们放学后的另一节课。这天，老头很平和地对他们说，如果他们明天能够再来嘲笑他，他会给他们每人一元钱。孩子们当然非常兴奋，因为不仅可以干自己喜欢的事情，而且还能有收入。于是，第二天他们早早就来了，并且极尽能事地嘲笑他。老人遵守诺言，给了他们每人一元钱，并说如果明天还能来骂他，就给他们每人两毛五分钱。孩子们想想还不错，第三天他们就又来嘲弄他。老人给了他们答应的钱，然后告诉他们下一次再来只能给一分钱了。"算了吧，我们再也不来了，才一分钱。"结果孩子们就真的不来了。

这个"狡猾"的老人用所谓的"奖励"彻底摧毁了孩子们本来特别想做的事情。当孩子们发现自己得到的钱越来越少的时候，他们宁愿放弃曾经不要钱都乐意做的事情。

相信史玉柱对这个故事有着深刻的理解。但是，他也在逐步的成长中改变着自己的想法。

举个例子，太平天国运动历时14年，烽火燃及18省，先后攻克城池600余座，创建了使晚清政府闻风丧胆的军队和政权，沉重地打击了晚清王朝的统治。其规模之宏伟、纲领之完备、影响之深远，是历史上任何一次农民战争都无法与之相比的。但它为什么没有推翻清王朝，取得刘邦、朱元璋式的胜利？它失败的真正原因是什么？

关于这个问题，在珠海巨人危机爆发之后，史玉柱用了几乎一年的时间找寻答案。那时候，他一个人住在南京东郊一个不起眼的内部招待所里。白天，他经常一个人开着一辆旧吉普到中山陵附近的树林中"疗伤"，随身带的就是矿泉水和面包。车上有几本书都被他翻烂了，那几本书除了《毛泽东和第五次反围剿》、《长征》之外，就是《太平天国》和《洪秀全》。

除了客观的历史原因（比如农民阶级的局限性、封建王朝和帝国主义的双重镇压等）之外，太平天国的失败原因主要还在于：朝纲败坏，许多将领拥兵自重，敛财自肥，腐化堕落，甚至发生一连串叛变投敌的行为。在深入分析了太平天国运动失败的原因之后，史玉柱逐渐改变了对员工的激励方式。

例如，启动脑白金项目的时候，史玉柱只借到了50万元，但是，他首先干的一件事就是先拿出5万元把员工的工资补发了。史玉柱要让跟随自己的员工过好日子。

这些无不证明史玉柱在一点点地改变。

用人还是自己培养的好

企业的发展最重要的核心还是人才,真正的人才是企业发展的关键。

在用人方面,史玉柱不用"空降部队",如 MBA、海归派。因为史玉柱觉得,像这样一些人,对中国的国情了解不多,而每个企业又有自己独特的企业文化,要想完全融合很难。

> 综观中国的企业,这几年 MBA 或海归派运作管理大企业成功的案例很少。因为老总用了这类人,但中层如果抵制,被用的即便是高才,也无用武之地。让老总换掉所有的人,他也做不到,还是不用为好。

史玉柱如是说。

在史玉柱的管理观念中,调动干部的积极性也必须采取量化措施,如果没有量化,一切都是虚无的。

其实,以前的巨人集团在管理上还是很有一套的,只不过并不实用,仿佛照搬的教科书。比如事前审核这一项,各地分公司请人吃饭在 500 元以上的,必须报经批准后才能执行,如今他早已把类似的权力下放到分公司,因为与业绩挂钩,分公司在招待费用上,比以前更为节约。以前巨人的规章制度有 1 尺多厚,后来的规章制度只有 10 页纸。

史玉柱坚持认为,对干部要充分授权,相信他们。只有他们受到充分尊重,才能提高管理效率。以前的巨人集团月销售额达三四千万,在总部有 300 多人;可是,后来做到 10 个多亿的时候,总部只有 10 多个人。

在人才引进方面,史玉柱主张少引进战略人才,多引进战术人才,因为战略人才的谋略是看不见摸不着的,一味容纳战略人才,有可能让夸夸其谈者浑水摸鱼。

史玉柱深刻地认识到,企业发展步入困境甚至破产,很少是因为管理方面的原因，而是做了自己不应该做的事。

四个火枪手

令人十分欣慰的是，在史玉柱最为落魄之时，在他身边，仍有一些骨干一直追随着他，他们是陈国、费拥军、刘伟和程晨。像这样跟着史玉柱的还有近20人，他们是：吴刚、贾明星、薛升东、王月红、蒋衍文、张连龙、黄建伟、陈凯、杨波、陈焕然、方立勇、李燃、陆永华、龙方明等等。在读出这些名字的时候，但愿所有人都能怀着敬意，因为在我们这个追求利益至上的时代里，在你落魄之时，能有这么一帮人相助，实在是太难得了。有了这帮人，史玉柱即便没有脑白金，也还会有别的机会。

对于这几个骨干，史玉柱一直十分信任和尊重。

在征途网络还没有改名为巨人网络的时候，身为征途 CEO 的史玉柱养成了一个习惯：他一般都不去位于徐汇区的征途公司上班，而是独自一人待在办公室里勾画公司发展的远景。他很从容地说："我一般都不过去。"问起原因，他笑了："烦事情太多。"谈到他不在时的公司运营，史玉柱淡淡地说："我已充分授权给了几个副总。"这不仅是史玉柱的大度，更是他对下属的极度信任。

他为什么会如此相信自己的部下？这就不得不说到他手下的"四个火枪手"。

在巨人集团倒下去的很长一段时间里，史玉柱甚至没有钱给身边的人发工资。但就是这样的艰苦条件，"四个火枪手"始终任劳任怨，不离不弃。"火枪手"陈国和史玉柱在大学时便十分要好，是史玉柱当年读大学时"睡在下铺的兄弟"，志趣相投的两人尽管随着毕业典礼的到来而各奔东西，但命运却让他们两人在1993年的一次偶然相遇中结成事业伙伴。

1993年，陈国千里迢迢投奔史玉柱，从最早的办事员做起，一直做到了上海健特公司的总经理。在巨人危难之时，陈国担负起了看护巨人烂摊子的重任，留守"革命根据地"，一直到史玉柱实行战略转移，发展新事业。陈国

对巨人其中的凄苦无疑是体会最深的。在性格上，陈国的沉稳踏实给了史玉柱许多补充，这也是史玉柱之所以安排陈国独守巨人大厦的原因。

陈国回忆当年孤守空旷的巨人大厦的情形时，有种说不清楚的感慨："当时非常无奈，都知道我们没钱，也不知道什么时候能够还钱。"而最令陈国感到为难的并不是独守大楼的寂寞，而是那些气势汹汹上门讨要钱款的债主们。在那段日子里，陈国做了一件非常有意义的事情：他全面统计了售出去的楼花，并进行存档处理。这些资料在后来便成了史玉柱还钱的重要依据。

费拥军则是在巨人危难之时挺身而出的"忠实老臣"。早年的费拥军只是巨人天津公司的一名普通员工，由于工作勤奋努力，被一再提升，相继担任过巨人天津公司的副总、新疆分公司的总裁，之后调回珠海总部，在上海健特公司成立之后出任副总经理。

刘伟作为最早加入巨人的员工之一，曾为巨人立下了汗马功劳。刘伟也是在巨人危难之时坚决留下来的为数不多的女性之一。早在当年史玉柱开发汉卡之时，刘伟就已是史玉柱的得力助手。她在后来也出任了上海健特公司的副总经理一职。刘伟从来都不曾忘记巨人，不曾忘记那个洒下无数青春汗水的梦想之地。

"我刚进巨人的时候，工资是450元，当时大家都在拼命地工作，无怨无悔地努力，经常加班，但从来就没有什么加班费，如此努力到头来却是这样的结果，我们怎么都不会甘心。我们从来就没有想过待遇和房子的问题，当时我们的思维是：我们不会去买房子，我们巨人要建一座大厦，到那个时候，我们所有的人都会有好大好大的房子。"

也许正是怀有这样的梦想，刘伟希望能一直留在史玉柱身边，看着他们的巨人大厦再次直冲云霄。

20岁大学毕业即加入巨人的程晨更是对巨人有着很深的感情。"当时我们班的12个女同学都很羡慕我，她们也非常希望加入到巨人集团来工作。"大学毕业的程晨怀揣着年轻的梦想，"当时我别着巨人的徽章到外地办事，人们总是争着同我握手"。

程晨也和所有满怀梦想的年轻人一样，激情澎湃，热情似火。

这些人大都具有成功企业经营者身上所具有的一种品质：谦和。而他们的锋芒都藏在平淡的举止里面。

史玉柱谈起困难时期几年没拿工资的伙伴时，话里饱含着感激："我之所以能够东山再起，一个原因是我这些年经受的挫折和教训；另外就是我的核心团队，能和我一样去拼杀的团队。我身边的几个骨干，在最困难的日子里，好几年没有工资，他们一直跟着我。脑白金问世之前，我吃不准这个产品能不能做，就问他们：'你们觉得行吗？你们觉得有戏吗？'他们给了我非常肯定的答案：'行，没问题，肯定行。'我永远感谢他们。"

正因为如此，史玉柱只用心腹，对"四个火枪手"委以重任，却不轻易相信外人。"一般公司都会有几个副总在斗啊斗，我们没有。""没德的人，我不给放领导岗位上来，放上来的人都不爱搞这个。我们的副总都很团结，不互相斗，也不和我斗。"

在联想电脑的掌门人柳传志看来，领导人大而化之有两种类型，一种是孔雀型的，以个人魅力取胜；一种是老虎型的，以发号施令树威。从这种分类来看，史玉柱属于不折不扣的孔雀型。无论被外界如何误解，无论公司陷入何种困境，巨人的"四个火枪手"始终没有放弃对史玉柱的信心。

人才我从来不骗他们

无论成败，史玉柱的周围都有一群死党。史玉柱说，他们之所以如此不离不弃，主要是因为大家志同道合，相信凑在一起一定能干一番大的事业；另外一点，就是真诚，我从来不骗他们。

"我觉得我和他们在工作上面是经常会发生冲突的，但是个人关系确实非常好。我觉得我比不少的民营企业老板做得好，对自己的下属，对他好是真心的。"关于这一点，史玉柱还强调："对于自己的团队成员，你潜意识里要随时认定他们和你是平等的，有同样的人格，那么你就会学会尊重。"

当然，所谓尊重，首先得学会自己尊重自己。"再加上我们是年轻人，没有什么政治斗争，大家没有斗争经验，也不斗争。"

即使当时穷到发不了工资，也没有人放弃，因为"发领带也成"。史玉柱最得意的是，1997年之后，整个团队都没有人用手机了，大家腰里都别一个BP机，"他们都是自发的，手机停掉，他们交不起费了，不是我要求的，他们是自发的"。

正因为如此，史玉柱带的人中，珠海巨人集团的高层一个都没有被别人挖走的。

一直追随史玉柱的副手刘伟后来说："老史这个人总能把事情说得特别有吸引力。"

她认为史玉柱说话特有煽动性："把我们向他想煽动的方向煽动，如果你一直跟着他的话，在他最困难的时候，你会毫不犹豫地相信他还会成功。我们总是为他设定的目标吸引着，一直向前。"

在物欲横流的社会，有多少人愿意誓死追随一个负债超过两亿的人呢？而这些人就像孟获被诸葛亮七擒七纵后一样，对史玉柱心服口服，忠诚不二，哪怕他落魂潦倒，也誓死追随。由此看来，史玉柱绝对具有领导者所需要的人格魅力。

由此看来，企业发展的最大核心还是人才，而真正的人才是企业发展的关键。

"四个火枪手"忠心耿耿，他们间接或直接地促成史玉柱所办企业的用人标准——巨人在用人机制上不用"空降部队"，如MBA、海归派。

因为像这样一些人，对中国的国情了解不多，每个企业又有自己独特的企业文化，要想完全融合很难。史玉柱说。

史玉柱的两次流泪

史玉柱长大之后，只有两次流泪，一次是为自己的妻子；另一次就是为自己的员工，或者说是他的创业兄弟。

史玉柱大学毕业后，在安徽统计局的办公室里只有三个人——一个处长，一个史玉柱，一个女孩子。

史玉柱和女孩在办公桌上面对面，不久两人就结婚了。

然而，好景不长，1990年的一张法院传票告诉史玉柱，一个曾经温馨甜蜜的家就这样不存在了，没有任何的回旋余地——他的妻子要和他离婚。

一切已无法挽回，所有的伤痛只能留给岁月去愈合。而当时的史玉柱所能做的，只是找一个僻静的地方，痛哭一场。

史玉柱后来提到这件事，只说了五个字："她不要我了。"

哭过之后，他当着自己的创业兄弟说了一句话："这一生中你们再也看不到我的眼泪，绝对不会。"

但是，这样的誓言没有坚持住，他还是流泪了。他的第二次哭泣就是为了自己的创业伙伴——陈国出车祸去世了。

公司的记录说，2002年，陈国在上海出了车祸。史玉柱当时正在兰州开会，撂下电话，他连夜飞回上海。赶到医院，陈国已经快不行了。史玉柱立刻把全公司的业务都停掉，集中所有的精力处理后事。

以后每年清明，史玉柱和公司高层都要去给陈国扫墓祭奠。

第三部分 再起篇
——东山再起,匪夷所思

有一句话是这样说的:"成功者所犯的错误比失败者要多得多,但你不能因为失败多而放弃。"因为成功者永远在不断尝试,而失败者总是退缩、逃避。最终的失败者似乎从不犯错误,而最终的成功者似乎总是在犯错误。因此,亨利·福特的一句话我们应该永远牢记:"当一切似乎都不顺利的时候,请记住——飞机是逆风而起的,而不是顺风而起。"

一个没有足够的企业家精神的人,在逆境中或许会一蹶不振,但史玉柱又重新站了起来,他让人们看到了一个巨人的归来。

留下一栋荒草肆虐的烂尾楼,外加几亿元巨债。死过一次后,才知道死亡的滋味。这十年,史玉柱如履薄冰,小心翼翼,卖脑白金,投资银行股,进军网络游戏,在一片废墟上,转眼积累了超过500亿元的财富。史玉柱为何能在下半场"惊天逆转"?因为,他掌握了一套独创的看家秘笈!

第十一章

农村包围城市，集中优势兵力重点突破

1998年初，史玉柱黯然离开成就他事业的珠海。只是，此次之苍凉哀伤同当年南下深圳开始创业时的豪迈截然不同。史玉柱是会从此消失，还是要实施一次战略大转移？当时的人们并没有太多的思考。

离开珠海的时候，史玉柱几乎身无分文。曾经的富豪仅仅成了一个概念，甚至就是一个负重。"当时身上几乎是没有两个钱，只能是自己依靠朋友赚点钱。最初是给以前在上海的一个合作伙伴做市场策划，对方给了几笔钱，总共是50万元。这样，前期的启动资金才有了一个眉目。"史玉柱说，"当时不是从零开始，而是'从负开始'。"

心理学上有个"舒适地带"的概念，大意是说，每个人在生活的过程中，都渐渐形成了自己的舒适地带，不想到这个地带的范围之外。能力越大的人，舒适地带的半径越大。

在舒适地带生活得越久的人，依赖舒适地带的心理就越强。举个例子，在珠海已经成就一番耀眼事业的史玉柱在心里是哪里都不想去的，珠海就是他心灵的舒适地带。但人又有突破舒适地带的本能。在我们生命的早期，子宫是个温暖、安静、营养充沛的好地方，既然我们有勇气离开舒适的子宫，就能暂时放弃现有的舒适地带去追求另一种生命的境界。

更何况1998年的史玉柱在珠海已经不能用舒适来形容他的生存状态。他心中，有的是一种置之死地而后生的悲壮。

一个人只有到了没有任何退路的时候，才会拼死一搏，也才会不自觉地

向前看。

押宝保健品

做巨人汉卡的时候,史玉柱肯定不是第一个做的;做脑黄金的时候,他也不是先行者,那时候,国内的保健品已经很火了。而当他决意做脑白金的时候,保健品市场已经"祖国河山一片红",这是人们避人唯恐不及的红海。可为什么史玉柱敢于如此做呢?这就是史玉柱的独特之处。

其实,史玉柱在离开珠海的时候,对新产品已经有了一定把握,但是资金是当时最大的困扰。东山再起必须直面的问题在于:人们还会接受这位落魄的迟暮英雄吗?他的市场判断是否依然灵验?他是否会再犯同样的错误?

史玉柱再次选择保健品作为个人东山再起的一个突破口有他自己的理由:在当时的资金背景下,长线的项目根本就没有资金,加上他的那些伙伴对保健品这个行业比较熟悉,最重要的,"关键还是这个产品质量好",史玉柱一直抱着保健品只要是质量好,市场就能做开的逻辑。

那么,史玉柱为什么会选择脑白金呢?脑白金到底是什么呢?

脑白金中有一个重要成分是褪黑素。在生理条件下,褪黑素由脑内的松果体分泌,其分泌受生物钟调节,夜多昼少,因此,褪黑素具有一定的调节睡眠的作用。

"到1998年,中国保健品市场正在越来越趋向理性,仅仅靠广告'狂轰滥炸'做保健品的时代已经结束,'脑白金'要成功必须要有足够的'回头率'。我自己吃过脑白金,感到有效果,才敢最终决定做'脑白金'。"

"后来再决定搞保健品时,就定下一个原则:必须是有科技含量的,是真正有效的,这种效果不用依赖广告宣传消费者自己就能感觉到。"

而脑白金恰恰符合这种要求。

史玉柱说:"做保健品,关键是手里要有好产品。当时,我手里掌握充足的资料,在学术界,我们查过8000多篇论文,其中有7000多篇论文对它是充分肯定的,理论上站得住脚。更重要的是,保健品最怕别人吃过后说

'吃和不吃一个样'，能让消费者服用之后马上有感觉的保健品本来就少，当时差不多有近十个类似的产品备选，选中它就是因为它见效最快。"

由于资金有限，史玉柱起初采取委托加工的生产方式，先生产出一批产品试销，考察市场，也算是投石问路。最初他选择的市场是江阴市，但是，那里的市场并没有一下子就打开局面，试销的效果并不理想。

"问题出在对产品的宣传定位上。后来，脑白金侧重于对功效的宣传，并加强了对回头客的服务，不久就在邻近的无锡市大获成功。"在无锡，史玉柱作为一个谁都不知道其真实身份的科技人员，走访了众多的消费者。"当时，我走访了许多无锡的街道居委会，听到他们服用脑白金之后的赞誉之词，使得我们的信心大增。南京、常州、苏州、苏南地区就这样做起来了，之后，延伸至浙江、山东等。"

史玉柱的市场销售才能再一次得到发挥。

于是，我们看到了同以往脑黄金、三株口服液、飞龙等类似的产品营销手法和市场再演。史玉柱透露说，在旺季，每月的销售额可以达到千万元的档次。而现在他们刚刚购买了工厂，其生产能力更是达到每日1万瓶，足够应付市场旺季的需要。

史玉柱的这种"游击战术"，既显示了他的传统强项，也符合他现实的处境。

在大地方打开市场自然会树大招风，那么，不妨从小地方开始，默默开拓，这既适合保健品最大限度占领市场的特性，也适合史玉柱本人的处境。脑白金市场发展很快，关键还在于史玉柱低姿态的"游击战略"。

农村包围城市

毛泽东的传记是史玉柱经常阅读的书籍，史玉柱坚持认为，毛泽东最大的成功在于农村包围城市的战略性成功。所以，在大张旗鼓地运作脑白金项目的时候，史玉柱就把毛泽东的农村包围城市的战略思想重新进行了实践。

如前所述，史玉柱启动脑白金的选择地是江阴。他认为，江阴是县级市，

地处苏南地区，购买力强，城市密集，距离上海、南京也很近，能够更好地把农村市场和城市市场衔接起来。

果然，江阴第一个月就赚了15万。史玉柱拿这15万，再加上15万预备资金，全部投入无锡市场，结果第二个月就赚了100多万。

在"免费午餐"的刺激下，市场被迅速打开，几个月下来，南京、常熟、常州以及东北的吉林，全部成了脑白金的早期根据地。星星之火，随即开始燎原。到1998年底，史玉柱已经拿下了全国1/3的市场，月销售额近千万元。

事实证明，史玉柱的决策十分正确。

1999年春天，史玉柱和团队悄悄来到上海。到1999年底，脑白金便打开了全国市场。

2000年，脑白金创造了13亿元的销售奇迹，成为保健品的状元，并在全国拥有具有两百多个销售点的庞大销售网络，规模超过了鼎盛时期的珠海巨人集团。

也许是脑白金在农村市场尝到了甜头，2001年，史玉柱推出黄金搭档的时候，继续选择农村市场。他的第一轮试销依然集中在五个小城市——漳州、襄樊、吉林、威海、绵阳。

很显然，农村包围城市是史玉柱市场营销的重要法宝。

战略上可以处于劣势，但战术上一定要处于优势

史玉柱特别关注毛泽东1949年之前的军事、战略等方面的谋略。"比如毛泽东主席关于马克思主义和中国实际相结合的原理，这个应该好好用，王明没办法领导共产党，最后历史选择了毛泽东，因为他是结合中国的实际情况，他能实事求是。"

史玉柱还说，毛泽东在瓦窑堡总结出的十大军事原则，直到解放战争不也还在用吗？他要求不计较一城一地之得失，集中优势兵力消灭敌人有生力量。

在战争中如此，对企业来说也是这样。

战略上可以处于劣势，但战术上一定要处于优势。具体到一场战役，一定要三倍、五倍于敌人的优势兵力。这就是史玉柱在《毛泽东选集》中最难忘的语录："在战略上藐视敌人，在战术上重视敌人。"

也许正是因为如此，没有当过兵的史玉柱总把自己的团队当成一支"军队"来带。

1998年4月，凭借新近赚得的现金，史玉柱将脑白金推入无锡开拓市场。仿照江阴模式，史玉柱将赚到的30万元全部投入无锡市场，三个月后就赚了100多万元。尽管这些钱对于史玉柱所欠下的巨额外债来说，依旧是杯水车薪，但毕竟是一个好的开端。它的出现不禁让史玉柱充满了对东山再起的无限信心和希望。

随后，史玉柱在无锡的五里湖度假村召开了一次会议，参加会议的有20多人，史玉柱把这次会议称为"第一届干部培训班"。

会议的中心议题围绕扩大市场展开讨论，会上制定了开发南京、吉林、常州、苏州四个市场的行动方针。其中，程晨负责南京市场，吴刚负责苏州市场，陈焕然负责吉林市场，祝鸿强负责常州市场。史玉柱把100万元分成四份，每个人用25万元来开拓市场。此后，史玉柱便带领着他英勇善战的精英部队开始了攻城略地般的滚动式市场扩张，而市场便这样稳扎稳打地被他们打拼了下来。

在销售模式上，深刻总结了以前三亿元应收烂账教训的史玉柱，坚持"钱不到站不发货"的经营原则，可以倾尽所有投入广告，但是不再采取代销的方式，决不赊账，从而保持了公司无一分钱应收账款的良好记录。

为了集中火力做广告，史玉柱在每个省都从较小的城市启动市场。在浙江，首先启动台州。第一步是猛砸一个月广告和报道，受广告影响的消费者就会去商店问有没有脑白金，问得多了，商店就会问经销商有没有脑白金，"经销商就会找我们"。此时，史玉柱坚决要求手下坚持现钱提货。

史玉柱对此战略构想的解释是："脑白金在一个地区市场启动前，先打广告，让顾客到商店找上门，然后我们等着经销商带着钱来要货。"

1999年1月的南京会议之后，脑白金开始在全国市场铺设销售网络。史玉柱的市场策略是从上往下做，就是先做大城市，大城市做完做中等城市，中等城市做完做小城市，小城市做完做县，实际真正的重点是在下面的乡镇。

北京和上海等地的超市里有100多种保健品，脑白金摆在货架上并不显眼，但是，"到了村镇的商店，只有两三种保健品，其中一个肯定是脑白金。最大的市场还是在下面，那里人口特别多，光农民就8亿，再加上县城，这些人共9亿，而北京、上海、广州加到一起也不过四五千万人"。也就是说，中国的市场是呈金字塔形的。脑白金在全国市场真正打开的时候，月销售额最高时居然达到1亿元，利润达到4500万元。这些销量和利润都主要来自乡镇。

坚决现款拿货

为集中广告的火力，史玉柱从每个省最小的城市开始启动市场。如前所述，在浙江，他首先启动了台州。

在台州树立典型成功之后，当其他市遇到经销商要求赊账，史玉柱就请经销商问问脑白金在台州卖得好不好。由于经销商之间是定期聚会，经过打探得知市场非常好，光台州一个月就能卖300万，其他地方很自然就形成这样的规则了。所以直到今天，脑白金、黄金搭档都遵守了这个规定。

史玉柱坚持现款提货的条件当时的确是开了保健品行业的先例。因为这个行业以前的惯例一直都是先提货，第二次提货的时候，再把上次的款结清，这还是最好的一种模式，很多都是代销的，全部卖掉之后才能回款。

史玉柱最初实施这个制度时，大家都不理解，分公司也不理解，但史玉柱坚持这么做，他说这个事情是过去三个亿的保健品的烂账收不回来换来的教训。

健特登场

1999年7月12日，上海健特公司成立，史玉柱终于结束了他的流浪生涯。

同年 7 月份，史玉柱到上海预付了一笔定金，在上海金玉兰广场租下了两间价格极其低廉的办公室。

健特就是英文巨人（GIANT）的音译。尽管有着不舍的巨人情结，但为了安全起见，史玉柱先于 1999 年 3 月 3 日和 3 月 25 日暗中注资注册了黄山康奇和怀远宏强，然后由这两个公司投资成立上海健特。

此时的史玉柱还不想让外界知晓如日中天的"脑白金"、上海健特与负债两个多亿的史玉柱以及珠海巨人有何关系。

成立黄山康奇和怀远宏强的目的就是掩护史玉柱的身份和在法律上保护上海健特的资产不受珠海巨人的拖累。基于这个原因，健特不是以史玉柱的名义注册的，史玉柱对此做了如下的解释："一个，从法律上讲，这些钱还不是我的，是用前面这段利润来注册的；第二，如果我真是法人代表，珠海的老百姓钱没还完之前，那些债务都追过来，一下子把你搞死掉，钱反而就还不了了。"

没有热闹的庆典，没有簇拥的花篮，上海健特公司悄然开张了。这一刻的健特无疑是平静的，但这一天对于史玉柱和巨人团队来说，却是极其不平静的，因为，也许从此刻开始，他们将改写巨人的耻辱，重振巨人的雄风。

不过，做大事者都是能沉得住气的人，这种激动的心情并没有让史玉柱和他的团队成员们忘乎所以。在上班的第一天，史玉柱的团队成员都表现得十分平静，而史玉柱也一如往常般驾着那辆同他出生入死的丰田吉普，驶入了车水马龙的大上海。

令史玉柱十分感动的是，这帮跟着他打江山的兄弟们，竟把当年史玉柱在珠海用的全套办公设备运到上海，并按照当年的布局一一摆放整齐。在他们眼里，史玉柱永远是一个让人甘心臣服的好大哥。

史玉柱说，目前这套办公设备仅仅只是摆设。因为白天的史玉柱是不能坐在这个位置上的，他在健特的职务只是"策划顾问"。

史玉柱的怀旧情结令他要求上海健特所有员工印制的名片上沿袭当年珠海巨人的白底蓝色的版本，唯一不同的是，名片上巨人两个字被换成了英文谐音"健特"，并加上了至今让人费解的五颗星。而史玉柱本人依然执著地沿

用1996年版的珠海巨人名片。

1997年夏天以后，史玉柱悄然离开了人们的视线，却没有远离人们的生活。他依然活跃在这个让他欢喜让他忧的保健品行业。而沉寂了五年之久的史玉柱，以在2001年2月15日还钱为前奏，携道义入市场，在人们对诚信的满心期待中，正式复出了。

脑白金卖的是健康

史玉柱所运营的项目与其说是在卖产品，不如说是一直在卖概念——脑白金是在卖健康，黄金搭档是在卖聪明，《征途》是在卖权力与欲望。

在这里我们不去讨论（事实上，也没有多少消费者会去推敲）脑白金是否真能给人带来健康，黄金搭档吃了就真能让人聪明，而在《征途》游戏中人们就真的会无法无天。

但是，作为一个概念，或者说是给消费者制造的梦想，这是足够吸引人的。

换一种说法，我们甚至可以说，对于史玉柱来说，卖什么产品并不重要，他卖的实际是一个概念、一个梦想，而产品只是这种梦想的物质依托罢了。

除此以外，史玉柱要做的，是帮助足够多的消费者制造梦想，然后通过自己的产品，去帮助这些消费者实现梦想。在梦想的刺激下，无论什么样的消费者，都会被有蛊惑性的宣传所鼓动、所支配，最终失去理性的思考以及信息的支持。

见好就收，卖掉脑白金

2002年11月24日，一则爆炸性新闻赫然出现在中国各大门户网站："史玉柱一纸公告卖了脑白金，商标转让价1.46亿元。"

史玉柱为何卖掉脑白金？其实，从产品角度讲，任何一种产品都有其生存周期。脑白金从出现到热销，再到现在的稳定销售，可以说脑白金已经经过了其市场的"黄金期"。

如今保健品行业相比以前的市场确实不好做，消费者面对化学合成药越来越理性，不会再轻易被新概念所打动，他们在保健品的选择上与其文化水平、知识结构和收入水平息息相关，他们越来越趋向于选择中药类、维生素类的保健品。

史玉柱卖掉脑白金得到的巨款，一方面可能流向资本市场，一方面可能用于全力打造新产品——黄金搭档。有心的人会注意到，在脑白金广告之后，紧跟着的是黄金搭档的广告，这标志着史玉柱下定决心要在全国正式开始运作黄金搭档。

据悉，早在2001年上半，史玉柱就已经在悄悄地为黄金搭档的上市推广做准备。黄金搭档是由中国营养学会、瑞士罗氏维生素公司、上海黄金搭档生物科技有限公司合作生产的一种保健品。黄金搭档创造性地在复合维生素里添加矿物质，所以命名为"黄金搭档"。

业内人士认为："史玉柱这次选择维生素是因为补充维生素不存在争议，不会授人以柄，避开了对脑白金功效的质疑；合作方是中国营养学会，这是国家一级学会，同样避开了当初脑白金实则褪黑素这个美国舶来品的争议问题。"

随着黄金搭档的电视广告在中央电视台的热播，黄金搭档正在逐步为中国消费者所熟知。那句"乖乖，真的有效"再一次成为国人相互开玩笑的口头禅。

2001年，史玉柱公开和段永基走到一起，并将脑白金和黄金搭档的大半股份出让给了段永基。

史玉柱放出话来："我可能会关注IT和金融，但肯定不会再投入人力、物力去做了，都是以战略投资者的身份，而且绝对不做大股东。"后来史玉柱的重心转移到网络游戏上，而在资本市场上他也频频出手。

夕阳和朝阳之争

有人说，史玉柱是把一个夕阳产品卖给四通而套现了。

实则不然。史玉柱认为，保健品仍然是一个朝阳产业，其信誉也不会一直不好。这些年人们的生活水平提高了，大家重视的就是健康和教育，也愿意在这方面投资。虽然住房问题也备受关注，但在中小城市，人们解决住房的成本不高，很多人不必为此而烦恼。

保健品在国外都是方兴未艾的事业，美国和日本的保健品消费是中国的十多倍。美国在过去的 20 年中，保健品的消费增长了 35 倍，但美国的人均收入却并未与其形成正比。而且在 20 年前，美国的基数还是很高的，它并不是在一个起点很低的情况下增长了 35 倍。

一些媒体和证券分析师认为，这个产业的生命周期短，门槛低。而史玉柱这个业内人士却认为，这个行业门槛高，投入大，生命周期长。

为什么说门槛高呢？很显然，这些年来，除了黄金搭档和脑白金，中国没有一个比较有规模的保健品成功。多年的实践结果证明了保健品门槛高。

另外，投入的门槛很高。这与我们国家的政策和消费者的逐渐成熟是有关的。从国家的政策来看，对保健品的审批日趋严厉。过去不需要报批，比如史玉柱最初运作脑黄金时，要做的只是到省里备个案，现在已经规范到等同于报批药类，只是周期短一些。还有，国家在推广保健品的 GMP，史玉柱在无锡生产脑白金的工厂很早就拿到了药品的 GMP，现在又在认证保健食品的 GMP，故而容易运作。而一个 GMP，即使是小规模的，在中国至少要投资 3000 万元。像史玉柱在无锡的健特工厂，光投资就是 1 亿多元，其中固定资产的投资就几千万元。而报批需要时间，这样一来，就把它的门槛抬高了。

第十二章

执掌四通控股，变身投资人

2004年3月，四通电子以6亿港元现金加5.7亿元可转债券的代价，收购了脑白金和黄金搭档的股权，并更名为四通控股。

四通这一次大手笔的资本运作当然有其附加的条件：史玉柱必须要保证黄金搭档生物科技的经营业绩。具体来说，就是除去税和股东权益后的利润，第一年不少于9000万元人民币，第二年不少于1.7亿元人民币，第三年也不少于1.7亿元人民币。如果达不到这个业绩，就要按照一定比例对四通电子进行赔偿。此外，史玉柱在五年内不能做与脑白金、黄金搭档有竞争的产品。

可见，这一次交易绝对是建立在双赢基础上的。

掌管四通

2004年5月16日，史玉柱以四通一员的身份参加了四通集团成立20周年庆典。在谈到与巨人投资公司史玉柱的合作时，段永基说："史玉柱是四通最真挚的朋友。"

史玉柱在四通只有1元钱的象征年薪，但他说："我不在乎薪水，只在乎把业务做好。如果有进一步的购并，我的股份还会上升。至今，我与董事会未谈到薪水问题。一次在提到这个问题时，我说就象征性地给一元钱吧，要等业绩出来后再谈。"

从史玉柱向四通控股只要1元年薪来看，其志显然不在于此。

有分析人士说，两次收购完成后，两大资本运作高手终于走到一起。从这个意义上说，史玉柱为其下一步进行资本运作构建了平台。当时，史玉柱直接或间接控制2家上市公司，11家企业。借用他人的话说，五年来，史玉柱为自己返回中国企业舞台而精心修炼企业资本链，既有战略性资金储备，也有对产业资金的控制，还有源源不断的市场融资渠道。

史玉柱说："也有人认为我不会搞管理，但我自认为我的管理还可以。因为不管哪套管理，目的无非有四：第一，能让员工的积极性得到最大限度的发挥；第二，能让销售额最大化；第三，能让成本最小；第四，货款及公司是安全的。几年下来，这几个目的我们都达到了。

我们的员工流失率很低，现在的骨干基本上都是老巨人的。授权非常充分，配套的管理也非常严。春节前我们总结了一下，脑白金和黄金搭档有60亿的销售额，没有一分钱的烂账。这个行业20%的烂账是平均水平。

从支出方面，我们对市场、媒体研究得非常透。既然我们不缺钱，就可以一次签全年的合同，甚至钱一次到位，把价格降下来，吃回扣的可能性就很小。干部之间还有相互担保。谁吃了回扣，要被处以5倍罚款，担保人也要被罚款。这方面我们有一些技术措施。"

果然，2007年3月2日，四通控股董事会宣布，史玉柱辞去公司CEO一职，由四通控股主席及执行董事段永基暂时兼任，史玉柱将继续出任该公司执行董事，专职参与健康业务及发展的决策工作。

据四通控股方面表示，史玉柱由于个人投资的其他项目需要投入的精力日益增加，预计未能分配充足时间来照顾四通控股的所有业务，为了避免影响四通控股日后的整体发展，史玉柱做出了辞职的决定。而史玉柱辞去四通控股CEO一职后，将专心做《征途》网络游戏。

想着去投资

一位接近史玉柱的人士说，从史玉柱再战江湖那天开始，他就希望成为资本投资人。也许用史玉柱自己的话来佐证更为恰当，他曾经说："手头钱太多就会想着去投资。"

实际上，从史玉柱决心在观众面前亮相的那一天起，他就一直兼备两个角色：企业家和投资家，只不过在其后的几年里，他的投资家色彩越来越浓厚。

在巨人投资有限公司筹备成立期间，史玉柱接受媒体采访的时候就讲过，新的巨人公司"将是一个投资控股公司，我将出任法人代表，以生物制药、保健品为主，还是私营企业性质。巨人的牌子还要用，尽管它存在着许多污点。我的主营产业一定只有一个，在无风险的大前提下以参股的形式介入其他行业"。

经过新一轮的打拼，史玉柱手上的现金越来越多。经历过失败的史玉柱特别害怕现金流断开，所以账上始终趴着5亿多元的现金。在项目投资方面，史玉柱一直很谨慎，他曾表示："经营企业不求发展速度，但求安全第一……宁肯错过一百个机会，也不能投错一个项目。除了IT和保健品，其他坚决不投。"

过去，在巨人集团时代的史玉柱从不向银行贷款，直到巨人集团出现问题需要资金的时候，他才发觉民营企业从银行贷款有很大的难度。因此，巨人集团失败的教训让史玉柱改变了看法，他不仅向银行贷款，还干脆做了银行的股东，从此涉足金融业。

史玉柱认为："银行的赢利模式非常清晰，就是贷款和存款的利息差。如果选择一个上市的银行，风险也不大，股市管着它，证监会管着它，不会出问题，就是出了问题，国家也会帮助它。"

投资家的身份

在很多人眼中，史玉柱的形象到了2004年前后才有了变化。在此之前，他一直是个靠广告狂轰滥炸来销售保健品的商人。直到他把脑白金和黄金搭档卖给四通，并且有越来越多的投资项目为外界所知，人们才惊呼：史玉柱变成了一个投资家。

这对史玉柱本人来说，是一个关键性的转变。他开始专心做起了投资。为了避免风险，他认定了主营产业只能有一个，而其他的任何行业都必须在严格的调研并确定无风险后才能参与。即使参与，也只是以投资的形式。他绝对不会再去经营自己不熟悉的业务。

事实也是如此，在史玉柱心中居于金字塔顶端的那些公司，不论是巨人投资有限公司、上海华馨投资有限公司，还是内蒙古阿拉善左旗聚鑫有限公司，都没有从事具体的经营业务，而是纯粹的投资公司。在巨人投资和上海华馨的经营范围里，实业投资都排在了第二项。史玉柱运用这些公司，搭建起他的企业王国。

史玉柱曾说："搞投资的更需要低调行事，无须任何宣传，会更沉默。"因此，最擅长营销的史玉柱尽管让脑白金和黄金搭档的广告在电视上闪个不停，但对他的资本运作和项目投资却非常低调，往往是到了项目成熟之后，外界才知道消息。

投资银行

2001年1月，华夏银行的发起人之一——北京华资银团公司持有的发行人股份中，200万股被重庆市渝中区人民法院冻结。2002年10月31日，重庆市渝中区人民法院对这200万股股票进行拍卖，上海健特竞拍成功。

在此之前，2002年4月22日和7月31日，上海健特两次受让北京华资银团拥有的华夏银行发行人股份共5800万股；9月4日，上海健特受让华夏银行发起人首钢总公司持有的8000万股华夏银行股份。这样上海健特就一共持有了华夏银行1.4亿股股份，以持股56%位居华夏银行第六大股东。

华夏银行不是史玉柱投资的唯一一家银行。2003年9月9日和11月13日，民生银行原第九大股东北京万通实业股份有限公司分两次将持有的万股股份转让给上海健特，由于原第八大股东也将部分股份转让给了另外一家公司，上海健特成为民生银行的第八大股东。

对于投资银行，媒体多揣测史玉柱意图染指金融业，但史玉柱本人则表示对银行的投资纯属财务投资性质。"李嘉诚曾说过,投资首先是要看退出机制通畅不通畅,其次才是看收益高不高,我觉得很对,所以我想寻找的是风险不大、变现能力强的行业。基于这种认识,我投资了银行。"

按照史玉柱在 2005 年接受媒体采访时的说法,他在银行的投资收益相当不错。"我在银行业的投资三年翻了一番,有机会的话,我一定再增持华夏银行、中国民生银行的股份。"

三年翻一番,意味着史玉柱在这两家银行的投资三年的收益率达到 100%,这是一个同当年史玉柱允诺的巨人大厦楼花收益率一模一样的数字。

华夏银行和民生银行真的具有如此强大的赢利能力吗?

第十三章

看准了就做，别听专家的

史玉柱人生经历大起大落，浮沉跌宕，无疑是中国商界最具传奇色彩的人物之一。他曾经白手起家创办了巨人集团，成为闻名全国的富豪，又因为巨人大厦盲目投资而负债累累，沦为"中国首负"。更令人称奇的是，两年后他东山再起，靠着铺天盖地的"脑白金"重振旗鼓，并且还清巨债，重登富豪榜。

在外人惊叹"王者归来"的时候，史玉柱又把兴趣转向了网游。

2004年11月，他成立了上海征途网络科技有限公司，招兵买马自主开发网游。潜心一年有余，史玉柱的《征途》浮出水面。

任何人的一生中都有很多的犹豫，而在作出决定前犹豫的那一刻，说不定机会就会离我们远去。常常听失败的人感慨说：我那时就是错过了机会。机会从你身边溜走时，不会告诉你它就是机会，这需要我们有较高的决断思维。

决断思维是一种高级思维，是一种将技巧落实到做决定的思维。由于每个人随时都在下决心，所以决断思维在生活和事业中显得尤其重要。

没有行动的实施不叫决断，必须付诸行动才是决断，而行动需要决断。所以决断思维，不仅是一种高智慧的静态思维，也是一种必须强有力的动态思维。我们从事商业活动更需要明智地做出决断，有时候决断的正确与否往往会影响整件事情的成败。

这就要求成功的企业家要具备看准了就做，让条件为信念让路的素质。

史玉柱一直认为："从事商业活动，最关键的是抓住商业机会。很多人往往是有了商业构想，可是各方面的条件并不成熟，就不知道该怎么办，不知道做还是不做。"

对此，史玉柱的回答是：当然要做，一旦看准了就去做，让条件为信念开路。

做商业第一要素不是资金，而是商业构想、商业机遇！商业构想和机遇，是很难开发的，而一旦遇到了，看准了，就应该立即下决断！我们从投资网游这件事情，可以看出史玉柱的决断力。

这是一片红海

截至2005年底，在玄幻的游戏市场，凭借《传奇》和《奇迹》等游戏，盛大和九城等游戏企业独领风骚已经好多年；在休闲棋牌游戏市场，联众和腾讯等游戏企业已经拥有了绝对多数的用户群；在3D游戏市场，《天堂2》、《A3》以及《魔兽世界》都已经形成了强大的品牌。而《劲乐团》、《劲舞团》则把之前一直不被人看好的电视类网络游戏的空白给填补了，并且业绩不错。

在这之前，网游中有一个市场，一直被人们忘记，那就是具有中国味道、真正体现中国文化的游戏。但是，随着《大话西游2》、《剑侠情缘ON-LINE》的推出，唯一被公认的蓝海也被先行者给占领了。

史玉柱在决定进入网络游戏市场之前，曾经询问过有关专家，而专家给他的答复是："你迟到了。"当时的中国网络游戏已经被网易、盛大、金山、九城、腾讯等大公司瓜分，强敌环伺，史玉柱似乎没有什么发展空间。不过史玉柱不这么想，他认为："网络游戏市场看起来已经人满为患，其实质是一帮小孩子的低水平战争，竞争水平非常低劣、稚嫩。"

面对强敌，史玉柱做过这样的分析：

腾讯QQ是一个非常强大的敌人，但网络游戏不是腾讯的主业；九城主要代理国外优秀3D游戏，而征途公司的产品是2D，两者的市场定位不同，几乎不发生竞争；网易很强大，丁磊是个非常有才华的人，网易的主要产品是大话系列游戏，这一系列产品是回合游戏，与《征途》的定位不发生冲突。也就是说，《征途》在网络游戏行业没有敌人！唯一和《征途》有竞争关系的盛大却在"不务正业"，进行所谓的"盒子计划"，根本没有把史玉柱当成竞争对手。史玉柱还鼓励盛大掌门人陈天桥，说他有"战略眼光"，实则是让陈天桥把主要精力用在发展网络游戏以外的业务，为《征途》的崛起腾出空间。

乘盛大没有防备，史玉柱悄悄走上了"免费网游"的"征途"，而他面前最大的敌人，是丁磊的网易。

史玉柱用"可怕"这个词来形容丁磊："丁磊确实很厉害，网易公司要人有人，要钱有钱，最可怕的是丁磊眼睛只放在网络游戏上。网易代理的《梦幻西游》和《大话西游》两款优秀的民族游戏，在线人数最多时可达100万，这在世界上都是排名第一的。而且，丁磊有网易这样一个门户网站作为平台，我和他并不在一个竞争层面。"

怎么办？要是按照行业模式，史玉柱在丁磊面前根本没有竞争力，他的《征途》还没走多远，就面临夭折的危险。"不过我对行业规则从来就不理会。"史玉柱语气坚定地表示。在砸下了2亿元的巨资之后，史玉柱开始了他的网络游戏运营规则颠覆之旅。

有好的团队和资金，就能做网游

面对众人的质疑，史玉柱是这样解释的："我自己也是一个网络玩家，而且算是骨灰级的，说不清从什么时候开始，我就迷上了网游，甚至花过一万多块钱买'装备'，还雇人帮我'练级'。玩了那么多网络游戏，我觉得能打60分的还没有，打45分的有几款，90%都只能打0分。"史玉柱极为自信，他说自己是"被迫"投资网游。

"这是一个资本的游戏，没有钱根本玩不转。如果你不准备几千万元的薪水、几千万元的设备、几千万元的市场推广费用，想都不要想。"在史玉柱看来，只要有好的团队和足够的资金投入，就可以做好网游。

"其实，网游就应该免费，不要设什么门槛，而要靠增值服务赚钱。"两三年前，史玉柱已经意识到了这一点，因此《征途》从一开始便是免费的。

在进军网游的道路上，史玉柱大声喊出："向丁磊、陈天桥学习！向他们致敬！向他们靠拢！"而潜台词是：史玉柱也在向他们挑战，给他们下了战书。但是，这个新的征途，要靠史玉柱再度创造奇迹。

我每天骑马四小时

史玉柱说："很多行业内的人都是一开始反对我，后来又跟着我学。因为我并没有蔑视规则，我是自己琢磨规则，创造规则。"

经过深入研究，我们发现，史玉柱的这句话还没有说完：自己琢磨规则、创造规则的前提是他是一个优秀的消费者研究专家。

有一个趣谈：一次四通的董事长段永基打完高尔夫球就劝史玉柱："你该去做点体育锻炼了。"史玉柱则表示："我每天都骑马四个小时。"当然，史玉柱是在游戏中骑马。

传统的商业思维是：有了一个好的产品，再根据产品去找市场。而史玉柱的商业逻辑却恰恰相反：先在一个广阔的市场中去研究消费者，然后根据消费者的需求定位自己的产品。

《征途》游戏能快速成长，与史玉柱对消费者的研究不无关系：它的每一步设置都是把消费者"套"在上面，并且促使其消费。

在《征途》的虚拟世界里，现实生活中受到政府严格管制的彩票、赌博、保险等行业或行为是可以任意"游戏"的。

每个周末，《征途》游戏里都会出现一批怪物，玩家只需要杀掉怪物就有100%获得"密银宝箱"的机会，打开宝箱就有可能获得各种好装备。但值得注意的是，开宝箱的钥匙只有在网络商店里才能买到，一把钥匙得花大约1元人民币价值的虚拟币。

正是基于这样的设计，玩家可能为了好装备而去打开"密银宝箱"，为了打开"密银宝箱"而不断购买钥匙，从而持续消费。

史玉柱后来说，营销是没有专家的，不能迷信专家。他有一个著名的论断是："我认为大学里有关营销的教材80%的内容都是错的。如果要说有专家，我认为唯一的专家是消费者。要做好一个产品，在前期论证阶段必须要有大量的时间泡在消费者当中。"

我是骨灰级玩家

史玉柱每天过着黑白颠倒的生活，原因是他喜欢玩网络游戏。据上海巨人网络科技有限公司总经理刘伟讲："以前史总是玩单机版的游戏，从前两年开始，他爱玩网络游戏了，他业余时间没有其他爱好，就是打游戏。"

"我是骨灰级玩家。"巨人投资集团有限公司董事长史玉柱颇为自豪地说。

"大家以为他是作弊，因为他光买武器就花了5万块钱，然后我们还说，傻吧，5万块钱买虚拟的东西。"黄金搭档生物科技有限公司副总经理程晨透露了史玉柱的这一细节。

后来史玉柱在网络游戏中有了封号之后说："还不如我自己开发一个游戏。"在史玉柱这句话的背后也许隐藏着他对网络游戏市场利润巨大的感慨。在外人看来，这只是史玉柱的突发奇想，但是史玉柱后来的做法印证了这句话并非只是句玩笑。

史玉柱在网络游戏领域蛰伏待发之时，他并没有沿袭当时盛大网络董事长陈天桥和第九城市董事长朱骏以代理韩国游戏为主的做法，而是走了跟网易创始人丁磊一样的自主研发之路。

当史玉柱组建上海征途网络科技有限公司时，盛大网络、网易和九城都已经发展成熟并占领了中国的网络游戏市场，史玉柱的决定受到阻碍，来自业界和玩家的质疑声络绎不绝。而上海灵诺企业策划有限公司副总经理、媒介总监胡洁敏对此表示："从目前的市场环境来看，网络游戏这样的新兴行业相对于传统行业而言，更容易制造出裂变的效果。"

有人还认为，史玉柱赌徒的性格又复发了。但在史玉柱看来，"任何一个企业都在赌,什么叫赌呢?比如说做一项投资,没有百分之百把握的时候,应该说都是赌。但搞投资、做项目,任何一个企业都不敢说自己是百分之百的成功"。

"史总和电影《阿甘正传》中的阿甘一样,好像都是那种一根筋的人,他的注意力都集中在某一件事情上。"刘伟说。

史玉柱对自己的评价是:"我是一个意志很坚强、坚定的人,我给自己定的原则,做的事越少越好,一旦决定做这件事,碰到再大的挫折都要迎头赶上。"

2004年10月,盛大网络一批研发人员走出来寻找投资,史玉柱连忙投入2000万元网络这批人才。浙江传媒学院传媒管理系市场营销教师罗建幸说:"这些人在盛大就已经做了类似《征途》的游戏。"

"《征途》是我们自主研发的,有自己知识产权的,好在丁磊走卡通路线,针对的是十四五岁年龄群的人,我们跟他不一样,如果撞车的话,可能日后的日子就不那么好过了。"史玉柱感慨地说。

只有三层的"巨人"

"玩游戏时,在另外一个社会里,别人不知道你是谁,大家混在一起,都是平等的,大家一起去打架,一起去打怪,一起去欺负别人,一起去被别人欺负,这种平等的感觉很好。我最喜欢扮演的角色是独行侠,朋友需要帮助的时候,见义勇为。"那时,史玉柱每天要花四五个小时泡在《传奇》里,据说开支超过5万元,在一个拥有顶级装备的账号上先后共投入了几十万元。

这就是骨灰级玩家的代价。

在游戏里,史玉柱沉湎其中。但在现实中,他却一直保持一个商人的嗅觉和敏锐,他意识到:"这里流淌着牛奶和蜂蜜!"

史玉柱把几个高管召集在一起开会,讨论是否应该投入网络游戏行业。

当时中国的网络游戏行业已经高速发展了三年,国内的盛大、网易、九城等几家公司呈现三足鼎立之势,来自日本、韩国的游戏也有不小的市场份

额，市场竞争形势不容乐观。

但史玉柱还是说服了大家。2004年11月，史玉柱的征途公司正式成立。

正在这时，前面提到盛大的一批研发人员也有独立创业的打算，双方一拍即合。史玉柱毫不犹豫地将他们集体挖来。这让陈天桥一度耿耿于怀。

2005年11月，《征途》正式推出。

两年来，这款游戏的在线人数一路飙升，目前已经成为全球第三款同时在线人数超过100万的中文网络游戏。2006年，《征途》的销售额达到6.26亿元，2007年的月销售收入已经突破1.6亿元，月利润直逼亿元大关。史玉柱的成功，让学习《征途》的赚钱秘术成为同行最热衷的一件事情。

2007年7月的一天，史玉柱和陈天桥又见面了。陈天桥说："讲实话，征途最初从盛大挖人，我是有意见的。后来一看征途做得这么好，我没法对你有意见了，我对公司的人说，这些人留在盛大能做出一款在线人数这么多的游戏吗？做不到。既然做不到，人家走就没错。"

陈天桥就是陈天桥，大家风范一览无余。

他的话更加证明了史玉柱所做的决策是正确的。

2D技术和自主研发

在避开了竞争之后，史玉柱的网络游戏如期问世。2005年4月18日，史玉柱突然在上海金茂大厦宣布了巨人投资集团有限公司投资的新项目——网络游戏《征途》。

在史玉柱的游戏《征途》中，人们回到了古代，大家可以买卖、嫁娶，日出而作，日落而息。但是，世界并不是永远太平的，经常发生国与国之间的战争，有本领的勇士可以带领国家去征战。在虚拟的世界中，大家机会均等，手无寸铁的勇士可以想方设法打造武器，而很多跌倒的武士可以爬起来再战。

《征途》一出世就面临网络游戏市场变革和转型的压力。虽然2D网络游戏仍把持着大量的市场份额，但3D网络游戏大潮已经不可避免地将要来临，特别是《魔兽世界》这样重量级大作的问世，2D技术的《征途》似乎显得有些生不逢时。

但罗建幸认为："一些代理商因为不掌握核心技术而在游戏内容更新等方面力不从心，而史玉柱选择门槛较低的2D技术和自主研发的路子，《征途》的内容更新和调整及时性的优势就显露出来了，实际上适合消费者的产品并不是以高科技为核心的。"

地毯式营销

网络游戏的生命周期远远低于保健品，一款不错的网络游戏其运营周期很可能也就两年左右。史玉柱完全明白，不能盲目追求技术创新。在找准了切入点和定位之后，还未等《征途》杀青，他就开始组建推广渠道。

史玉柱已经不需要跑到农村市场做调查，而是在网上以玩家的身份搜集消费者的信息。"我和玩家谈过话的，大概有五六百人。"史玉柱回忆说。

在《征途》推出之后，史玉柱如法炮制了脑白金的推广方式。他所采用的推广团队达到2000人，在行业中实属最大。他们的目标是遍布1800个市、县、乡镇，到时候这个队伍预计为2万人。

史玉柱习惯用军事术语解释自己的做法："空军好比是做广告，陆军好比是做营销，配合好了才能做。"

在这款游戏的推广途中，史玉柱仍然采用农村包围城市的做法，将《征途》送进了县、乡、镇。"我只进免费的网吧，收钱的一律不进。"史玉柱说。

相信大投入才有大产出的史玉柱定期组织"包机"活动，这一活动受到了农村网吧老板的欢迎。史玉柱定期将全国5万个网吧内所有的机器包下来，只允许玩《征途》游戏，一个月就要支出上百万元的费用。但是，对于很多上座率不到一半的农村网吧而言，包场的利润可想而知。加上网吧老板还能分享出售《征途》游戏点卡10%的折扣，这使得史玉柱在农村市场布下的星星之火迅速燎原。

相比史玉柱，陈天桥的触角就延伸得没那么远了。"后来陈天桥也跟进了，但是他们的人员最多到县级城市，"罗建幸说，"史玉柱要求他的销售人员两天巡回一个网吧，而陈天桥的销售人员在县级城市最多一个月巡回一次网吧，因为人力不够"。为了管理众多办事处，史玉柱还组建了一支从总部到省、市、县的三级督察队伍，整日四处奔波，查看下面的办事效果。从这些细节，足以看出史玉柱对终端争夺的用心。

　　对于史玉柱的做法，胡洁敏表示："不能单纯说《征途》借鉴了脑白金。史玉柱是个非常讲究实效的人，他可能不太以章法来论事情，而是以结果来论事情。达到这个目标会遇到什么障碍，如何破除，人家用一个月，我就比人家勤一点。如果按照通常的制度来做事情的话，就比较呆板一些。中国市场，特别是沉到底层的市场，还是比较无序的，还没有形成统一的游戏规则。实际上，他在网络游戏上的做法，很大程度上与他从效果模式出发有关，因为史玉柱就是这样一个人。"

　　正是这种地毯式营销，使得运营才一年多的《征途》跻身于中国网络游戏月收入上亿元的三款产品之一。其他网络游戏厂商也开始向《征途》学习，在二、三级市场，网易的业务员常常会和《征途》的业务员发生冲突，往往是你的广告刚贴上，他的广告就盖在上面。

广告突破

　　一位长发披肩的红衣少女，突然对着笔记本电脑爆笑，紧接着是一声模仿京剧念白的怪叫，一个手掌式的图标拉出"征途网络"四个字，屏幕下方一直有一个网址。

　　这就是征途网络推出的电视广告。从2006年12月1日起，中央电视台一套和五套均在黄金时段滚动播出这个时长仅5秒的广告宣传片。

　　广告播出第一天即在网络游戏界掀起波澜。

　　"《征途》游戏是在打公司形象广告的擦边球。"这种声音不绝于耳。一些业内人士甚至将征途评价为"又一个钻了法规漏洞的游戏公司"。

自从网络游戏进入中国以来，国内媒体特别是主流媒体，一直将其视之为洪水猛兽。有人称其为"精神鸦片"，认为应当力行禁止。在广告投放上，网络游戏一直都被死死盯防，尤其在颇具影响的电视媒体上投放广告，更是监控的重中之重。国家广电总局早在2004年4月就已经下发了《关于禁止播出电脑网络游戏类节目的通知》（以下简称《通知》），有关网络游戏的相关广告一律不准在电视上播出。

在《通知》颁行之后，只有2005年6月《魔兽世界》携手可口可乐，在中央电视台打过一记擦边球的组合广告。但是，与可口可乐那部明星和《魔兽世界》游戏角色合演的"要爽由自己"广告相比，征途网络是第一个以纯粹的网络游戏公司身份登上央视黄金时段的。征途网络的"擦边球"颇有些唯恐天下人不知的架势。

随后，征途网络副总经理汤敏面对质疑接受采访。她认为：作为新兴的网络游戏运营商，征途网络有必要让更多的人知道自己。

对于广告是否存在违规的疑问，汤敏一再表示，中央电视台的广告审查向来都很严格，征途网络投放的只是企业形象广告，并非网络游戏的产品广告。征途网络自信完全符合相关的管理法规。

如果没有争议就不是史玉柱，也许史玉柱要的就是这样的争议。

国家统计局总经济师、发言人姚景源曾这样评价中央电视台的广告地位："中央电视台的黄金广告时段实际上是一种资源，它属于所有企业，属于那些需要让更多消费者了解自己产品和品牌的竞争型企业。它的广告时段是真正能够反映中国经济走势的'晴雨表'和'风向标'。"

所以，史玉柱选择花大价钱上中央电视台，目的是明确的：利用中央电视台在全国范围内的品牌影响力，最大限度地提高自己公司的品牌知名度。

我们研究后认为，正是因为这种"敢为天下先"的动作，才使征途公司的广告带来的效应远远超过广告本身的能量。

一方面，这样的广告会快速提升社会对行业和企业的认同感。在中国，尤其是没有接触过网络游戏的民众，对网络游戏的认同感普遍偏低。他们了解网络游戏的途径都是通过平媒或者网媒，在权威性上严重不足。而网络游戏因为相关的规定和一些偏见，失去了在主流媒体发言的机会，也没有为自己正名的可能，所以，"游戏害人"说法渐成主流。

这次征途网络的广告给了网络游戏一个证明自己的机会："爆笑女郎"其实是说明了网络游戏的目的在于娱乐。游戏为娱乐而来，其诞生就是为了放松人类的生活，为人类提供更多、更简单的娱乐方式，游戏的娱乐性需要人的主观能动性去控制，恰如其分的娱乐时机和时间之内的游戏都是合理的休闲方式，但在游戏中过度放纵、沉溺而不能自拔则是完全不可取的。

征途公司以企业形象广告的形式，宣传企业的理念和精神。一位爆笑妙龄红衣女子，一个健康快乐的形象，一句京剧韵白，构成了健康、快乐、向上、阳光的企业形象。媒体评论说："史玉柱的这种尝试可能会给这个行业带来新的气象，让更多的社会受众更近距离地去看这个行业，或者，让社会各界更好地监督这个行业，消弭这个行业广泛存在的'被误读'现象。"

有人公开评价说，中国是一个极其强调认同感的社会，除了网络游戏主力人群之外，只有各个年龄阶段、不同性别、不同职业的人都能更加理性地看待这一行业，网络游戏业才能更加健康地发展。或许不久之后，网络游戏中随处可以看到"打虎亲兄弟，上阵父子兵"的场景。

于是，有媒体如此描述：一位母亲看完新闻联播之后，电视画面出现了儿子在玩的网络游戏的网络公司的广告，于是大呼："儿子，你玩的游戏上央视了。"

另一方面，这样的"大胆"实际上是史玉柱在向同行展示自己的实力。

征途公司推出形象广告，从其视觉层面看，没有《征途》游戏的任何画面、人物、背景，而且电视观众和网络游戏玩家应该属于不同的受众群体，所以，我们相信，这次广告不是单纯地希望通过广告直接拉来游戏玩家，事实上，短时间内根本不能达到这个目的。也许，老谋深算的史玉柱考虑的可能是更深远的问题：如何提高《征途》游戏的社会形象以及《征途》游戏如何被人认可。

征途形象广告确实达到了这样的目的。这个仅仅5秒钟的"爆笑版"广告后来让业界人士又惊又喜地通过央视感知到了征途网络传递给同行的信息：

我史玉柱又重新踏上征途了。而同名游戏《征途》也因此被高调宣传。

再从玩家的角度分析，由于中央电视台的公信力不容置疑，《征途》游戏广告能够登上中央电视台黄金时段，本身就是一种实力的象征。一句"征途"的京剧韵白，更成为玩家和潜在玩家体味征途网络的直接感受。玩家对于《征途》这款游戏也更具信心，而且还在玩家之间扩散了"央视上榜企业"的"自豪概念"。

关于征途公司的电视广告，还有一个值得关注的亮点，那就是发布广告的时机。在征途公司的电视广告热播的时候，细心的观众很快注意到，征途公司广告不仅在中央一套的黄金时段热播，同时还在中央五套播出，而首播日正是第15届多哈亚运会开幕时间。显然，这样的时间选择绝对不是随意的。

此前，中央电视台《经济信息联播》栏目曾以"奥运概念成为央视黄金资源招标新亮点"为题报道：2008年奥运带动体育热潮升温，奥运机遇成了商家关注的新焦点。

2008年，中央电视台四个奥运节目的冠名和时段广告均被国内知名企业抢购一空，征途网络抢占中央五套在亚运会期间播出广告显然也是看中了体育热潮带来的商业契机，因为史玉柱认为《征途》游戏的玩家和亚运会的观众应属同一类受众人群，《征途》游戏健康、绿色的理念暗合亚运会积极、向上的运动精神，游戏中多种竞技方式也符合运动会更高、更快、更强的比赛宗旨。

"征途网络形象广告选择在亚运会期间播出，也希望借此向更多的人传达：网络游戏和其他体育运动一样，都是一种健康的娱乐。"征途副总汤敏当时对媒体曾这样表示。

抓住长尾，卖的是权力和欲望

做网络游戏要靠技术，这是公认的。但事实证明，有好技术的公司并不一定能运营好最优秀的网络游戏。比如金山，是公认的强调技术，以技术为

重的公司，但是当史玉柱做游戏的时候，他竟然声称："我一款游戏就把金山所有游戏都超越了。"

尽管史玉柱如此高调，很多人还是会在玩《征途》游戏的过程中发现它技术上的硬伤。不过，这并不妨碍这款游戏的成功和它为公司带来利润。

为什么技术上并不被人推崇，还能如此成功？

究其原因，《征途》游戏卖的不仅是游戏，它还在卖权力和欲望，更重要的，《征途》游戏的实质还可以被理解为它正在贩卖一种全新的商业模式。

从运营脑白金时卖产品卖概念开始，到后来的网络游戏市场，史玉柱不仅卖概念，更卖商业模式，他的成长轨迹清晰可见。

既然《征途》游戏是在贩卖商业模式，那这种商业模式究竟是什么呢？

"养一百个人陪一个人玩。"史玉柱的话泄露了秘密。但是，利用一百个免费的玩家，让一个人享受，确实是普通人难以想到的！

无论用什么标准，在十个人中做一个排列，总有两个人排在前面，也总有八个人排后面。这就是经济学上的2/8原理，根据这一原理，多年的商业实践，导致商家一般只关注前面的两个人，因为调查发现，这两个人贡献了80%的消费。企业利润的大多数来自这20%的核心客户，关注他们就成为必然。

而近年来逐渐为人们所熟悉的"长尾理论"则颠覆了这样的思维方式，它提醒商家，别小瞧了被我们忽视的这八个人，长期被认为是尾巴的这八个人同样具有强大的消费能力。可以佐证的事实是：亚马逊、谷歌等企业，正是因为成功地抓住了长长的尾巴，通过无数小数的积累，形成不可估量的大数。

把目标对准农村市场

史玉柱十分喜欢"农村包围城市"运动。进入网络游戏行业后，除了免费，史玉柱做的另一件事，让业界大吃一惊：他把目标对准了农村市场。

2007年8月11日，史玉柱对前去采访的《21世纪经济报道》的记者透露:"我们的目标是在全国1800个县设立办事处。"

史玉柱还说:"只要需要,我们可以一夜之间在全国5万个网吧刊登征途网络的广告。""我们有时会在周末包下全国各地5万家网吧让玩家来玩。"史玉柱称,在包场的当天,这些网吧只能提供《征途》一款游戏供玩家玩。这样,不仅提高了征途网络公司的收入,同时还打击了竞争对手的市场份额。

"三年内营销队伍要扩充到两万人。"史玉柱还表示,《征途》网络游戏的营销渠道要进行大规模扩张,目的是"将渠道做深做透",以抢占日益增长的二三级城市的网络游戏市场。截至2007年8月,征途网络的营销队伍已经达到2000多人,而且正以每个月近300人的速度在增加。

都说网络游戏是富人的游戏,连史玉柱也这样认为。但是为什么在行业内的企业都把目光盯在北京、上海、广州等几座大城市,根本不重视中小城市和农村市场?

史玉柱发现,网络游戏和保健品一样,真正最大的市场是在下面。

中国市场是金字塔形的,塔尖部分是北京、上海、广州这些城市,中间是南京、武汉、无锡等城市,真正最大的网络游戏市场就在农村,农村玩网络游戏的人数比县城以上城市加起来要多得多。他还说:"其实市场越往下越大,下面消费者没有想象中那么穷,消费能力也不弱。一线城市你全占满了,也还不到下面市场的1/10。"

对于发展已近10年的网络游戏来说,一级市场的用户需求早已饱和,后来的新产品已经很难进入到争夺份额的战争之中。而二三线城市聚集了数亿的人口,却是一片蓝海,蕴涵着巨大的市场潜力。

事实上,中国大多数二三级城市的网吧都是以娱乐场所存在的,随意一个调查都可以发现,在网吧里,90%以上的网民都是在玩游戏。

史玉柱坚信,中国有70%的玩家在小城市和农村。公开的报道说,他曾经直接进到网吧里和玩家聊天,有个玩家是安徽利兴县一个乡里的农民,他告诉史玉柱,他们那里闲时几十个农民在网吧里打游戏是常事。调查数字说,有的省农民一年60%的时间处于无事可干的状态。现在一般的乡镇都有网吧,对这些有大把时间的玩家来说,"代练"甚至可以成为他们很好的打工收入。

于是，史玉柱若有所思，当年在农村市场发动脑白金、脑黄金等战役的成果，开始让他蠢蠢欲动。

"网络游戏的营销方式是国内所有产业中最落后的。"史玉柱在一次论坛上的发言，让人以为他是饭局之后说出的酒话。因为互联网圈子里的人都相信一个真理：网络的东西必须要用网络的手段来解决营销问题，他们可以制造新闻事件、做SEO，但就是不会想到做地面推广。

但是，史玉柱真就这么干了。

借助旗下保健品业务遍布全国各地的销售渠道，《征途》游戏的渠道建设易如反掌。

于是类似脑白金渠道体系的《征途》游戏也在全国很多中小城市建立了长期办事处，依靠庞大的团队力量将营销渠道拓展到了金字塔的底端。而最让史玉柱得意的是，在一线城市的很多网吧去贴广告画是要付钱的，但是在二三线城市不仅基本上不需要，很多网吧老板还很欢迎这种推广方式，甚至还会主动帮助他们张贴。

研究发现，《征途》游戏在二三级城市设置分支机构的战略实施后，效果马上凸显。以前的游戏公司往往都是依赖省级代理、市级代理这样一种模式进行游戏产品的推广，基于此，他们其实无法真正地控制自己的渠道。为了解自己的渠道情况，游戏公司自己的人最多是陪着省代下去踩踩点，而对于经营中的实际情况往往是心有余而力不足。但是，因为渠道是自己建立的，所以《征途》游戏的渠道执行力非常强。

事实上，和一线城市的玩家都是在自己家里玩游戏不同，史玉柱把渠道直接建设到二三线城市，直接覆盖了超过60%的在网吧玩游戏的玩家。有人说，这些玩家"每一天都被《征途》游戏的宣传耳濡目染，这种广告效果相当可怕"。

与此同时，史玉柱的庞大营销队伍还会在全国各地开展各种活动来对《征途》网络游戏进行推广，这不仅提高了《征途》网络游戏的曝光率，而且也起到了发展潜在用户的作用。

众所周知，中国幅员辽阔，市场空间极大。但在巨大的市场空间下，市场之间也存在巨大的差异，于是市场运作是否成功，往往依赖于推广渠道的顺畅与否。所以，人们都相信：要想在中国推广任何产品，只有真正把产品送到每一个用户的身边，才有可能赢得更多的市场。这是史玉柱早先在运营脑白金项目时悟出的真理，也是史玉柱营销成功的最大秘密。

资料显示，如今在中国的中等城市，《征途》网络游戏已经占有了网吧墙面等80%的战略性资源，而其他的竞争对手却只能分享其余20%。而在小城市和县城，《征途》网络游戏的优势则更加明显。"我们的目标是在全国1800个县设立办事处。"在完成了对二三级市场的"攻占"之后，史玉柱又将目光放在了金字塔更底端的位置。

于是，人们发现，在一些小城市的网吧里，常常有几家网络游戏公司争着贴招贴画，你盖我的，我再盖你的。当然，只要是《征途》网络游戏的招贴画被对手盖了，他们的人肯定会在24小时之内发现，而对方多半一个礼拜都不去看一下。

究其原因，与侦查团队是史玉柱的直系部队不无关系。

我们在巨人网络的招股说明书里，看到了史玉柱的竞争优势："我们已经建立了全国性的经销和营销网络，用于销售和推广我们的预付费卡和游戏点卡。截至2007年8月31日，我们的经销网络由200多家经销商组成，覆盖了超过1165万家零售店，包括中国各地的网吧、软件商店、超市、书店、报刊亭以及便利店等等。"

营销模式创造的奇迹

尽管种种迹象表明，与其说史玉柱运作的项目是产品本身创造的奇迹，不如说是营销模式创造的奇迹。但是，这并不能说史玉柱就是一个不重视产品的人。

"做网络游戏和做保健品一样，你真正赚钱要靠回头客。靠广告砸钱能让第一批人进来，但这批人进来实际你是不赚钱的，因为你的投入很大。回头客靠什么？靠你的产品有没有效。做游戏也是一样，首先，游戏性怎么样，能不能吸引住他？……你要是没有几千万元，你维持不了研发队伍的薪水；你要是没有几千万元，你没法把硬件设备配齐；你要是没有几千万元搞推广，你玩不转。游戏第一靠人，第二是靠钱堆出来的。游戏好坏跟盖楼一样，楼盖得漂亮，除了设计好之外，实际上还得靠钱，钱投得越多，每平方米造价就越高，这个楼就越显档次……"

有业内人士质疑，史玉柱做网络游戏的真正目的是想给征途公司炒作一个主营业务，然后上市圈钱。

"纳斯达克不是傻子，一般看游戏公测人数来判断公司前途的。我个人认为史玉柱是有一定抱负的，当然，圈钱上市这个不吃香的想法是有一定比重的。炒作并没有错，引起关注是第一步，接下来的第二步，是让用户接触产品质量，这个没法吹的，市场决定价值。"一位没有接触过史玉柱但有近十年网络游戏从业经验的人士这样认为。

上市是为了证明征途的成功

到 2007 年 11 月中旬才满三周岁的"征途"，在史玉柱的带领下，奇迹般地在高手如云的中国网络游戏市场站稳了脚跟，并且凭借"不走寻常路"的史玉柱经营模式，一举进入中国网游三大巨头的行列。

备受瞩目的史玉柱又一次语出惊人："征途要上市，不仅要上市，而且要在美国主板市场上市。"

"我们不缺钱，上市也不是为了圈钱，现在我民生银行、华夏银行的股票账面还有 50 亿元盈余。"手头阔绰的史玉柱称财富对于自己已经只是纸上的数字，上市更多的是为了证明征途的成功。

现年 45 岁的史玉柱和女儿史静目前持有巨人网络 1.78 亿股的股份，按照巨人网络开盘价 18.25 美元计算，两人的资产加起来将近 32.48 亿美元（约合 243 亿人民币）。可是，史玉柱在接受连线采访时，竟一时想不起自己持有多少股份，停顿了几秒钟后说："我也忘了，大概持有 50%的股份？"

此外，史玉柱本人还持有着 6.98 亿股民生银行的股票和 1.012 亿股华夏银行的股票。按照目前这两家银行的 A 股股价计算,仅史玉柱持有的这两家银行的股票市值就已经达到约 150 亿元。再加上史玉柱持有的健特生物公司的股权,外界粗略估算,史玉柱个人身价有望达到 500 亿元。

对此,史玉柱不以为然地表示:"别人说我很有钱,我说我的股票就是一张纸。我的财富不是钱,那个股票就是一张我能够在董事会行使权力的证书。"

"在公司上市前,我说让我的锁定期定在五年,同行的人说两年半就已经足够长,所以对外公开承诺锁定两年半。但是,我相信,我的锁定期是非常长的,因为一旦我大规模卖股票,股票肯定撑不住。"

史玉柱在网络游戏的路上越走越顺,越走越远。外界纷纷质疑:这不是史玉柱的性格啊!

史玉柱从最早的巨人汉卡到进军保健品业的脑黄金,再到复出时的脑白金、黄金搭档,而后又抽身投资能源、银行,最后转向网络游戏,开始了他人生的"征途"。他注定是个浪子,是个漂泊的人。这次的"征途",他还能走多久?

对于这样的疑惑,史玉柱很坦诚:"我下半辈子只想做一件事,那就是做好网络游戏,做好征途,这是我一生剩下的唯一心愿。公司上市了,我就必须少睡觉,不休假,玩命干,把公司做大做强。"

第四部分 心得篇

——千帆过尽，高处也胜寒

在一些公众心目中,史玉柱是个很难看清楚的人。

一方面,这个拥有知识分子的直率、坦诚的人一直在勇敢而坚定地追逐自己的梦想;另一方面,作为中国最著名的失败者、曾经被认为是中国最大的"骗子"的人,他的每一次实业突进无不"肩负"着社会的怀疑和追问。

从失败中真正站起来的人才最清楚自己到底拥有什么,最应该珍惜什么。

在"赢在中国"活动中,史玉柱坦言:"作为我们曾经失败过,至少有过失败经历的人,应该经常从里面学点东西。人在成功的时候是学不到东西的,人在顺境的时候,在成功的时候,沉不下心来,总结的东西自然是很虚的东西。只有失败的时候,总结的教训才是深刻的,才是真的。"

再度奋起的在史玉柱在完成自我救赎后,对自己的创业、战略选择、管理、团队和资金等方面做了冷静的反思和调整。在以后的战略选择中,他开始变得异常的谨慎,也有了更多的心得。

从2007年11月1日,巨人网络在美国纽约证券交易所上市,到2008年10月宣布正式开展与酒业巨头五粮液在保健酒市场的合作,再到2009年1月宣布推出名为"赢在巨人"的网游创业平台,史玉柱又开始了新一轮的征服。

第十四章

我在财务上非常保守

史玉柱说，目标定得低，员工就没有挑战性，奋斗含义就缩水；指标定得高，完成不了，就成了口号和空话，是管理大忌。

在中国，很长一段时间以来，人们都是抱着干事业的心态去创业的，但在这个过程中，金钱并没有被放在首位，他们创业都是带着某种抱负或是情绪而去行动的。

纵观史玉柱前后两段创业路，给我们的启示一目了然：追求利润才是企业家的王道，企业家的天职就是创造财富，忘记自己企业家身份的企业反而容易把自己带入危机。

关于这一话题，北京大学光华管理学院院长张维迎说："对企业家来说，他们的真正责任，是在诚实守信的基础上，通过为客户创造价值赚取利润，同时给更多的人创造就业机会，给国家上缴更多的税收。别搞华而不实的东西，今天剪彩，明天作报告，一总结一大堆，但企业却搞得一塌糊涂，那是对全社会的不负责任。"

其实在我们所处的这个时代，人对金钱的追求胜过历史上其他任何时期。自改革开放以来，"以经济建设为中心"的口号便深入人心，到现在达到顶峰，财富多寡也成为衡量一个人社会地位的一项非常重要的指标。

有了金钱和财富，就可以满足物质生活的需要，然后再有精神。所以，有了财富和金钱就可满足人的部分精神生活和虚荣心。于是一些企业或个人对金钱的追求几近疯狂，甚至不择手段，有时连人的良心、感情、亲情都要

靠边站。

在追求物质和金钱的同时，个人和企业却忽略了一种社会责任——这也是人之为人最根本的责任。在经济浪朝中流失自我，是社会发展的悲哀还是因为处于这个时代而别无选择呢？这是值得思考的问题。

前人舍弃生命的革新、革命是为了给社会建立公平的、充满人性化的社会制度。那现在的企业家又该追求什么？

财务上要保守

当史玉柱不幸遭遇失败时，迎来的是凄风冷雨。"那时候就是穷，债主逼债，官司缠身，账户全被查封了。"

"穷到什么地步？刚给高管配的手机全部收回变卖，整个公司里只有我一人有手机用，大家很长时间都没有见过一分钱工资。"史玉柱毫不忌讳地向媒体这样描述。

此后在启动脑白金项目的时候，有100多人加入，但是因为发不出工资，有些人也只好走了。那时候，史玉柱定的工资标准是：副总一月800元。

由于资金链断裂，珠海巨人集团几个月发不出工资，职工穷得叮当响。

但正是因为这样的穷困，才让史玉柱真正悟出了那个因为烂熟于耳而被人们当作耳旁风的道理：钱不是万能的，但没有钱是万万不能的。

随后，史玉柱为自己制定了三项"铁律"：一、必须时时刻刻保持危机意识，每时每刻提防公司明天就会突然垮掉，随时防备最坏的结果；二、不得盲目冒进，草率进行多元化经营；三、让企业永远保持充沛的现金流。

手上有现金，睡觉才踏实

正是因为知道了现金的重要性，在运作脑白金的过程中，史玉柱宁可倾尽所有猛砸广告，也绝不赊账。他知道如果账收不回来，企业迟早会灭亡。

几年之后，通过脑白金、黄金搭档等项目的运作东山再起的史玉柱，说了一句让人记忆深刻的话："我离破产永远只有十二个月。"

关于这句话，在 2004 年接受《中国经济时报》的记者采访时，史玉柱解释说：当自己的企业发展到一定规模之后，安全是第一位的，发展已不是第一位的了。

首先，我的产品要能够持续稳定地发展，要不然，公司或许哪天突然就不行了。

其次，在财务状况上要安全，要有足够的现金储备。战术上的储备包括现金、国库券。战略上的储备包括我们买的华夏银行、民生银行的法人股，赢利能力和套现能力都很强。

在人才方面，公司的核心干部要能稳得住，不能让他们流失，有流失的话也可能不安全。

我在财务上比较保守，举债控制在 10% 以内是绿灯，20% 时是黄灯，30% 时是红灯。红灯区是绝对不能碰的。我们现在的负债是 15% 左右。

我们的税收连续三年都超过了两亿元。我的基本态度是这样的：能争取国家的优惠政策的要尽一切可能争取。但在这个基础上，我给财务的规定是不准偷漏一分钱的税款。这样至少能保证公司不出现大的问题。

我不会乱投资，投错一个项目可能就是致命的。我只会做一些战略储备、短线投资。中海集团在香港上市时我做了两亿多的投资，上市第二天就亏损约 5000 万元，现在是赚了。李嘉诚是投得最多的，我亏损 5000 万的时候，香港报纸说李嘉诚亏了两亿呢。眼前我是啥也不投了。

事实正如他所言，重新站起来之后，史玉柱已经变成了一个胆小的投资家。而作为投资家，他首先想到的是聚集现金流。

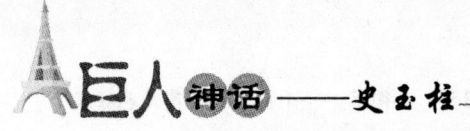

有资产但没现金是痛苦的,民营企业负债率不能过高,否则资金链就容易出现问题。现金一紧张,大多数企业都会采取借下属公司的钱、骗取银行贷款等习惯性动作,近几年出现问题的企业几乎都是这种情况。资金链绷得太紧和开快车的道理一样,跑得最远的肯定不是开得最快的那辆车。

史玉柱对媒体说。

他把现金储备称为"趴"在银行。

趴2亿不够,我就"趴"20亿元在银行。

只打轻装上阵仗

从巨人汉卡到脑黄金,再到脑白金、黄金搭档、网络游戏,史玉柱咸鱼大翻身,其商业上的成功可以媲美哈佛商学院的教学案例。

这些成功的案例中具有一个共同的特点:全都是不需要大量固定资产投资的项目。

史玉柱用三年时间把网络游戏从入门做到上市就是如此。当时史玉柱测算最多亏掉前期投入的两个亿,而这两个亿对当时的他来说,是小菜一碟。

做脑白金也是如此。

当时我们只做一个县,50万就能启动。

对于庞大的中国保健品市场来说,对于脑黄金曾有过的辉煌销售额,50万的确是九牛一毛。

不可能不成功,我自己到一线去推销调查,完全知道消费者需要什么东西。

第四部分 心得篇——千帆过尽，高处也胜寒

史玉柱做网络游戏之前，也与玩家交流很久，知道玩家需要什么样的游戏，他"不打无把握之仗"。

他唯一一次涉身大固定资产投资的项目——巨人大厦，惨遭失败。这或许很容易解释，在脑白金为他赚了巨额财富之后，他却根本不进军利润丰厚的房地产行业。"得知道自己能干什么，不能干什么。"他说。

某种程度上，史玉柱似乎成了中国商界的神射手，设定目标之后，通过精准的判断直中靶心。

这得益于当年的惨败。巨人大厦一败，对史玉柱的打击巨大，像是被游戏中的巨人怪物持巨锤狠揍一顿。当一个有经验的人明白了什么能做什么不能做，做事前先控制好此项投资的风险，其境界与一般的总结教训已完全不同。这种变化，与机场候机楼中电视屏幕上喧嚣的教你怎么砍掉企业成本、如何管理员工的讲演片相比，更是演戏与实战的区别。

我这个人也不是特别爱钱

史玉柱，富豪，现在那些喜欢猜测的人基本可以把这两个词画上等号了。但是，"我这个人也不是特别爱钱"几乎成了史玉柱的口头禅。在巨人网络上市后，他面对媒体的提问，甚至忘记了自己到底有多少股份。

2001年2月15日，史玉柱一举还清了三年前兴建巨人大厦欠下的所有债务，轰动一时。

有人问他："为什么要还这些你本来可以不还的钱？"史玉柱的回答因自信而有力：

> 我坚信我们将来是要做大事的，背着这个污点，将来只能做个小老板。我尽了应该尽的职责，对我将来的发展也有好处。眼前我好像吃亏了，付出1亿元现金，但是回报我觉得不止1亿元。

有一年，史玉柱花1200美金在洛杉矶买了一件衣服，这件衣服穿了五

165

年，但是回来后，他还是后悔得要死。在一次电视节目中，他解释说，主要是当时和朋友一起，朋友买了一件3000美金的，所以觉得1200美金也不算太贵。

现在，史玉柱身上基本上不带现金，他的消费基本上都是由他的随从支付。自从赚了钱后，他出门总戴墨镜，因为一旦被人认出来，就会有人来找他聊天。他说，如果是聊到感兴趣的话题还好，如果话题不对，就难受得要死。

有人问史玉柱：如果马上给你一百万元现金，你会做什么？史玉柱首先想到的是存银行，因为存在银行，将来可以用于自己养老。

现在，一个显得比较矛盾的问题是：一方面史玉柱不是很在乎钱，总是穿一身白色运动服或红T恤，甚至对下属他也没有提出明确的利润要求；但在外人看来，他所从事的几个成功案例中，总是在追求利润的最大化。

面对这个问题史玉柱说："作为一个企业，对社会贡献最大的就是创造利润、纳税。企业亏损是要危害社会的，我的企业曾经危害国社会，不能再危害，所以利润是很重要的。"

从本质上来说，也许史玉柱真的不是一个特别渴望金钱的人。

一位跟随他近20年的巨人集团的老员工说："史玉柱从不关心自己的生活，独身，爱吸烟，吃饭安排什么吃什么，每天总要到凌晨5点才睡，爱看历史书，他也不会穿衣，运动裤的裤腿提得老高……"

从不轻易投资

今年已经46岁的史玉柱，和十几年前相比，明显有些苍老，我们能够看得出来他脸上的皱纹和眼袋。现在，前帆过尽的史玉柱已经看上去波澜不惊，脸上偶尔露出的表情也多为笑容。"我现在很闲，基本没什么事情。"他不止一次地对采访他的记者说。

史玉柱把网游当成了自己最后的一个事业，而且他似乎要真的就这么做下去了。很多人绝对想象不到的是，史玉柱经常做游戏中的客服，"每天大概有10个小时做客服，很喜欢做"，他说。他进而向别人解释，他喜欢帮助游戏中的玩家解决碰到的问题。这倒有趣得很，作为一个身价上百亿人民币的上市公司董事长，竟然去做客服这种基本的工作！

如今，史玉柱控股的巨人网络有 68 亿元现金在账，还持有账面现值超过 120 亿元的银行股。可以说，在民营企业中，没有一个企业有近 200 亿元的现金或现金等价物，这甚至比他参股的华夏银行这家全国性银行的净资产还要高出近四成。不用怕货币政策收紧，不用怕某个产品的市场突然出现巨大变化，有如此巨额现金在手，的确不需要太怕什么突然变化。

然而这时的他却开始谨慎到轻易不投资。因为如果他再失败，就意味着他持有股份的两大银行会出问题。想想看，你手中持有的天量现金突然不见了，或者是某个几百亿元的投资项目出了问题，这是不是太可怕了？要让这种事情永远不会出现，这就是史玉柱所追求的。与别人的身价几乎全是通过市值的方式计算出来不同，史玉柱有实实在在的身价。这是一个可怕到难被打败的中年人！

现在，要让史玉柱下决心投资一个项目并不是很容易的事。就像上文所说的，史玉柱在投资方面开始变得很胆小。其实，在我们看来，史玉柱在做战略投资的时候，是敢于投资的，而且相当大胆，比如投资网游，他一甩手就是一个亿。

再比如，2008 年 7 月 1 日，上海巨人网络科技有限公司与 51.com 宣布，双方已达成一项最终投资协议，巨人网络将斥资约 5100 万美元现金收购 51.com 25%的股权。在史玉柱决定投资 51.com 网站前，他花了很多精力进行调查，而这次投资是出于巨人网络公司业务的考虑。史玉柱找了很多机构反复研究，结果都证明交易是值得的。51.com 已经可以赚钱，而且对巨人业务有帮助，在这种情况下巨人网络才决定投资。

对于这次并购，红杉资本中国创始及执行合伙人——51.com 董事沈南鹏表示：这将是一个对中国互联网产业产生深远影响的事件。巨人网络投资 51.com 将是一项双赢的交易，透过参股，赢利能力强劲的网络游戏与用户基数更大的社区类网站强强联合，完全有可能找到符合双方长远利益的发展模式。

而对于自己的个人投资，史玉柱则表示：只要有赢利就可以投，"我个人的投资就是简单的财务投资，但是巨人网络现在的投资只能是战略投资"，史玉柱如是说。

史玉柱的投资原则是投资的项目越少越好。动作越少，犯错误的机会就越少，这是史玉柱从巨人集团倒塌事件得出的教训。一些规模跟巨人网络差不多的企业，最短是两三个月投一个项目，"我是三年投一个。我三年就认一个事儿，当然少犯错"。史玉柱称，正是这种谨慎原则促成了他投资的成功。

在东山再起之后，除了保健品业务，史玉柱个人只投资过三个项目：华夏银行、民生银行、巨人网络。"少做动作便会少犯错"，这是史玉柱的投资箴言。

作为投资界的一个经典案例，史玉柱个人投资的华夏银行和民生银行股权目前市值数十亿元，而其投资成本早在将华夏银行的一部分股权转让给德意志银行时收回。

虽然在银行股上大赚，但史玉柱也并不是没有失去过更好的机会。"宁可错过一百个项目，也不错投一个。"史玉柱说他的投资原则不是谨慎，而是相当谨慎。为此，史玉柱在公司内部建立了一个七人决策委员会，投票决定投资项目。

当年吴征决定退出新浪时，希望找人接手，有人找到史玉柱，问他一美元一股的价格要不要，但决策委员会认为风险太大而没有出手。在史玉柱看来，只有这样的谨慎保守才不会翻船。

但是当 51.com 这个项目出现的时候，史玉柱没有太多的犹豫就决定投资，因为在史玉柱看来，网络游戏社区化、社区网络游戏化是相当明显的趋势。作为第一家投资 51.com 的产业资本，巨人网络不仅重视 51.com 本身的投资价值，更期待与社区类网站深度合作，探索网络游戏社区化全新的实现模式。

一些资本大鳄也在不断布局网络社区。2007 年底，微软以 2.4 亿美元的价格买入 Facebook1.6%的股份。就在巨人网络宣布收购 51.com 股份之前一个月，千橡互动宣布获得了来自软银投资公司的约 3.84 亿美元的融资。

"少听些投资信息,少跑到投资第一线,听到的诱惑自然就少。我又不用手机,干扰就更少了。"史玉柱如是说。

确实,只有克制住自己的投资冲动,谨慎投资,个人和公司所做投资成功的可能性才会更高。

第十五章

制度永远要一视同仁

在商业江湖中浸泡久了，史玉柱对人性有了更为深刻的把握。

中国人合作精神本来就很差，一旦有了股份，就有了和你斗的资本。早期公司有了点钱就开始出现矛盾，以至于史玉柱当众摔电脑说："我从此再不搞股份制了。"后来，公司上下全由史玉柱一个人说了算，再也没有内斗了。

按他的说法，他给团队开出的薪酬要好过拥有股份。许多小公司创业过程中爆发矛盾是常有的事，而像史玉柱这么强烈的反应却很少见。也许正是这种义无反顾的魄力，才使得巨人从一开始就有了一个凝聚力很强的内核。

我从此再不搞股份制了

众所周知，作为员工激励最有效的方式就是股权激励。可是，后来的史玉柱是坚决反对搞股份制的，为什么呢？原来史玉柱曾经在这方面有过惨痛的教训。

最初的创业阶段，史玉柱经过朋友介绍招聘了三个员工，加上史玉柱，一共四个人。后来公司赢利了，账上已经有100万元，其中一名员工说："我们每个人都应该有股份，大家应该将赚到钱的分掉。"

那时候，市场经济刚刚开始，大家对真正的股份制也不是特别清楚，光知道股份有用，好像参与者人人应当持有股份。当时史玉柱不同意，主张继续打广告。他对员工说:"股份的事情可以商量,但每人25%不可能。"因为产品完全是史玉柱自己开发的,启动资金也是他个人出的,他至少应该控股,然后再分。史玉柱提出的分配方案是:他们三人可拥有10%~15%的股份。

但是这个方案提出来,两个男员工都觉得占得少,不同意。剩下的一个女孩不想参与,她又是管财务的,所以这两个人也拿不到钱。结果当时就闹得很僵,史玉柱也很生气,当场就把一台IBM的286电脑给摔了。结果这两个人后来看到公司有几台电脑和打印机,当时的价格差不多也要几万元钱,就抱走了,再也找不到人。

"我从此再不搞股份制了。"经历了这一次风波之后,史玉柱把这一原则贯彻到底,无论以后是在巨人还是后来在征途。

"中国人的合作精神本来就很差,一旦有了股份,就有了和你斗的资本,这个结构就是不稳定的。"史玉柱如是说。

那么,如何解决激励员工的问题呢?

一直以来,史玉柱都是采取一种方法来解决这个问题,那就是给高管层很高的薪水和奖金,甚至给比他们应该得到的股份分红还要多的钱。公司越做越大之后,"下面的公司可以考虑替我控股,但母公司一定得归我个人所有"。比如后来做的征途网络,征途网络里面一二十个员工都有股份,但是巨人投资却是史玉柱一个人的。

"我认为这个模式是正确的,从此以后,我的公司就再没发生过内斗。"

制度不可或缺

当年,脑黄金红火的时候,销售额达到5.6亿元,但烂账有3亿多,由此导致巨人大厦的资金链危机。残酷的现实,使得史玉柱切身体会到商业必须时时刻刻保持危机意识,必须让企业保持安全充沛的现金流。而且最重要的是,要把制度建立在对人的不信任基础上,因为人性的飘忽不定和贪婪无处不在。

所以,在脑白金起步时,史玉柱果断地切断了营销团队与现金的联系。

新产品营销先付款后提货,而且营销推广团队与现金流动分为两条线。经销商由营销团队去发展和巩固,但是货款一律由经销商直接跟总部财务接洽。推广团队可以最大限度地接触最终消费者,但是现金和货物由经销商经手。史玉柱愿意跟那些纯粹的商人谈交易,不愿意跟他的团队立章程。任何章程都有漏洞,要想去除烦恼,只有切断烦恼的来源。

制度要能激励员工

当初史玉柱进军网络游戏时的研发团队是从陈天桥的盛大挖来的。那么,这帮和盛大产生了分歧最后选择离开的团队,来到征途公司之后,史玉柱又是如何用魅力征服他们的?

和所有现今活跃在中国网络游戏市场的网络游戏研发人员一样,这个由20人组成的研发团队本身就是游戏玩家,年龄较小,当然也年轻气盛,又不能完全按照常规公司的管理规则办事。

而这时史玉柱作为一个"骨灰级"玩家的优势在管理这帮"小孩"时体现了出来:他亲自了解每个研发成员的情况,根据他们不同的特点分派不同的工作。

待遇方面,在运营脑白金时史玉柱的做法是:重点技术人员不受公司级别制度限制,只要技术能力强,就不怕付出高额报酬。这点被直接照搬到了征途公司。史玉柱要让这些研发人员感到:征途公司给他们的报酬在整个行业绝对居于前列。在《征途》游戏开发过程中,史玉柱出手颇为大方,给整个研发团队开出了很高的工资。

尽管待遇优厚,但是,对于公司的管理制度,史玉柱的态度很鲜明:待遇可以很高,但是公司制度绝对要一视同仁,不能搞特殊化。这个研发团队同样如此,史玉柱并没有因为这是网络游戏领域稀缺的研发人员,就按照网络游戏行业的特殊性来对待他们。在他看来,征途公司的研发团队一定要按照传统行业的管理规定要求,这样研发团队才会有战斗力。

比如对于游戏开发进度的保密问题,史玉柱要求研发团队不能透露半点信息。为了保密，在研发过程中不能上网，不能打手机，不能与外界联系。

这样的雇佣关系不如说是朋友关系。正是在这样的环境下，史玉柱和研发团队逐渐融合。媒体评价说，他不仅仅是一个工作上的老板，更是团体成员拥有共同兴趣的朋友。每个研发人员都能在无形中感受到史玉柱作为一个商界领袖的魅力，从而产生对企业的热爱。

在征途公司，史玉柱不当总裁，只指挥大事。正因为如此，很多人认为史玉柱不善于管理，但是追随史玉柱十五年的征途公司的副总经理汤敏并不这样认为。她说，史玉柱是极其实在的，外表宽松，但流程非常严格。

征途公司的副总裁袁晖也说，史玉柱做公司，表面上看运营比较忙乱，但实际上计划性很强，并且善于总结，尊重客户需求，但又不完全跟着客户走，而是引导客户。

当然，这也许与史玉柱当年喜欢什么都管从而酿成大祸的教训不无关系。对此，史玉柱的解释是：

> 我曾经是一个著名的失败者，我害怕失败，我经不住失败，所以只能把不失败的准备工作做好。

正是因为深刻地知道什么叫失败之后，史玉柱才从小时候的"史大胆"变成如今的"史小胆"。他不仅在产品质量、经营管理上追求完美主义，还希望打造完美的公司文化。

第十六章

孔雀型的领导风格

我们通常将领导力视为一种艺术，也就是从根子上认为，领导力具有不可解构的特点，是无法习得的。而史玉柱也认为，高高在上的人，不会是好的领导者，相反，领袖的力量来自于最大限度地杜绝个人英雄主义，学会激励他人，培养他人，并帮助他们改变自己。领导者是"一种能够聚集人们实现一个共同目标的人"，他的任务就是为自己的团队成员提供服务。

史玉柱一直觉得，领导力的关键是：要认识到管理活动并不是围绕"我"即CEO的活动，而是关于"我们"即整个团队的活动。"领导者的作用并非是迫使其他人服从，而在于通过授权使他人学会领导。""如果管理活动主要集中在领导者个人，那么领导者将很难激发员工创造最大的工作绩效。"这是对权力的正确解构。

诚如史玉柱所说，领导靠的不是命令和控制，而是靠激发下属发挥最大能动性的激情，这把钥匙就是正确地"授权"，通过授权使下属学会领导，这样层层传递下去，在最后一个层次上做到每个人都学会领导自己。

从这个角度来看，史玉柱无疑是一个具有卓越领导力的人。

无论被外界如何误解，无论公司陷入如何的困境，追随史玉柱的人始终没有放弃对史玉柱的信心。在一些人眼中，史玉柱总带着邪气；而在内部人看来，史玉柱则是个重情重义的、能够带领大家奋勇向前的企业家。

毫无疑问，史玉柱具备领导力的所有核心特征：提出大家都认同的愿景，并使用有效的激励手段。1998年，在从珠海去无锡的面包车中，史玉柱对那些 20 个月没领工资的追随者承诺：将来有了钱，一定会加倍地补偿。在他做征途的时候，他告诉员工们：巨人网络将来会上市。尽管那时候外界几乎没人相信，但他的员工都信，并且这些承诺都实现了。

管理的真谛

从早期巨人的失败我们可以看出，史玉柱并不是一个合格的管理人才，巨人集团存在着很多的管理漏洞。可是，我们并不能否认他在管理上还是有些心得和创新的。在史玉柱看来，无论做什么管理，目的无非有四：一、让员工的积极性得到最大限度的发挥；二、让销售额最大化；三、让成本最小；四、保证货款及公司是安全的。可以说，前期的巨人集团前两个方面做得还是不错的，只不过忽视了后面两个元素的重要性，才导致了巨人的倒塌。后来，东山再起的史玉柱吸取了教训，上面提到的四个要素在他的手上玩转得越来越灵活。

不可否认，史玉柱的成功并非偶然。巨人的成功，首先是在保健品领域的成功（脑黄金、脑白金、黄金搭档），然后是投资民生银行和华夏银行的成功，一直到巨人网络在美国上市的成功。对于史玉柱来说，当初的失败已经变成了一笔财富，没有早期的失败不会有后期的成功。无论是脑白金连续几年居于中国十大最差广告之首，还是巨人网络游戏《征途》遭受人们的道德之惑，在史玉柱看来，都是他在吸取巨人大厦的经验教训之后最原始的商业冒险。

我们知道，好的选项是所有商业活动成功的开始。史玉柱的商业眼光是非常独到的，但如何把杰出的商业项目转变成可以疯狂产生利润的机器，需要高超的管理能力。只有管理好每一个细节与步骤，才可能确保项目的最后成功。

对此，史玉柱的管理秘籍是：选择战术型人才而非战略型人才，将他们放在领导岗位上，充分授权几个副总做好具体的日常管理工作。管理思想与方法则由史玉柱输出，副总只需追随他的梦想。

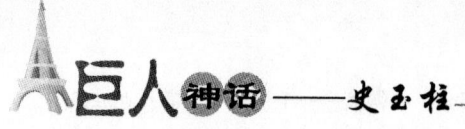

是追随而不是合作，是战术而不是战略，这是非常关键的。

这种追随与被追随在史玉柱的团队里，表现得尤为明显。举个例子：史玉柱与陈天桥都是网络游戏中举足轻重的人物，但史玉柱的手下没有一个像唐骏那样具有国际化水准的职业经理人，因为史玉柱想得很清楚：大多数员工都是打工挣钱，养家糊口。于是他重奖重罚，用一种极端的方式进行管理。比如说，在早期的时候，巨人员工的固定工资水平在同行业中处于中等偏下，但浮动工资却相当多。脑白金战役时，员工们疯狂地工作，疯狂地加班，史玉柱经常会在员工加班的时候动不动就发几千元的奖金。

史玉柱非常乐意看到员工拿得多，因为在巨人集团的工资体系里，员工拿得越多，证明他对企业贡献越大。以巨人集团"脑白金"销售渠道为例：脑白金销售渠道上有8000多名员工分布在全国1800个县，各地办事处有300多个。史玉柱只给省级办事处的经理和副经理发工资，其他人的工资，每卖一箱脑白金提成4%，省级经理用这4%给省级办事处其他人和市级办事处经理和副经理发工资。市级办事处向下也是一样。此举简化了企业和众多员工的关系，也能有效地控制费用。

从这些管理细节可以看出，大起大落之后的史玉柱对管理还是有一套自己成熟的想法的。也可以说，能够让史玉柱东山再起的，不光是他的营销才能，还包括他的管理能力。也就是说史玉柱形成了自己的领导才能。

领导才能就是影响力。

真正的成功人士是能够影响别人，使别人追随自己的人，他能使别人参加进来，跟他一起干。他鼓舞周围的人协助他朝着他的理想、目标和成就迈进，他给了他们成功的力量。

领导能力首先是领导者个人的个性和洞察力，这是一个领导者最核心的东西。领导者走在队伍前面，并且一直走在前面。他用自己提出的标准来衡量自己，并且也乐意别人用这些标准来衡量他。

个性、理想、与别人沟通和激发别人积极性的能力，这是构成领导才能的基本要素。

空降兵与内部人

在人才的使用上,史玉柱和马云有所不同:史玉柱想的是如何留住内部人才,而马云更看重职业经理人和空降兵。

创业的那一天,马云就对"十八罗汉"说,你们只能做排长、连长,军长我另请高人。阿里巴巴 IPO 后,除他本人外,获得股份最多的不是跟随他八年的"十八罗汉",而是 11 个月前才从百安居空降过来的 CEO 卫哲。

史玉柱则不,关键岗位上用的都是跟他打拼过来,历经生死的人。

在他看来,内部的员工就像是地底长出的树根。他感激困难时期几年都没拿工资的陈国与费拥军。巨人集团时期,他也曾为强化内部管理,空降了当时方正的一位高管,结果出了乱子。经历了二次艰难创业,对于内部人,史玉柱最看重的还是德,他自信五年时间能看出一个人的德性,这当然也包括已经熟悉多年的人。

征途的一名副董事长,是史玉柱十八年前赊账买电脑的那家小公司当时的副总经理。"四个火枪手"中的刘伟与程晨两位女性位居高位,在史玉柱看来,"女性从忠心角度来说可能会好点"。当年身为文秘的刘伟如今达到了副总裁级别。

上市后,史玉柱对人才是否会流失的看法关键有两点:一是待遇,二是员工的自我价值实现。史玉柱给员工的是五年期权。

史玉柱与马云还有另一个不同。拿一个怎么让猫吃辣椒的例子作比喻,马云的方法是将辣椒夹在鱼里,史玉柱的方法是将辣椒抹在猫屁股上,不过,他也绝不吝啬拿鱼去奖励猫。

在一次接受记者专访时,史玉柱说他思考的问题是:如何使企业成为百年老店及如何最大限度地发挥人的主观能动性。数月前,他甚至为招聘研发策划总监一职开出了 1000 万元年薪的高价。

在员工管理上,史玉柱只关注骨干层,如今,这群人的数量大约在二三十人,这一点他认为自己做得一直不错:二次创业以来,"我的骨干一个都没有走。再底层我也管不着，骨干没管好，下面的人有可能会走"。对马云来说，他喜欢的是唐僧团队的组合，而不是刘备团队的完美。在《赢在中国》中，他说："今天的阿里巴巴，我们不希望用精英团队。如果只是精英们在一起肯定做不好事情。我们都是平凡的人，平凡的人在一起做一些不平凡的事，这就是团队精神。"

在这一点上，史玉柱也有相似之处。但他更在乎的是那些跟随他打拼了多年的骨干。他在内心里深深地感激并尊重他们。如果没有他们的信任，恐怕今天的史玉柱也不会取得这样辉煌的成绩。

重用"黄金团队"

当公司发展越来越大的时候，史玉柱面临着一个无法回避的问题：如何让一个几千人的公司追随创始人的步伐，并且在细节上拥有强大的执行力，这是所有发展壮大的企业所面临的难题。

那么，史玉柱是怎么做的呢？

现在，史玉柱一直用重奖重罚和规范化管理来驾驭着庞大的巨人王国。而在这个答案的背后，则是跟随史玉柱多年的"黄金团队"。

他们有的从"老巨人时代"就开始跟随史玉柱，最"老"的有十六年之久；有的是随着巨人上市而加入的专业人才，例如首席财务官何震宇。更多的是进入游戏行业之后培养起来的精英骨干，其中以袁晖、宋仕良、丁国强和纪学锋为代表。在这支团队的支持下，史玉柱得以放手日常事务，专注于产品研发。在整个黄金团队中，巨人总裁刘伟担起了巨人大管家的重任，在上市期间，她完成了巨人的管理规范。

当史玉柱决心每天花 15 个小时泡在游戏里当"不管部部长"时，巨人已经悄悄地发生了变化。他站在接触玩家的第一线，并通过半夜 2 点打电话给策划，一起喝酒泡在一起的方式，将他的"聚焦再聚焦"通过言传身教传递给研发骨干。他甚至不需要接班人，他认为要做百年老店只需要做到两点：通过机制培养队伍，以及做到规范化管理，这正是总裁刘伟现在面对的课题。

经历过巨人集团失败的史玉柱今天很清楚放权的重要性,他还成立了七人投资委员会,任何一个项目,只要赞成票不过半数就一定放弃。

要让几千个人追随你的步伐,就需要拥有较强的个人魅力。当部属不能胜任工作,或某一名员工制造相当棘手的问题时,史玉柱从来不去讽刺他们,不做刻薄鬼,也不把别人说得一文不值,更不会当场骂人。所以,不管做错了什么样的事情,史玉柱几乎从来没有开除过人,最多把他们降职处分。在处理人事问题时,史玉柱总是多想"合乎人性的方法",这样做的结果使他得到应有的回报。

史玉柱总是设法夸奖地位比自己低的人,这正是史玉柱长期养成的习惯。这样做不但不会降低史玉柱在下属眼中的地位,反而会使他成为一个伟大又谦虚的人,比那些轻浮的人更受人尊敬。另外,史玉柱总是在利用每一个机会赞美部属的个人成就,赞美他的合作,嘉奖他们额外的努力或尝试。因为,他认为,赞美本身就是对人最大、最好、最方便的鼓励,而且又不花钱,何乐而不为呢?

杜绝大而空的口号

史玉柱一直认为,大口号十分可怕,而且没有必要。

他从以前的珠海巨人集团得到了深刻的教训。他认为,以前的巨人集团企业文化非常不对。十年前,史玉柱领导下的巨人集团,总提很多的口号,比如"我要做中国第一大"等等。从本意上说,史玉柱是想激励员工的,可实际上这些口号却成了欺骗他们自己的屏障。用史玉柱自己的话说,就是"自己把自己给骗了,自己都以为自己就是老大了"。

后来经过反思,史玉柱总结出了一个教训,那就是定很高的目标是非常可怕的,因为这样必然会违背经济规律,会让自己更加浮躁,让企业"大跃进",而"大跃进"的结果就只有死路一条。

史玉柱深知这一点。早期的巨人集团,在大而空的口号的鼓动下,内部管理是一团糟。现在,史玉柱已经不再提那么宏大的口号了,而是力争把能够影响结果的每件事情做到最扎实、最透，把最下面的事情做到最好。同时，公司也不定定量的指标，只要把工作做到最好就行了。

从史玉柱前后期的成就来看，现在他使用的方法是最有效的，结果也是最好的。其实，不管是对一个创业企业还是一个成熟的企业，大而空的口号都是没有多大用处的，容易使公司犯好高骛远的错误。做企业就像走路，必须一步一个脚印。如果走路都不稳的时候就想跑，必然违返经济规律，那摔跤也就是迟早的事情。

只认功劳不认苦劳，让结果说话，没有任何理由——史玉柱让每一个员工都明白：评价做事的成果，最终凭的是功劳而不是苦劳。公司只有一个考核标准，就是量化的结果。正是以结果论英雄，他才造就了一支强有力的队伍。

但如何在保证结果的同时，保证管理的人性？

史玉柱的一个管理思路就是：制度无情人有情。

早期，珠海巨人的时候，史玉柱实行的是军事化管理，后来他渐渐明白："大多数员工的使命是打工挣钱，养家糊口。虽然军人对国家和民族有义务，但员工没有对老板效忠的义务。"他有时甚至使用极端的管理方式，比如脑白金战役时，员工们疯狂地工作，疯狂地加班，史玉柱经常会在员工加班的时候动不动就发几千元的奖金，让他们惊喜不已。

就是在"制度无情人有情"的思想下，员工们才真正理解老板所说的"最终凭的是功劳而不是苦劳"。他们明白："老板是刀子嘴豆腐心，骂人归骂人，不会夹杂其他。并且，老板做错了也会自我检讨。"

在中国，以亲情文化和家长式管理为纲的企业并不在少数。家长式或长官式管理的另一种表现形式就是独裁性领导。在检讨巨人集团失败的教训时，史玉柱曾表示：原来的公司董事会是个空壳，决策就是由他一人说了算。后来史玉柱渐渐认识到了"决策权过度集中危险很大"。

今天，这位自诩为"著名的失败者"的成功者似乎已经洗心革面，他说："独裁专断是不会了，现在不管有什么不同想法，我都会充分尊重手下人的意见。"由此，他成立了七人投资委员会，任何一个项目，只要赞成票不过半数就一定放弃，而七人投资委员会的否决率高达三分之二。

在刘伟等追随者看来，一些人眼中带着"邪气"的史玉柱不仅"当你绝望的时候能让你看到希望"，更是个重情重义的人。与史玉柱一起爬过珠峰的费拥军，则用"亲情"一词来形容自己与史的关系。公司财务陷入困境时，程晨甚至从家里借钱救史玉柱于危难。

团队的执行力

史玉柱用人的一个原则是：只提拔内部系统培养起的人，坚决不用空降兵。他认定的理由是：内部人员毕竟对企业文化的理解和传承更到位，并且相对而言执行力更有保障。对于一个商业模式定型、管理到位的企业来说，执行的保障比创造的超越更为重要。

从这个方面来讲，史玉柱是典型且极端的实用主义者。

《征途》和脑白金团队的强大执行力可以从两个方面体现出来，一是《征途》无处不在的海报，一是无处不在的脑白金终端。

贴海报是一个企业管理能力的综合体现。在竞争激烈的大城市，一般的网络游戏公司能去贴海报就已经不错了，根本不会去想海报能否保留一天。但对征途的员工来说，贴海报之前他们就清楚地知道这个海报所贴位置以及存在的时间都会有专人检查，所以根本不会有偷工减料的想法。由此，员工执行的细致程度和责任意识也就可想而知了。

相比于征途严密的监察体系，我们也看到，一些外资网游公司把这种中国特色的终端争夺战简单化处理了，其相关人员基本上就是贴了海报，照张照片，然后回去拿钱。他们谋得小利，却根本不管这海报五分钟之后是被覆盖还是被遗弃在路边，这样效果可想而知。

另外，史玉柱拓展网络时选择的是几乎没有什么竞争对手的二级甚至是三级城市的网吧。在这些地区，他的团队如鱼得水。对于这些中小城市的网吧老板来讲，很少会有大厂商的人来到他们这个小地方，征途公司主动来的人，自然就成了"中央红军"，网吧老板大都兴奋地端上好茶，并且积极主动

地帮助张贴海报。

再来看看脑白金：即便是大年三十，在脑白金所有的终端那里，都还能看到脑白金促销员的身影。支撑他们依然在岗的动力是什么？是制度的力量。他们已经习惯于过年时全员上岗的工作状态，并且他们也切身感受到这种工作状态对自己的好处（这是年度销售最集中的时候，销售人员不能不顾）。这两者的有效结合，产生了可怕的执行力。

第十七章

规则就是用来打破的

一个时代过去了，总有另外一个时代浮出水面。在中国，一切都在发生着翻天覆地的变化。那些特别看重人脉关系的第一代企业家正在慢慢地淡出舞台，而那些专注于客户和行业的新一代企业家正在走上前台。

有人说，从初期简单的广告和人海战术，到后来潜入客户心智中，把客户琢磨透，再加上抓住人性本真的务实管理，史玉柱代表了迄今为止一代中国商人的成长轨迹。

也有人描述说，史玉柱有巨大的勇气和胆魄以及敢于冒险的精神。他是富于激情的人，这种激情甚至表现为诗人般的浪漫气质，表现为对未来的想象力，表现为对遥远目标的不懈追求，表现为对清规戒律的蔑视，表现为敢于反传统，表现为蔑视权威，表现为不拘一格，表现为不断地超越等。

任何工作方法都不是绝对的。任何规则或规范都不能保证在所有场合均能适用，或均能取得最佳效果。相比之下，"具体情况具体分析，敢于打破常规"应成为卓越的企业家工作和行事的准则。

我们认为，要掌控自己的事业，就需要有灵活性，需要不断地判定在具体工作环境下各种规定是否适用。有许多人就是不敢打破常规，认为常规就是天规，所以在事业上没有取得大的突破和进展，而只有小小的"蠕动"。

敢于打破常规是史玉柱非常突出的一个个性。为什么这样讲呢？

事业进步与个人发展都需要不通常理的人，而不需要事事顺应潮流，听天由命的人。推动社会发展的往往是那些具有革新精神，敢于打破常规，改

造环境的领导者。

当然，我这里没有提出，也丝毫没有暗示你可以任意违反市场游戏规则。游戏规则是市场经济秩序的重要组成部分，也是维护经济稳定必不可少的因素之一。但是，盲目遵循常规则完全不同。

对想成大事者来说，盲目服从可能比违背规则更为有害。史玉柱对这句话理解得非常深刻。

巨大的市场空间

脑白金为史玉柱赢得了不计其数的财富。究其原因，一是脑白金连续多年在国内保健品市场上从销售额到占有率都排名第一；二是在2003年末，段永基旗下的四通电子为了收购史玉柱旗下黄金搭档公司75%的股权和脑白金的无形资产就花了差不多12亿元人民币。

从巨人汉卡到脑白金，再从脑白金到征途，再加上史玉柱还拥有的那些并不是特别耀眼的项目，比如脑黄金、房地产等，如果我们从一个更加宽泛的角度考察史玉柱所投资的这些行业，可以更简略地归纳史玉柱在其所有投资项目的选择上具有的"同类项"：

他所选择进入的每一个行业都有着巨大的市场空间，绝对能覆盖足够多的消费者；他绝对不是该行业的最先进入者，反之，这个行业已经有企业形成了一定的规模，甚至进入了疲惫期。这里的疲惫期是指这些企业在这个行业都没有新的花样可以再玩，从这个角度来说，史玉柱不是一个探索型的人才。但是他一定能在这些看上去已经成熟的行业里发现行业的破绽，然后发起致命的攻击，最后取得胜利。史玉柱总是善于在政策监管的"灰色地带"寻找商机，他往往会选择进军那些口碑很差、波动剧烈的高风险行业，而一般这样的高风险也会伴随着高收益。

史玉柱既不会打高尔夫，也不爱出国旅游，甚至很少健身。一篇特别有意思的文章开头就是这样描述的：

当"黄金搭档"和"脑白金"的广告通过电视媒体向大众密集轰炸的时候,这两样保健品的缔造者史玉柱,正将自己瘦长的身体深埋在沙发椅里。只要他没有入睡,几乎就可以确定,在他长长的食指和中指之间正夹着一支被点燃了的香烟。

"这可能是我的一个缓解方式。"1997年,在轰动全国的巨人集团倒下后,一天三包香烟成为他的新习惯。

事隔近十年后,史玉柱觉得,自己没有发生改变:交际很少,做人很简单,每天仍然是凌晨5点才睡。若真要说改变,那唯一改变的是,他把每支含量17克焦油的香烟从前年开始换成了每支1克焦油的……

一样的工具,不一样的思想

一个循规蹈矩的时代结束了,一个吐故纳新的时代来临了。混乱中,免不了会有机会主义者大行其道。于是,有人说:"世无英雄,遂使竖子成名!"

真的是这样吗?最起码,史玉柱仅凭几样简单的道具,就成就了一个曲径通幽的营销传奇故事,证明了现代商业社会通行的逻辑:英雄不问出处。竖子成名之外,自有英雄在。

如果我们纯粹从阅读的角度看,史玉柱的故事起伏跌宕,引人入胜:剧情有低谷有高潮,人物有谋略有作为,有宏大的背景作铺垫,有细节的勾勒以传神,具备了中国话本传奇的一切元素。

然而,史玉柱的故事,若真的仅从饭后茶余的谈资视之,便失去了"史氏话本"传奇的商业价值。

崛起,失败,再崛起,贯穿"史氏话本"传奇的道具很简单,不过是广告和渠道,这也是所有企业拓展市场时必不可少的两件最基本的武器。

但在许多营销人看来,市场环境日趋复杂,消费者愈发理性,竞争者层出不穷,媒体不断细分,受众被"撕裂"且日益碎片化,致使这两件武器不

再具有神奇的力量。

　　定海神针在东海龙王手里只是一个工具，然而就是这样一根铁棒，在孙悟空手中却成了降妖伏魔，极具杀伤力的武器。

　　一样的工具，不一样的思想，使其所呈现的效用大相径庭：以工具的思维模式思考工具的用途，营销人沦为工具的奴隶，为其所役使；以人的灵性发掘工具的价值，从战略高度驾驭工具，营销人能够化腐朽为神奇，点石成金。

　　没有钱做广告，史玉柱就赊账；做硬广告效果不好，史玉柱就"炮制"广告软文；电视不允许播放网络游戏广告，史玉柱就做企业形象广告。为了吸引更多的经销商参加订货会，史玉柱为其报销路费。在《征途》游戏推出之后，史玉柱如法炮制了保健品的推广方式，目标直指1800个市、县、乡镇，定期将全国5万个网吧的所有机器包下来，只允许玩《征途》游戏，抢占终端……

　　广告和渠道，简单的两个工具，在不同的产品领域，史玉柱都运用得炉火纯青，收获颇丰，原因何在？

　　事实上，史玉柱从来都没有蔑视工具，蔑视规则。相反，他始终在自己琢磨规则，琢磨工具的灵活运用，这背后隐藏的更大学问在于"消费者洞察"。

　　无论营销工具如何组合、如何创新，"消费者洞察"始终是营销的原点，营销人一旦偏离了营销的原点，其产品研发、品牌定位、广告传播、渠道构建、市场开拓等只会南辕北辙，背离正确的方向，在错误的道路上渐行渐远。这样一个朴素的道理，其实才是"史氏话本"传奇的原点，是其营销的传神之处。

　　或许，真正的价值正在于此：讲述"史氏话本"传奇，盘点"史氏"营销工具，梳理"史氏"营销理念。

　　为英雄喝彩，无非增加些喧闹的气氛；悟出英雄何以横空出世，后来者才有可能站在前人的肩膀上成长为新的巨人。

总是不按常理出牌

在征途开创的道路上，已经有不少同行开始追随。

人们无法不担忧这个行业的未来。青少年玩家成就了某些人的辉煌，但同时也将自己的青春和年华浪费在这条"既烧钱又烧时间"的"征途"上。

"你不得不佩服他，所有人都收费的时候，他搞免费。现在大家都学他免费，他又回归收费了。"一位曾在盛大与巨人都工作过的代理商对媒体宣称。

这就是史玉柱，在营销的道路上，总是不按常理出牌。

在2004年以前，大部分的网络游戏都是按照国际通行的收费模式运作的，游戏主要根据玩家登陆的时间收取点卡费用。当时，盛大的《传奇》也在此列。

然而，2005年11月28日，盛大突然宣布《传奇Ⅱ》全面免费。表面上看，盛大拉开了中国网络游戏免费时代的序幕，实际上，陈天桥这次大胆的作为来源于提前获知的一个消息：同年11月15日，已经开始内部测试的《征途》将以装备和道具销售赢利，从而放弃收费模式。

从某种意义上来说，史玉柱才是免费游戏的开创者。

如今，史玉柱又率先回归收费模式。

原因何在？

"我觉得媒体都没有真正体会史玉柱关于游戏分级的说法。给游戏分级，不代表他只赚取其中某一个级别的游戏的钱，而是要按照级别推出适合不同消费层次的游戏产品，从而大小通吃。这是他的高明之处。"根据这种说法，史玉柱回归收费模式，是在布局全面抢占游戏市场。只赚有钱人的钱恐怕只是个幌子。在征途公司谋求上市的阶段，史玉柱有必要为征途制造一些正面的言论，取消备受指责的装备销售，在吸引一部分无资金实力的玩家的同时，还可以为征途造出点好名声。

这是史玉柱的高明之处。

颠覆传统模式

史玉柱在给"陆军"布好局以后,随即开始出动"空军"。

"史玉柱《征途》的成功,首先,颠覆了很多网络游戏厂商在网络游戏宣传上就事论事的做法,甚至连宣传软文都有'同质化'的趋势;其次,通过卖装备,将目标人群锁定两类:一类是富人,有钱没时间,只要多花钱就能获得更好的体验;一类是穷人,没钱有时间,他们存在的目的是让有钱的玩家觉得花的钱更加物有所值。"罗建幸说。

"《征途》正是通过对现有市场的细分,成功地满足了核心用户群的需求,最大化释放出核心用户群的消费能力,从而达到赢利的目的。"赛迪顾问互联网产业研究中心副总经理谭斌说。

不过史玉柱也注意到,"一个贫富差距悬殊的社会必然是一个不稳定的社会"。

在网络游戏里,为了缩小贫富差距,史玉柱打出了"给玩家发工资"的广告:只要玩家每月在线超过120小时,就可能拿到价值100元的"全额工资"。工资以虚拟货币的方式下发,但玩家可以通过与其他玩家做交易而获得现金。

史玉柱从中看到了网络游戏的本质:人与人的互动。"我想网络游戏最大的魅力就在于它里面的玩家和玩家之间的交流,就是说你的游戏性质是通过跟玩家之间的互动体现出来的。也就是说,我在里面可以认识很多朋友,也可能碰到很多敌人。"史玉柱说。

老游戏规则的商业模式核心是按点卡收费,即网络游戏公司按玩家的游戏时间收取相应的费用。但是他们忽略了商业环节中游戏道具以及装备的收入,而史玉柱却从中看到了商机,他推出"终生免费",以"网络游戏革命"的主题在各种网络媒体和平面媒体上疯狂地进行宣传和炒作。

所谓的"免费游戏"其实是靠道具收取更多的费用。史玉柱的功力体现在产品设计上,他让设计团队设计了各种道具和玩法,其中,最为知名、获利最丰的是道具打造系统。这个系统的特点在于：玩家花钱越多，道具的性能就越好。和其他游戏相比，《征途》的道具打造系统几乎不存在消费极限。

《征途》的这种"革命性的模式"，让玩家知道了玩游戏的"好处"，随之而来，"免费游戏＋收费道具"模式在中国网络游戏界也出现了效仿者，但是像史玉柱一样"一卖到底"的尚没有。

"我并没有蔑视规则，而是自己琢磨规则，创造规则。"史玉柱举例说，"我以前玩别人的游戏时，在键盘上'打怪'的动作太机械，上上下下不断地按，真累，这样玩游戏变成辛苦活了，而网络游戏应该是轻松的。"后来史玉柱要求研发人员开发出按一个键就能实现网络游戏的砍砍杀杀的技术。

"史玉柱的眼光的确对产品设计有独到之处。"互联通网络有限公司行政总裁张树新说。

行规破坏者

史玉柱曾多次在公开场合谈到，网络游戏的成功靠的只有两个要素：钱和人。史玉柱不缺钱，多年保健品业务的资本积累和投资收益给史玉柱带来了巨大的财富。但是当时他没有研发团队，新浪的汪延曾经告诉他，新浪之所以没做成网游也是因为缺人。

在业界流传着这样一则逸闻：新浪大股东、四通控股的董事长段永基当年最喜欢两个年轻人，一个是陈天桥，另一个是史玉柱。2004年，段永基听说史玉柱要做网游，就让盛大的董事长陈天桥给史玉柱介绍些经验。史玉柱说自己想搞研发，不走代理的道路，但不知道其中的门道。于是，热情的陈天桥把他的一个非常看重的研发团队介绍给史玉柱，让史玉柱与他们交流一下想法。结果，见面以后没多久，这个团队就被史玉柱以高薪整体挖走，成为后来征途公司的骨干团队，陈天桥从此与史玉柱翻脸。

在史玉柱看来，这个行业到处都是条条框框的规矩。"网游是我了解的所有行业中最保守的行业，韩国人制定的游戏规则并不是法律，并不是不可违背的，征途正是无视了这些规则。只有打破了这些僵化的规则，才会成功。"在刚刚闭幕的第五届Chinajoy的媒体见面会中，史玉柱如此回答征途成功的原因。

史玉柱也毫不掩饰地宣称：目前网游行业的营销手段是他见过的最为落后的。在网游企业的市场部总经理看来，史玉柱几乎把保健品行业的营销手法全盘照搬到了网游上：在权威电视媒体上大量投放企业形象广告，主打二三线城市和农村市场，突破了网络游戏仅在网吧推广的现状，甚至在小城市和农村的商场门把手上贴上《征途》的广告，以吸引用户。而他计划未来要深入更多二三线城市，还要在1800个县设立办事处，目标是建立中国网游最大的营销网络。

同在汉卡、保健品行业的奇招迭出一样，网络游戏行业也充分见识了史玉柱的创意能力，史玉柱曾说自己有几百项没有按行业规则来做，而只是考虑了玩家的想法。

在做保健品的初期，史玉柱曾经亲自与数百位消费者深入聊天。而进军网游产业时，史玉柱本人已经是一位有多年经验的骨灰级玩家。据说这位精力旺盛，常常凌晨还不睡的企业家至今仍把大量时间用在自己和竞争对手的各种网游上。

在评价《征途》的异军突起时，艾瑞咨询指出："早期成功地经营'脑白金'以及多年的IT行业的从业经验，使得史玉柱拥有丰富的市场营销策略。与其他新进入网络游戏市场的公司不同，史玉柱的征途网络公司因其个人的存在而具有了与生俱来的不同。其多年对市场运作深谙其道，也使得征途在一进入市场就显得游刃有余。"

但事实上，整个网游行业都对这位"邪派高手"侧目而视。

2006年初，《征途》刚一面世，史玉柱就以一句"我一款《征途》游戏就把金山所有游戏都超过了"的言论，引发一场和老牌IT公司金山之间的口水战。9月，史玉柱又因为给玩家发工资而引起业界争议。此后，史玉柱更公开声称要把中国网游产业带入"价格战"时代。

"对于网游产业而言，《征途》破坏了一种不成文的规则，那就是游戏的平衡性。"和记者交流过的好几位业内人士都谈到这个问题。

在网络游戏中，一般花钱升级买装备而不靠操作技能升级买装备是让人鄙视的，而且也未必能达到好的效果。一位业内人士说："《魔兽世界》里装备能排到服务器第一的，PK连前十都进不去，操作是最重要的。""在《征途》却不是，装备好就牛，就可以杀人。"不仅如此，像在传统网游中那样通过打怪长经验值升级捡装备，在《征途》里几乎不可能。"级别越高靠打怪升级越难，我认识一个近150级的大号，他说他升一级需要几亿经验值，打怪基本是不可能完成的了，只有花钱买或者'出国杀人'。"

前文所述网游企业的总裁认为，《征途》之所以这样设计，原因就在于史玉柱摸清了像他一样有钱玩家的心理，以用现金购买装备的方式满足了有钱却没时间的玩家的需求，也满足了既没钱又没时间的玩家的需求，因为他们可以通过'杀人'、截镖等方式提高战斗力。"当然，不一定很多人去学他这样的方式，还是有阳光下的利润可以挣的。"这位网游企业的总裁表示。

实事求是地讲，史玉柱在《征途》中使用的很多手法会使玩家上瘾，但他并非始作俑者。当陈天桥和丁磊等业界大佬们在舆论压力下，主动配合有关部门的整改要求，并采取一些技术手段减少青少年的"沉迷"时，史玉柱的《征途》却在不断强化网游的刺激效果。

由于政府监管方面毫无反应，其他一些网游公司已经忍不住开始效仿《征途》的一些设置了。比如一直备受推崇的休闲游戏《跑跑卡丁车》也推出了卖钥匙开宝箱的活动，这种做法大有蔓延到整个行业的趋势。

第十八章

广告有效就是硬道理

纵观史玉柱近二十年的创业史，不难发现，史玉柱对广告有着特别的兴趣，与其说他是钟爱广告，不如说他是偏执——也许中国再也找不到第二个对广告如此偏执的创业者了。

因为，在总结知名企业出名史的基础上，史玉柱看到了广告所带来的巨大的企业效益：广告的最基本功能就是认识功能。

通过广告，能帮助消费者认识和了解各种商品的商标、性能、用途、使用和保养方法、购买地点和购买方法、价格等，从而起到传递信息、沟通产销的作用。

广告的力量

史玉柱在轻松挖到下海后的第一桶金后，深刻体会到了广告的力量。不久，在珠海巨人集团开始流传这样一句话："巨人没有固定资产，所有的钱全部投入无形资产的宣传上。"

在谈到脑白金的时候，有媒体问史玉柱："你下海后的第一笔钱是靠赊账打广告才赚到的，后来又经常把赚到的钱都统统投入广告，再后来又有人说脑白金广告是'广告暴力'，这方面你是怎么考虑的？"

史玉柱的回答很直接："一个面向千家万户的产品，要想家喻户晓，你说还有什么比广告更快？我想象不出还有什么更好的方法。"

2000年，史玉柱销声匿迹两年后，高调复出。也是从那时起，脑白金的广告开始在中央电视台黄金时段"轰炸"全国消费者。从2001年到2004年，史玉柱每年都要参加中央电视台黄金时段的广告招标，并以数千万元甚至上亿元的额度中标。

有记者后来直接问史玉柱："大家看到在电视上铺天盖地的广告中，都有这句话：收礼只收脑白金，有些人甚至说天天看觉得烦死了，我不知道你有没有听到过这样的说法？"

史玉柱丝毫不伪装，他说他也听到了这种说法，他一方面表示要对有这种感觉的人道歉，但另外一方面，"从企业的利益考虑，这个广告还是要做"。

史玉柱说："实际上决定用哪个广告，美不美，没有标准。要让消费者印象深刻，印象深刻他才能记住你的产品，因此我把印象深刻作为一个衡量指标。后来发现这样的话老百姓反感的人越来越多了，我们才增加了一个指标，就是在印象深刻的同时再增加美感，但美感也不能增加过度，有时增加过度了，销售额又下降。"

也许正是因为这样的播放标准，在中国广告界出现了一个特别有意思的现象：一边是史玉柱负责运营的脑白金和黄金搭档两个保健品品牌的广告年年都被评为"十差广告"；而另一方面，"'十佳广告'倒是年年换，因为许多做广告的公司都倒闭了"。"评选广告的专家们唯美，讲创意，讲社会责任感，就是不讲能不能卖货。厂商只认销售额。"

随着"脑白金"和"黄金搭档"各种版本的广告在央视的交替播放，"脑白金"与"黄金搭档"销售额直线上升。据黄金搭档公司总经理刘伟介绍，仅2003年，"脑白金"和"黄金搭档"两个产品的销售额就达15亿余元。

正是因为史玉柱有统计工作经验，以及多年在保健品市场摸爬滚打，对这样的社会背景有着深刻的认识，所以，在几乎所有的项目运作中，广告都是他的不二法宝。

当然，获得这样的法宝，史玉柱也是交了"学费"的，这从史玉柱运营

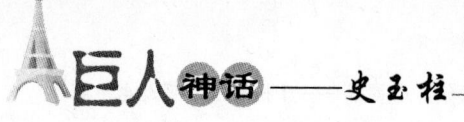

脑白金项目中可见一斑。

脑白金在全面上市之前，史玉柱用了一年多的时间来进行试销工作，先后转战武汉、江阴、常州等地。这样长时间的试销，除了当时的资金压力，肯定还有史玉柱对项目运营的重视和谨慎态度。如果只是资金压力的话，那么2002年推出黄金搭档的时候，当时已经不缺钱了，为什么还要花差不多一年的时间来试销呢？

史玉柱正是在这样的试销过程中，不断对产品的传播方式等进行调整和优化，最终确定了有史玉柱特色的保健品运营模式，其中最重要的一点就是广告轰炸。

广告的作用

俗话说，酒香也怕巷子深，货好还得宣传巧。但在现实生活中，中国有一些企业对广告的作用不十分明了，认为做广告花费大，得不偿失。因此，他们宁可天南海北、火车轮船地辛辛苦苦到处推销，也不愿做广告。

脑白金的畅销实践证明：广告在传递经济信息方面，是最迅速、最节省、最有效的手段之一。好的产品借助于现代化科学手段的广告，其所发挥的作用不知比人力要高多少倍。

这也是黄金搭档、脑白金广告铺天盖地的根本原因。

一则深入人心的广告，能起到诱导消费者的兴趣和感情，引起消费者购买该商品的欲望，直至促进消费者的购买行动。

有这样一则事例：某国烟草公司派了一名推销员去海湾旅游区推销该公司的"皇冠牌"香烟，但该地区香烟市场已被其他公司的牌子所占领。该推销员苦思无计，在偶然间受到了"禁止吸烟"牌子的启发，就别出心裁地制作了多幅大型广告牌，广告牌上写上"禁止吸烟"的大字，并在其下方加上一行字："'皇冠牌'也不例外。"

这一举动大大引起了游客的兴趣，他们开始竞相购买"皇冠牌"香烟，为该公司打开了销路。

美国的"可口可乐"是世界上最为畅销的一种饮料，它打进了一百三十五个国家和地区的市场。"可口可乐"为什么受到人们如此喜爱，除其他原因外，其广告作用不可低估。

可口可乐公司从 1886 年开始，就不惜工本，充分利用广告手段来扩大产品销路。今天，可口可乐的广告已被翻译成四十种语言文字，不断出现在世界各地的电视、广播、报刊、杂志和公共场所。

在 1983 年萨拉热窝冬季奥运会上，"可口可乐"公司免费为运动会提供一百万个罐装的"可口可乐"。在比赛场地，在奥运村，在新闻中心，所有参加运动会的运动员、教练员，组织工作人员、记者，随时都可喝到"可口可乐"，而"可口可乐"的广告比奥运会的会徽还醒目，随处可见，给参加奥运会的各国运动员、教练员、记者，留下了非常深刻的印象。

大规模的广告是企业的一项重要竞争策略。当一种新产品上市后，如果消费者不了解它的名称、用途、购买地点、购买方法，就很难打开销路，特别是在市场竞争激烈，产品更新换代大大加快的情况下，企业通过大规模的广告宣传，能使消费者对本企业的产品产生吸引力，这对于企业开拓市场是十分有利的。

提高产品的知名度是企业竞争的重要内容之一，而广告则是提高产品知名度不可缺少的武器。精明的企业家，总是善于利用广告，提高企业和产品的"名声"，从而抬高"身价"，推动竞争，开拓市场。脑白金从推出到现在，不过短短几年的时间，但脑白金的广告词已深入人心。

现代化生产门类众多，新产品层出不穷，而且分散销售，人们很难及时买到自己需要的东西，而广告通过产品知识的介绍，就能起到指导消费的作用。

无疑，广告的有效利用，给史玉柱的成功带来了巨大的推动力。

有效就是硬道理

"今年过节不收礼，收礼只收脑白金！""孝敬爸妈脑白金！"在如今高密

度的信息轰炸时代,很多人讨厌这则广告,却对其印象深刻。而脑白金广告刚问世的时候就"得罪"了广告界,更是引来无数叫骂。

虽然史玉柱也觉得对不起中国老百姓,但他认为这个广告在商业上是成功的。史玉柱说:"脑白金的市场主要有两大块,一是功效市场,这个市场比较稳定,一年有5亿左右的销售额;二是送礼市场,送礼市场的波动性非常大,这就需要一些策略。广告的最大目的是让人印象深刻,我们也曾拍了很多很漂亮的广告,但是播出后没效果,后来就不播了。脑白金历史上效果最好的广告是刚开始时拍的,当时钱非常少,所以拍出来的广告质量非常差,很难看,只能在县级台或市级台播,省一级的电视台都不让播。但是很奇怪,这个广告播出后没几天,脑白金的销售量就上去了,后来我们研究得出的结论是:观众因为讨厌才印象深刻,脑白金真正打开市场和这个广告密不可分。"

脑白金广告,最初是史玉柱花5万元请来了两位话剧演员,用夸张的表情拍的。不幸的是,公司的同事认为这则广告严重影响了品牌形象,因而公司上下一致反对播出。在史玉柱的坚持之下,这部广告片才得以与观众见面。没想到,就是这个被一致认为粗糙无比的广告,却在市场上获得了奇好的效果。

为了提升产品档次,1999年,脑白金请来了相声演员姜昆与大山拍广告。公司本以为将广告的档次提高后会更利于销售,但结果出人意料,脑白金销量一路下跌。无奈之下,史玉柱只能再请回第一个广告,结果市场反应迅速,销售业绩一片大涨。

为什么广告难看,销售量却上去了呢?史玉柱对个中缘由进行了说明:

不管(观众)喜不喜欢这个广告,你首先要做到的是给人留下印象。广告要让人记住,能记住好的(广告)最好,但是当时我们没有这个能力,我们就让观众记住坏的。观众看电视时很讨厌这个广告,但买的时候却不见得,消费者站在柜台前面对着那么多的保健品,他们的选择基本上是下意识的,就是那些他们印象深刻的。

　　后来，我们觉得这个广告对不起全国人民，就希望在达到同样商业效果的基础上，能让观众对我们的广告印象不那么差，于是我们开始拍更好看些的广告。当时同一个广告方案我们请了很多广告公司同时拍，一共有二十几个版本，我们挑了几个，虽然很美，印象也深刻，但是商业效果却还是不如第一个。

2002年，脑白金广告开始以卡通老人的形象出现。相比较而言，不仅广告的制作费用降低了很多，同时也吸引了消费者。从此，脑白金坚定了这种单一的广告传播形式，本质不变，形式稍做改变。于是，人们在六年内看到了多种版本的卡通老人广告，如群舞篇、超市篇、孝敬篇、牛仔篇、草裙舞篇及踢踏舞篇。虽然版本不同，广告词却是高度的一致，不是"孝敬爸妈"就是"今年过节不收礼，收礼还收脑白金"。

2001年，黄金搭档上市，史玉柱为它准备的广告词几乎和脑白金的一样俗气："黄金搭档送长辈，腰好腿好精神好；黄金搭档送女士，细腻红润有光泽；黄金搭档送孩子，个子长高学习好。"

在史玉柱纯熟的广告策略和成熟的通路推动下，黄金搭档很快便走红全国市场。

软文炒作

在运作脑白金的时候，软文被史玉柱放到了一个重要位置。

当然，他对软文的制作和刊登也有严格的要求。比如在刊登上，史玉柱要求属下一定要选择当地2~3种报纸作为这些软文的主要刊登对象。他还强调最好是选择党报性质重的报纸刊登，因为党报的权威性更能直接体现产品的权威性。另外，每种媒体每周刊登1~3次，每篇文章占用版面大开报纸为1/4版，小开报纸为1/2版，在两周内把新闻性软文全部"炒"完。这种频率和安排是为了让信息传递有个延续性，如果拖得时间长了，人们会淡忘，所

以必须"趁热打铁"。

公开的资料还显示，史玉柱规定公司一定不能将软文登在广告版，如果那样，就真成广告了，而成了广告其权威性就会大大下降。所以，选择的版面最好是健康、体育、国际新闻、社会新闻版，因为这些版的阅读率高。另外，为了避免转移读者的视线，史玉柱还要求，脑白金公司的软性文章的周围不能出现其他公司的新闻或软文，在史玉柱看来，刊登软文最好是整个版面全是文字，没有硬性广告，这样读者阅读起来就会很安静，感觉也会很清爽。

当然，因为脑白金的所有软文的标题都是史玉柱团队精心设计的，每一个标题都能准确传达他们的商业意图，所以，史玉柱要求刊登的软文的文章标题不能随意更改，并且还要尽量放大，做到醒目，以方便读者。而文中的字体字号以及排版方式，也要与报纸正文的字号和排版方式一致。总之，就是不能让读者一看就是软文，而要让读者误认为这就是一篇新闻稿。

为了达到上述要求，除了从形式上做了规定，史玉柱还强调：在软文上不能登"食宣字"之类的广告标志，也不能在文章后面直接打上联系电话，更不能给文章加黑框。为了让软文更加醒目，可以配上报花，如"专题报道"、"环球知识"、"热点透视"、"焦点透视"、"焦点新闻"等，他还要求每篇文章都要配上相应的插图，因为图文并茂更可以"迷惑"读者，也可以提高文章的可读性。

我们的研究发现，每次脑白金的软文都是有次序地安排的，并不是把所有的文章一次性说完，而是循序渐进的。据说，这也是充分考虑了读者的阅读习惯的，因为你一次把所有的文章都刊登了，读者却不能全部消化掉。而每天一篇，反而能吊起读者的胃口。

一个有意思的情节是，每一轮软文刊登完之后，脑白金方面都要以报社名义郑重其事地在报纸上刊登一则启事，启事的大意是：报社刊登脑白金的科学知识以来，收到大量读者来电，咨询有关脑白金方面的知识。为了能更直接、更全面地回答消费者的问题，特增设一部热线：××××××××，希望以后读者咨询脑白金知识打此热线。显然，这个电话根本不是报社的电话，而是脑白金公司的销售电话。

事实上，一轮新闻性软文的发布，早就吊足了被"迷惑"的读者的胃口。于是他们开始琢磨，报纸上天天在讲的脑白金究竟是什么，于是，在脑白金的目标人群中开始出现讨论脑白金的热潮。

看到火候已到，史玉柱随后就出手功能性软文了。这种功能性软文的目的就是帮助读者了解其所推广的这种产品的功效，对于那些已经被前面的新闻软文"洗脑"的消费者来说，终于等来他们期待已久的脑白金，这无疑是令人兴奋的。

当然，兴奋之余，人们最渴望知道的是是否有真实案例出现，要让自己埋单，一定要明白产品的实际效果。

我们现在查到的这类文章，大致有《美国人睡得香，中国人咋办》、《人体内有只"钟"》、《夏天贪睡的张学良》、《宇航员如何睡觉》、《人不睡觉只能活五天》、《女子四十，是花还是豆腐渣》、《一天不大便＝吸三包烟》等。

这些文章主要从睡眠不足和肠道不好两方面阐述其对人体的危害，并指导人们如何克服这种危害，将脑白金的功效宣传巧妙地融入软文中。每一篇似乎都在谈科普，并没有做广告之嫌，读者读来轻松，由不得你不信。软文刊登短短两个月就获得了意想不到的效果。

我们的研究发现，脑白金的软文大量用于市场启动阶段，在企业没有亮相，消费者尚未产生戒心时，将脑白金这一概念和作用植入消费者脑海，为日后的品牌推广打下良好的概念基础。

多年来，尽管脑白金的各类软文对于其开发市场的效果明显，但是其受到的批判也是最多的。

事实上，正是这种在很多所谓专家眼中有点不屑一顾的"低层次、高密度"的传播方式，造就了飞龙、三株、红桃K等和史玉柱的脑白金一样的产品的辉煌。

所以，我们坚定地认为，史玉柱所采用的这些传播方式不是最好的，但确实有效。

事实上，软文这种"两头占便宜"的特点与硬性广告形成了良好的互补：一方面，软文能吸引消费者的眼球，但硬性广告则很少有人去看；另一方面，对看到软文的人来说，软文能使其信服，而硬性广告往往使人反感，特别是保健品类广告。另外，软文刊登的费用要比硬性广告低得多。

总之，软文的优点是投入小，收效大，消费者易于接受，在无声无息中影响消费者，在市场启动阶段特别是启动资金较少的情况下，尤其重要。

人们对自身的利益总是最关心的，而"身体是革命的本钱"，所以一些"危言耸听"的关于身体保健的说理和新闻总是极大地吸引着人们的眼球。因此，保健品软文如果"文章写得好"的话，会起到神奇的效果。

事实上，这些软文能达到如此效果，并不是随意而为就行的。

当时，史玉柱除了自己经常在办公室楼下的"避风塘"里冥思苦想，策划吸引消费者的软文，还经常把自己高薪聘来的文案高手拉到某家酒店，搞"头脑风暴"，搞全封闭式的软文写作。

在集中了这些顶尖高手的思想成果之后，史玉柱先是根据自己从前总结的软文写作标准，筛选出一批候选作品，然后再将这些作品拿到营销会议上当靶子，让那些在营销"前线"的营销骨干们一篇一篇地朗读，一轮一轮地投票，层层把关，最后确定哪些是要用的软文。

有人甚至说，脑白金软文的"生产程序"恐怕比脑白金的生产程序还要严格，而正是经过这样严密的程序，生产出来的软文才有不一样的威力。

广告轰炸

做不到第一就不能真正获得成功。很多人对脑白金的广告轰炸不屑一顾，只有真正对保健品行业有研究的人才知道这其中的缘由，当今国内保健品行业的发展似乎进入了"广告轰炸"的误区，广告既是救命的稻草，又是致命的毒药。对于很多保健品品牌，如果不能保持第一的位置，它就会迅速衰退。也许广告轰炸的代价很大，但是不那么做，代价也许会更大。

1990 年崛起的沈阳飞龙集团依靠广告成为全国性品牌。飞龙从 1991 年起，尝试性地在东北的一些中心城市和长江三角洲的一些中心城市投放广告，继而是报纸连续刊登，同时跟进电视、电台广告，造成极大声势，市场因此一度走红，同时企业也获得了高额的利润，一举成为中国保健品行业的龙头老大。

很快，其他保健品企业纷纷效仿。

三株学飞龙，以"地毯式的广告轰炸"为打开市场的主要手段。由于电视广告在那时还不发达，很少有商家愿意投放每天早间以及晚间10点之后的广告，因而那段时间的广告也是非常便宜的。于是三株公司在各地电视台大量收购这些"非黄金时间"，用以播出长达10分钟的三株系列形象片。

这些公司无不在广告投放上花费了大笔的资金。然而，最终飞龙却死在广告之下，三株也终于在昙花一现后迅速坠落。应该说，从飞龙、三株身上，所有人都知道单纯依靠广告营销并不能给保健品带来春天。

面对那些名噪一时的企业纷纷倒闭，史玉柱认为，那些企业是因为太过于依赖广告才导致失败的。尽管如此，史玉柱依然坚持着广告轰炸。

保健品推广广告不是万能的，但没有广告则是万万不能的。对于广告，史玉柱有一个很形象的描述，他说：

> 做广告，就是在走钢丝。与其在走的时候停停留留、犹犹豫豫，不如鼓足勇气，一走到底。

对此，史玉柱作了详细解释：

> 实际上，广告投入到一定时候，它才有一个飞跃。前面都是量的积累的过程，销量的增长不会太大，可一旦突破一个临界点的时候，（产品）销量会突飞猛进地增长。有很多做保健品的，还有其他行业，投广告的时候蜻蜓点水，实际上风险最大，是在浪费钱。

最初,脑白金上市的很多城市,并没有泛滥的广告,这主要是因为史玉柱那时候没有足够的资金。1999年前后,在写字楼和城市的路牌广告上,都可以一眼看到巨大的"脑白金"字样。史玉柱就这样以低廉的投入、无孔不入的方式使"脑白金"强力渗透,完成了产品的大规模铺市工作。

几乎所有看过脑白金的电视广告的人都会觉得厌烦。但是无论怎样厌烦,你还是逃不掉,除非你远离电视。而且不管你怎么逃,脑白金广告的声音、画面、词语等都牢牢地铭刻在你的心中。这些正是史玉柱所追求的效果。据统计,春节高峰期脑白金广告在20多家电视台同时播出,平均每台每天要播出两分多钟,加起来一天大概播出40多分钟,对脑白金的销售起了重要的推动作用。从这一层面上来说,脑白金广告是一则成功的广告。

第十九章

营销没有专家，消费者才是专家

史玉柱，对其最恰当的形容词就是"毁誉参半"。有人认为他是一个机会主义者，在中国的经济改革浪潮中寻找暴利的行业和项目，而且做起来不择手段，成为一个彻头彻尾的破坏行规的人；也有人说他是一个罕见的商业奇才、营销和策划大师，能够敏锐地抓住商机，并且拥有极强的心理承受能力，堪为企业家之楷模。

两方面说得都有道理，我也非常认同，特别是第二种观点。

在营销领域，史玉柱史无前例地开启了中国广告轰炸推广之路，并且坚持十多年业绩不俗。难怪他要说，中国大学里的营销学都是滞后的。事实上，这样的观点已经逐步得到人们的认同。在中国，"要学广告策划，就学史玉柱；要学市场营销，还学史玉柱"。

"营销是没有专家的，不能迷信专家。我认为大学里有关营销的教材80%的内容都是错的。要说有专家，我认为唯一的专家（就）是消费者。要做好一个产品，在前期论证阶段必须要有大量的时间泡在消费者当中。"史玉柱曾经如是说。

市场调研的奥秘

在开发脑白金市场的时候，史玉柱将江阴作为根据地。启动江阴市场之前，史玉柱先对这个市场进行了一番调查。他戴着墨镜走村串镇，挨家挨户地去寻访。由于白天年轻人都出去工作了，在家里的都是老头老太太，半天见不到一个人。史玉柱一去，他们特别高兴，史玉柱就搬个板凳坐在院子里跟他们聊天。

"你吃过保健品吗？""如果可以改善睡眠，你需要吗？""可以调理肠道、通便，对你有用吗？""可以增强精力呢？""价格如何如何，你愿不愿使用它？"

这些老人告诉史玉柱说，保健品是想吃，但通常情况下都是儿女们去买，他们自己不舍得买。

"那你吃完保健品后一般怎么让你儿子买呢？"答案是他们往往不好意思直接告诉儿女，只会将保健品的盒子放在显眼的地方，在吃饭的时候进行暗示。

敏锐的史玉柱看出了其中的奥妙。他因势利导，推出了"今年过节不收礼，收礼只收脑白金"的广告。而今，这则广告已经是家喻户晓，被许多电影和电视剧争相引用，成为他们创作的素材。

你要知道梨子的滋味，就得亲口尝一尝

2003年，史玉柱驾驶着自己的奔驰500一边游山玩水，一边做市场调研，走遍了中国除台湾、澳门之外所有的省、市、自治区，对于保健品市场的了解基本上到了无人企及的程度。于是闲暇之余，他开始关注自己的另一个爱好——游戏。

他说："我觉得每天在网上打游戏最幸福了。"

在《传奇》的世界里征战，最初他只有30多级，在多次被人随便PK掉之后，他找到了本区级别最高的账户，对方是温州网吧老板。史玉柱吩咐自己的手下——温州分公司的经理到网吧支付了3000元，将这个70级的账户拿到手。尽管有了70级的账户，史玉柱依然无法所向披靡。

于是，他又直接找到《传奇》的代理商盛大网络董事长陈天桥，陈天桥告诉他："装备更重要。"史玉柱立即花了1万元买了一套顶级装备。正是这

个小小的决定让这个聪明而敏感的玩家又一次清醒地意识到了他想做的另一项事业中最大的卖点——装备。

史玉柱找来专家咨询，还主动拜会一些行业的主管领导，目的就是想弄清楚网络游戏市场究竟会不会萎缩，最后得出的结论是：至少在8年或者更长的时间里，网络游戏的增长速度会保持在30%以上。这越发让史玉柱认识到网络游戏才是他事业真正的归属所在。

在巨人大厦"倒下去"十多年后的今天，这位全中国"最著名的失败者"作出如此坚定的抉择，想来不是戏言。尽管他热爱游戏，以至于常常通宵达旦，尽管他是一位有着21年游戏经历的"骨灰级"玩家，尽管他甚至为了买游戏装备和顶级账号花掉了数十万元、上百万元，他也绝对是在经过深思熟虑后做出的决定。

当史玉柱真正决定进入网络游戏领域时，已是这杯甜羹被瓜分得差不多的2004年年底。在绝大多数行业专家、有关媒体不太看好的大环境下，史玉柱率领着"征途战舰"起航了。

如果说，史玉柱当时之所以想驶入这片"大红海"，甚至不屑于被人们定义为一个"搅局者"，除了自信于自己对游戏的了解外，也多多少少有对游戏的情愫，而这情愫甚至不亚于任何一个文艺青年都做过的作家梦、导演梦。

今天，当史玉柱率领征途网络在纽约证券交易所上市时，先前众多一心研究市场、研究经营的专家们一致大呼："做游戏的人必须自己首先是资深游戏玩家。"与这些专家相比，史玉柱显得越发单纯、感性而可爱，因为他不过是怀有一个想建立"游戏帝国"的玩家梦。

在巨人集团核心领导团队——史玉柱和他著名的"四个火枪手"中，没有一个人是营销、市场专业科班毕业的，更谈不上有什么专家。如果说史玉柱无论做脑白金还是做《征途》最为擅长使用的"农村包围城市"的战术来自于他敬佩的毛泽东思想，那么在做这两个市场时去第一线了解最真实、最详尽的资料，从而通过感性认识、理性分析，梳理形成自己的一套方法，则应验了毛泽东极为著名的一句话："你要知道梨子的滋味，就得亲口尝一尝。"

倒做渠道

海尔的张瑞敏曾说："好多企业，发展得很好、很快，有一天却突然死亡了。到底什么原因？其实非常简单，就是现金流出了问题。一边儿负债非常大；另一边儿呢，钱却进不来。钱为什么进不来？在应收账款！本来，在市场经济条件下，钱应该是最流动的一个东西，却变成了最不流动的东西。原来我们国家上市公司只要两张报表——第一张是资产负债表，看你的资产负债率是多少；第二张是损益表，看你企业的利润是多少。后来意识到应收账款是一个非常非常大的问题，所以，现在上市公司必须交第三张表——现金流量表。"

为了使"应收账款"问题不会影响到自己的企业，史玉柱在做渠道时，不像一般产品销售那样急于铺货，而是采用了一种特殊的方式——脑白金在一个地区市场启动前，先打广告，让顾客到商店找上门，然后等着经销商带着钱来要货。

在启动一个市场之前，脑白金通常会举行大规模的免费赠送活动。赠送结束之后，有的消费者还想继续服用，就会到药店去找，消费者找产品，经销商就会找厂家。当产品销售达到一定销量时，脑白金的广告随之出台，让经销商闻风而动，"主动"前来要求经销该产品。这时，史玉柱就会要求经销商现金提货，以始终确保应收账款为零，这样形成的良性循环，与厂家推经销商、经销商推市场的做法正好相反。

"先把经销商放到一边，转而向终端消费者展开攻势，创造市场拉力"，这叫"倒做渠道"。这样做无疑会造成一定的广告流失，并延误市场开发速度，然而却可以避免可能产生的巨额坏账风险。当年巨人脑黄金曾经有3亿多应收账款烂掉，史玉柱对此倍加小心。

在"倒做渠道"之前，举办赠送活动的另一个好处是可以借此造势，展开声势浩大的新闻宣传，这又是变相的广告，而且比做真正的广告花钱少。由于这种宣传往往直接针对消费者的购买行为，对拉动终端消费极为有利。

试销不可少

试销是很多企业既想做又不想做的环节,想做的目的是降低上市风险,不想做的原因是等不及漫长的过程。然而,只有通过试销,才能真正了解产品的许多细节问题,甚至产品的广告策略都会在试销期间产生。

脑白金的成功,很大程度上得益于史玉柱带领部下进行了长达一年多的试销工作。试销工作先后在江阴、常州等地进行,其间尝试过种种办法。

试销的作用就是为后续的市场策划提供真实可靠的素材与创意依据。

在试销的过程中,脑白金策划人员切实仔细地摸清了国内保健品市场形势,调查了终端,把握了潜在消费者的真实想法,并为特定区域内的准消费者提供产品免费试用,征询服用后的效果与感受。这些一手资料的分析,为脑白金走向市场提供了重要依据。

在试销过程中,脑白金的试销人员发现,中国的消费者更喜欢"放在手上沉甸甸"的口服液,因而脑白金在原有胶囊的基础上增加了口服液,变成了复合包装。很快,试销后的包装赢得了消费者的喜爱,并与其他的产品形成了竞争壁垒。

最初做脑白金时,史玉柱曾亲自担任试销人员,走访300多位目标客户,去了解他们的需求,最终定下了"收礼只收脑白金"这句十年不变的广告语。

在成功地将脑白金推广上市后,史玉柱已经对保健品市场非常了解了,下一个项目——黄金搭档不经过试销肯定也不会出太大问题,然而,史玉柱依然像最开始那样,很认真地对黄金搭档进行了试销。

"空军"和"陆军"的配合

市场营销的关键是空军和陆军的配合。

史玉柱所说的"空军"是指广告轰炸,而"陆军"则是指地面营销队伍的推进。2006年,史玉柱在接受采访时说:

很多人认为脑白金的最大特长是做广告，实际上脑白金的最大特长是地面推广。我们在全国的200多个城市设了办事处，3000多个县设了代表处，在全国遍布了8000多人。《征途》这个工作正在做，已经设立了100多个办事处，最终准备做到1000多个吧。

史玉柱所说的这些"地面推广"，也就是我们平时经常听到的"终端策略"。终端是营销价值实现的"最后一公里"。作为与用户亲密接触的"终端"，无疑会对用户产生很大的影响。

历史上不少资金雄厚的保健品企业只知道投放广告，却轻视了终端的管理，结果被竞争品牌抢占了良机，最终酿成大错。

认定"营销没有专家，消费者才是专家"观念的史玉柱，自然是将"终端"这个离消费者最近的领域视为其营销的重中之重。事实证明，史玉柱的看法是正确的。

有机构统计得出：到终端购买产品的顾客指定品牌者占70%，另外30%的人并没有明确的购买目的，这部分消费者主要靠产品包装、POP等终端宣传品的刺激和营业员导购实现购买。这就是说，有70%的人还是通过媒体传播影响达成购买的。终端竞争的优势要在信息总量、知名度等各方面都接近时才能明显地表现出来。

有资料表明：原来跨国公司把70%的市场营销费用投放在除终端市场之外的广告上，把30%的费用投放在终端上。而现在跨国公司改变了广告策略，把70%的费用投放在终端市场的广告上，把30%的费用投放在其他领域。保健品的销售终端主要包括药店、商场（商店）、超市（大卖场）等。终端是产品销售的场所，是连接产品和消费者的纽带，是产品流通过程中最后同时也是最重要的环节。在市场竞争激烈的今天，谁控制了终端，谁就掌握了市场的主动权！

据国务院地区经济研究所公布的调查报告显示：一个年产值3亿元的保健品企业，可以提供10 000个就业岗位，上缴4000万元税收，降低5亿元医疗保险费用。由此可见，其发展对社会的贡献是巨大的。

众所周知，中国拥有13亿人，是世界上人口最多的国家。中国也是世界上最大的消费品市场。光衣食住行的消费每年就达到10万个亿。如果运用广告将这个拥有巨大潜力的市场唤醒，给企业带来的效益绝对不容小视。

与此同时，中国的保健品市场在经历了频频的争议和信任缺失等考验后，正处于艰难的发展阶段，在经历了盲目信任之后，人们对保健品开始产生怀疑。保健品若是想有一个稳健、可持续发展的状况，必须要创新，还要拥有一定的信任群。

"保健品行业不好做了，成功的产品不多。" "钱很难赚，准备考虑转行了。"……经常有些保健品从业者发出这样的感叹。的确，广告的狂轰滥炸、终端的铺天盖地、价格的高不可攀形成了对市场的过分超前掠夺，再加上急功近利似的圈地跑马、高举高打，渐渐地在消费者心目中原本美好的风景成为一道道残缺的记忆。

如何将美好重构，如何让残缺完美，这需要在加强产品质量监督的同时，利用好广告媒体和营销途径。谁掌握了终端，谁就掌握了市场的主动权。

附录1：

跌倒的巨人能否再站起来

（注：本对话内容来源于2001年中央电视台经济频道《对话》节目，作者进行了简单梳理和文字调整。）

主持人：王利芬
嘉　宾：原巨人集团总裁　　史玉柱
　　　　　原瀛海威总裁　　　张树新
　　　　　万通集团总裁　　　冯仑

王利芬：欢迎大家来到每周六播出的《对话》节目现场。在我们国家有很多企业是传奇般崛起，同时在很短的时间里面，又传奇般陨落。每次谈到这样一些现象的时候，大家都会不约而同地想到一个人，这个人就是巨人集团的总裁——史玉柱先生。史玉柱先生最近接受了《南方周末》记者的采访，在这篇采访的文章里面，我们隐约感到，他有意要复出。所以我们《对话》节目，在看了文章之后，决定就跌倒的巨人能否站起来做一期《对话》。我们今天非常荣幸地请到了史玉柱先生，同时还请到了其他几位嘉宾。

在进行这场对话之前，我们先来看一下有关史玉柱先生的资料。

（播放史玉柱的资料）

沉寂了三年，大家都想问一个问题，就说说你这三年在想什么吧。

史玉柱：第一年还是想怎么样能把巨人给救活；第二年就开始反思了，

才真正静下心来反思，究竟在巨人从辉煌到衰落这个过程中自己哪些做错了，哪些还有成功的经验以后还可以借鉴。大概思考了半年多吧！

王利芬： 这段时间过得还好吗？心情怎么样？

史玉柱： 挺好。我历史上体重最重的时候，就是那个时候。以前在巨人最辉煌的时候，我的体重是最轻的。然后巨人倒下那段时间体重最重，现在又轻了一点。

张树新： 我在初期和史总打交道的时候，我认为他是个书生，可能理想主义色彩更多一点。所以，他发生了很多我们现在看来不该有的失误和过失，实际上我认为这可能是必然的。他只有经过了这一个阶段，今天才有可能去反思我们的企业和企业家的命运。很多企业出现问题，就在于我们没有一整套的管理体系。然而，史总这个企业，其实它可以再翻回来的。我不认为史玉柱失败了，我只能说巨人，作为一个企业，它在财务上，也就是在现金流上遇到了困难，然后等于它"歇"下来了。那，史玉柱，你觉得你是垮了，还是没垮？

史玉柱： 没垮，肯定没垮。我是没垮，垮了就不敢坐这儿了。

观　众： 巨人集团的失败，我不知道你是怎么总结的。我给你总结了一条失败的原因，那就是你这个巨人太贪大，这可能也反映了你骨子里边的那种贪大求功的一种急迫的愿望。

史玉柱： 我觉得贪大本身并不是坏事，因为作为一个企业你肯定求大，关键是在大中求稳。我过去可能在壮大的过程中不稳，比如负债率过高，比如高级人才不足等等。它有一些基础没有打牢，但我觉得求大这一点应该是每个企业的追求。

王利芬： 在这儿我想插一句，是这样的，这是万通集团的主席，万通也是挺大的，它要万事皆通。还有张小姐的是瀛海威，"瀛"首先是"赢"，所以巨人、瀛海威、万通，我似乎感觉到有某种联系。

张树新： 看来今天是失败展览会。我想说几句，人们要想压抑住自己的欲望，能够想清楚自己，不去做什么，是蛮难的一件事情。因为人的精力有限，你掌握的资源也有限。其实我觉得所有的人，都会有野心和梦想，否则我们不会来做企业。我们不会一次一次跌倒了，再爬起来，再去创业。

冯　仑：年轻的时候都有一个英雄情结，这种英雄情结本身是年幼的一个表现；到80岁了，人没有了英雄情结。

王利芬：其实我们都不知道，史玉柱失败的原因是什么，但是我们都知道，史玉柱有一个失败的导火索，这个就是巨人大厦。那个巨人大厦建高的过程，我们做了一个短片，你觉得这些你熟悉吗？

史玉柱：我觉得这个问题的根源，外界的影响是次要的，真正犯错误的还是我本人，就是我内心深处确实想盖这么高的一座楼。

史玉柱：假如地基那个地方没有积水，假如那个时候资金周转过来了，那么今天会是什么情形呢？你觉得这一个问题，是一种偶然性还是必然性？如果当时我们地下没有那三个断裂带，那个劫难应该能过去。但那个劫难过去是偶然的，我这个巨人必然要倒。我觉得这个巨人倒还是有一种必然性的。这个必然的东西是什么？这个必然的东西我觉得应该是：如果它不倒不符合规律，它只有倒了。

冯　仑：他这个错误跟我很多朋友的企业，包括我们的企业是一样的。比如第一就是青春期综合症，就是说什么事都不服，你跳一米一，我跳一米三，你跳一米二，我非一米五。这个不服造成了膨胀的时候，"大"成了企业的唯一目标。

张树新：同样的道理，假如你有一个投资银行，它会告诉你说你的钱存到哪儿，然后银行再通过这个怎么拆借给你，这是两回事情，否则我们全世界不存在资本和金融行为。我们在做生意的时候，恰恰是因为不会做生意才做生意，然后我们再学，这是个悖论。没有钱我才去投资做生意，做老板，有钱了，那就是后来的事。而不懂做生意才去下海，所以这个东西跟成熟的市场经济，都是悖论。

王利芬：但无论如何，史玉柱过去非常辉煌，他那个辉煌忽然就不辉煌了，我觉得这中间史玉柱自己一定也纳闷：怎么回事，怎么这么短的时间就这样子了呢？

观　众：我记得好像是比尔·盖茨有一句话，他说微软离破产永远只有十八个月。既然你知道这句话,我不知道当时你为什么没用他这句话反思一下。

王利芬： 他说到微软我忽然想起,中国的企业老是巨人集团,比尔·盖茨做那么大,又微又软,我觉得挺有意思。

观　众： 要作为一个一般的经营者来说,稍微具备一点建筑常识的人都知道,从三十多层加高到七十多层,那科学吗?

史玉柱： 所以不成熟。我现在给自己定了这样一个纪律：一个人一生只能做一个行业,不能做第二个行业。而在做这个行业,又不能这个行业所有的地方都做,而只做自己熟悉的部分,一个行业的部分领域。而在做这个部分领域、在做这件事的时候不要平均用力,只用自己最特长的那一部分。这样的话就反过头来推,我过去怎么做的? 过去可能什么都想做。另外,找一些经济学家、理论学家,包括媒体的一些大腕记者都告诉我了,现在做企业必须要多元化经营,美国人都说了,所有鸡蛋不能放在同一个篮子里。当时在 1993、1994、1995 年都有这个玩笑。100 年前的美国人可能是这样说的：你看我投资做了什么,先做电脑,后来做了房地产,后来还做了服装,搞什么名牌西服,又是衬衫的。你看我现在穿的还是巨人衬衫,打着巨人领带,然后用巨人化妆品。

张树新： 其实今天有很多很多做网站的也一样,他们去做,开始到大街上开商店,今天要去做品牌,明天要去做化妆品,一样一样的。我相信这样的故事会不断重演。

王利芬： 那些乱七八糟的投资都花了多少钱?

史玉柱： 有一个系列产品广告费打了 1.5 个亿。

王利芬： 其实后来巨人大厦也就缺几千万元。

史玉柱： 5000 万。

冯　仑： 我们今天分析,当时他的心态还不成熟,就是当你还是儿童的时候就要办大人的事。我们开玩笑说,12 岁你就进洞房,你能过日子吗? 你不会过。所以这里头诸多原因造成了巨人的倒下。太年轻的时候,小时了了,大未必佳。太小的时候别干那么伟大的事。

王利芬： 当时你多大,不小吧?

史玉柱：不小。

王利芬：是心理上吧，我是说你指的是心理上吧？

冯　仑：对呀，就是心理上。比如驾驭几十亿的东西，是需要高超技巧的。一般来说人做生意，从没钱到有钱，心理上会有一个坎——我突然有钱了，然后有一百万，再到一个亿，这个过程如果太快了，并不好。你还要小步慢走，踏踏实实才能过日子。良家妇女本本分分不出事，但是你突然一个家伙，从农村跑到大城市里，穿件花衣服你就认为你是明星了，然后就开始搔首弄姿，这就是事了。

张树新：我们所有的当初能够下来创业，创出一番天下的人，大多都是没有受过标准的商业化训练。因为过去我们没有这样做商业化，开始做生意的时候都不是商人，而是做了生意才学做商人。然后，我们都是在创业和经营过程中，来学会看什么是资产负债表。我们为什么应该把资本结构的设计和经营管理分开？像我当初最早做生意的时候都很简单，一个抽屉进钱，一个抽屉出钱。我有一次在美国跟他们聊天，我说你无法想象中国的民营经济是怎样成长的，但是，毕竟今天的中国和十年前不太一样，我想这是很重要的一个东西。

史玉柱：我觉得我不是一个合格的企业家，但是我具备做企业家的素质。企业家，尤其是民营企业家，在面对市场的时候，是不是应该更多地思考一下我们的市场和政府的关系问题？理想的状态，就是说今后市场经济发育到一定时候，然后法制环境建立，然后政企脱钩，我最希望的是一个这样的环境。就是说，一个政府，包括国家领导人、省级领导人和地方领导人，他做他的事，我们企业做我们企业的事。就等于你这个领导人定游戏规则，然后我们这些人就按你的游戏规则做事。两者最好是不要有什么太多的接触，我就是这个意思。巨人大厦这个问题上，不管哪一级领导人都没有任何的责任，责任全是我的。

冯　仑：这个就是像歌里说的，相爱容易，相处太难。你跟政府都是这样一个关系。

张树新：我觉得其实我同意他的说法。如果不是自己有很多脱离现实的这种企望,其实哪个领导人说了你该去干什么,是没有用的,因为外因只有通过内因才能起作用。我觉得史玉柱当时肯定是想把巨人很具体地立在那儿的,这个很具体的同时,替自己争光,替企业争光,也替这个城市和政府争光。本质来讲还是在于个人的这种企望。

史玉柱:一个企业它应该是分两部分,一部分是决策的,一部分是经营的。它这个要分开,决策这部分人就决定我这个企业要做什么,然后经理人就说你已经决定了要做什么,我就来做这件事。然后你条件都具备,你要给我钱,然后你把这件事交给我,我就把这件事给做成了,就行了。

冯 仑:漂亮人都长得一样,不漂亮的人各有各的味道。企业,成功的企业,大家都说一样的,都说管理好,用人强,战略决策正确。可是不成功的企业,遇到挫折的,大家说这也不对,那也不对。实际上这就像一个失败的农村人跟一个城里人谈恋爱,失败了以后,两个人反应是不一样的。城里人就说,他玩弄我的感情,他老说精神;农村人就说,他糟蹋了我的身子,他老说物质。其实就一件事,同样的失败,不同的解释。

王利芬:我现在感觉底下观众的心是非常热乎的。刚才冯总跟你说这句话的时候,你的感觉是不是也这样?

史玉柱:我觉得,还是应该有个社会责任。我这一次创业比第一次要难多了。第一次创业从4000块钱起家,就是说从零开始吧。我这一次可不是从零开始,我要从负数开始,尤其开头是最难的。当然在开始的时候,我就给自己定两个阶段,其中第一个阶段,老百姓这部分钱由我个人来还,我努力的第一个目标就是先挣钱,通过做实业、做产品,先挣钱。挣了钱,先把这部分钱还掉,然后再发展自己的事业。

王利芬:你说的这个负数是现在说的债务上的,对吗?

观 众:老百姓的钱一定要还,我相信他将来要成功的话,这钱一定得还。毛泽东的一句话,得人心者得天下。假如你要把人心失掉的话,你将来再也不会重新辉煌起来。

王利芬:这是你给他的一个建议,是吗?

观 众:是的。

史玉柱：我们所有的努力，都是奔着幸福那个方向。总体来说，一个人活着应该是非常快乐、非常幸福的。

冯　仑：但是，要单纯地涉及日常生活，可能相对来说是痛苦的。现在流行一句话，都是中央电视台传出去的，叫痛并快乐着。

王利芬：我认识很多朋友，他们对史玉柱个人的人格魅力都非常佩服。而且他们对史玉柱一复出就想到要还老百姓的钱这一点非常地感动。就我个人来说，对他攀登珠穆朗玛峰这样一个壮举，内心也充满着敬意。刚才大家一直谈这样一个失败和成功的话题，在这里我想起了一句话，那就是："当你想好了怎么去赢的时候，整个世界都会为你让路！"我想最后把这句话，送给史玉柱和他未来的事业。谢谢大家。

附录2：

老百姓的钱为什么一定要还

（注：本对话内容来源于2002年中央电视台经济频道《对话》栏目，作者进行了简单梳理和文字调整。标题为作者所加。）

主持人：王利芬
嘉　宾：史玉柱
　　　　　柳传志
　　　　　段永基
　　　　　华贻芳

王利芬：上一次我们节目播出之后反响非常大。最近一段时间，大家对史玉柱又开始关注，因为你又站出来还钱了。每一次说到这个新闻的时候，我觉得你都会重复一句话：老百姓的钱我一定要还，这个钱我不能不还。不过今天我们来探讨这个还钱的问题，我就特别想问一问：你为什么觉得这个钱你一定要还？不能不还吗？

史玉柱：当时我在媒体上就承诺了，老百姓的钱我一定要还。后来我通过自己的努力，可是没还成，现在眼看有希望了。其实，我也盘算了一下：如果我将来不把这个钱还了，一方面别人会谴责我，另一方面我自己也没有办法再去做大事，就是再也干不了大事了。可能做一个小老板、做个什么杂货铺老板还行。

王利芬：做点儿小买卖。

史玉柱：嗯，或者改名换姓也行。

王利芬：大家有没有什么指责啊？

史玉柱：指责有啊。

王利芬：我想观众当中，对还钱的事肯定有自己的看法。

观　众：我是从上次《对话》节目开始就一直比较关注史玉柱先生。我想说的是，史玉柱先生 1.5 亿的信用投资，已经获得了很大的社会效应了，也就是说他已经获得了很多观众的认可。但是就我个人的观点来说，我觉得一个企业它是否能做大做好，最关键的是要看它的产品是否能适应和满足消费者的需要。如果说一个企业它的产品最终不能适应消费者的需要，那么无论他做多大的努力，其信誉可能会在一夜之间消失的。所以，我想问史先生一个问题：你有没有信心让你的保健品给中国的消费者一种信赖？你能否让你的产品很好地利用你的信用？

史玉柱：我想只要我推一个产品，只要推的产品是有效的，对老百姓确实有帮助，那么消费者就会接受。我推的产品和我的信用之间，它们之间会相互推动、相互帮助。但是，如果我所推产品是一个没有效的产品，是骗人的，那么我的信用一下就一笔勾销了。

观　众：所以，我很担心史玉柱先生能不能让他的产品屹立不倒。

史玉柱：对您的关心表示感谢。

王利芬：真是后生可畏啊。柳传志先生是不是替史玉柱先生捏了一把汗，刚才他回答得很有信心。

柳传志：首先，咱们大家都能明白，巨人集团是他的投资——咱们先把这个确定为投资。那么，既然是投资的话，他在法律上就承担有限责任，不会受到什么惩处，大不了公司倒闭破产。在这种情况下，他仍用一种自觉自愿的做法来做这件事，我觉得是值得尊敬的。至于说他是不是炒作，或者是说是为了信誉而投资，我不太懂会有人替他想得这么远。就是老段，我知道这 1.5 个亿也不是一个小数。今年比如说我们公司能挣七八个亿，那是很多年"修行"得来的。1.5 个亿，联想熬了七八年的时候一年才挣两三千万。他 1.5 个亿，说他拿了这么大的本钱为了炒作或者做什么东西，我觉得不太可信。我现在还不知道史玉柱有多大道行,不过我认为他是诚心的。

王利芬: 可能换了你的话,做这样的事也得咬咬牙思考个三年两年的。

柳传志: 是啊!1.5个亿确实不是一个小数,因为做企业的人知道,现在大家也许看外国的公司看多了,知道多少多少亿美金,其实做起来不是容易的事。所以最好不要让社会效应的反应者和社会大众来评估是否合算,如果是投资,应该是投资专家评估是否合算。

段永基: 做出这个决定的时候,我觉得你能不能换一个词,不叫借债还钱,它就是史玉柱拿出钱来对投资他项目失误的那些投资者给予补偿。这是性质方面的问题,根本不是借债还钱的问题。

王利芬: 你同意段先生现在下的定义吗?

史玉柱: 对对对,同意。

王利芬: 好像是终于找到了一个能够说明自己真正心态的一个词。我们今天要来进行一个模拟。模拟什么呢?模拟在中国民营企业界非常有名的泰山峰会,我先就座一下,还是请我们的会议参加者,请我们的华贻芳华老先生上场。

王利芬: 这个会从哪一年开始召开的?

华贻芳: 最早1993年11月份。

王利芬: 来,掌声欢迎史玉柱。今天华老先生没通知你要开泰山峰会啊?来,请坐,请坐,来晚了一点点。你好像对泰山峰会特别有感情。

史玉柱: 是啊!每届泰山峰会我必参加。

华贻芳: 当时话他听不进去,可是很多事情都憋在我心里,所以一直憋到1997年,就是他正式说感到自己很难再支撑了,就是远道而来的人要请吃一顿饭都要掂量掂量有没有,因为囊中羞涩。到了这个时候的话,我就蹦出来三十二个字的打油诗,我写好以后没敢给他,因为我这三十二个字非常尖刻,就是:不顾血本,渴求虚荣;恶性膨胀,人财两空;大事不精,小事不细;如此赛主,岂能成功!为什么说,不顾血本,渴求虚荣?因为他当时打广告简直都疯了,而且广告老实讲并没有什么效果,把钱成千上万地往外支。恶性膨胀,人财两空,最后就这么个结局了。

王利芬：编完了你就没让他看过？

华贻芳：嗯，没有让他看过。我首先就请他周边的朋友看一看，看可不可以给他。他的朋友看了说大概能承受，后来我又找到程晨，传给程晨看，程晨说应该给他，还就你能够给他。于是我就很大胆地把这三十二个字给了他。

王利芬：史玉柱看到这三十二个字了。

史玉柱：看到了。我当时把它挂到我的办公室里。

华贻芳：后来我听说他把这三十二个字挂到墙上以后，我又感觉内心不平衡，又开始变成另外一种心态了。

王利芬：在摔倒在地的这些日子当中，你做了一些什么呢？我想大家一定非常关心。

史玉柱：1997年那一年就是想办法挽救巨人，巨人这样摔倒了，想给巨人做人工呼吸。这个时候，因为我救巨人救了一年，实际上手里可用的那点现金就全用光了，所以真要自己从头开始的时候，连那一点点现金都没了，那段时间是最苦的。

王利芬：生活也非常艰苦吗？

史玉柱：是的，不过我觉得苦了挺好，我觉得应该感谢那段苦。

王利芬：我记得你说在成功的时候总结的经验都不是特别对，是吧？只有在失败的时候总结的经验才有价值。

史玉柱：这是老段说的。

王利芬：原来是段先生说的，那我们掌声欢迎段先生加盟我们的会议。刚才你给了他一个总结，就是在失败的时候总结的经验才是最值得汲取的。那是不是在他跌到低谷的时候，你给了他很多的帮助呢？

段永基：没有很多。一个是每届泰山峰会，当时老华问请不请史玉柱，我说一定得请玉柱来。大家不管怎么样，都得给他点精神支持。实际上是老华起了很多作用。他经常找我、找老柳夜里给玉柱打电话，在他情绪低落的时候。

史玉柱：精神上给了我很多支持。

王利芬：有没有物质上的一些具体的帮助呢？

史玉柱：没有。我觉得像我们这样的创业者，核心问题是精神的东西，物质上的东西是次要的。只有你精神上有东西，比如说你精神不倒，然后你的方式、方法又对了，就一切都会好起来。说至于那个物质上的东西是可以创造的，可以通过自己创造。

王利芬：那你在物质上最窘迫的时候是什么样子？

史玉柱：那就没现金吧。

王利芬：身上一分钱都没有？

史玉柱：也不是一分钱都没有，几百块钱还有。

王利芬：那在你整个跌入低谷的时候，对你帮助比较大的，除了段永基先生，还有就是柳总？

史玉柱：是的，是柳总。

王利芬：那我们也请柳总来参加我们今天的会议。柳总也看到了他非常窘迫的状况，当时是不是和段先生是一样的出发点？

柳传志：我以前不喜欢史玉柱，1993年、1994年在泰山峰会上的时候，我基本上不怎么太跟史玉柱打招呼，原因就是我感觉他一定要出大娄子，而且我觉得他特浮躁。他主要就是把企业的发展和目标追求与他的能力本身，他没有把这个事想清楚，管理的基础不扎实。所以在当时的时候，是这么看，后来对他的情况逐渐有了变化，特别是以后他想东山再起的时候，他要求解剖自己，我的感觉确实就像老华说的，开始有了转变。到1996年那次会议，那时候他要求提意见，我就开始跟他讲些什么东西。过去我不讲，我觉得讲了，他也未必听。我觉得过去他就是年轻人表示一种谦虚，来问你一下，我何必跟他说呢？所以我就没说什么。

王利芬：你当时感觉到柳总跟你关系不是那么密切了吗？

史玉柱：感觉到了。

华贻芳：所以我当时写了三十二个字，我心里下了很大决心。

柳传志：总之，我觉得中国的企业之中，包括垮了的，我们从20世纪80年代做起，同行之中做得很好的很多，又垮了很多，玉柱是个典型。是什么呢？就是属于他在企业运行的经营之中没有掌握规律，而在某些特殊条件下取得了成功，他以为掌握了规律，然后大幅度地前进。这样的企业就要出事，这种情况挺多。他现在，还是要小心。即使到今天，人们从道德上承认你是好人，但你未必对运作规律掌握得很清楚，后边依然要小心。大家共勉吧，要不然的话，还是要出事。

史玉柱：我觉得我现在确实有一种如履薄冰的感觉。现在，包括在业务方面，我们还得有信心，包括开发产品、拓宽市场，可是在文化，尤其制度的建设方面，我们觉得问题还是很大的。

华贻芳：今天我在台下，我没有说话，可是我一直在琢磨我确实应该再送他三十二个字：现代企业，大事两桩；经济文化，半斤八两；既能赚钱，更会育人；如此寨主，方成好汉。你很难说这个经济就是企业唯一的目标，它在现代社会生存，必须经济、文化一起抓！

王利芬：好！

王利芬：好了，现在我们神秘的巨人先暂时消失一下，也让咱们有一次畅所欲言的机会。我有一个认识的新闻记者去了上海史玉柱的公司，他在公司接触了很多人，觉得这个公司好像跟现代社会有点格格不入，史玉柱做的每件事好像都有内在的联系，是不是？

水　皮：我们把史玉柱放在转型社会时期来看，他一开始是一个一夜暴富的成功者，所以他的心理状态肯定是跟不上的。成功之后典型的病症就是狂妄自大，接下来就是刚愎自用。

童家威：我觉得要从创业者变成职业管理者，这个门槛实际是很高的。我们国家处于工业经济社会初级阶段，我们没有社会这么一个大的舞台，没有职业经理这个层次，这个对我们创业者的转变有很高的要求。企业和社会的发展要求你将来能够成为一个职业经理人，但真正成为经理人的创业者少之又少。

柳传志：我觉得就像大家刚才讲的，史玉柱有很多很优秀的品质，比如刚才讲的敢于负责任、说到做到，但是这只是一个企业走得远的一个必要条件，而不是充分条件。史玉柱有这种精神我觉得就是有事业心，要把事做好，但是对管理的具体学问本身我觉得还不是很透彻。我虽然跟他有交流，但是还没有真正交流到双方都能够很明白，还没有到那个程度。所以我希望他是一个善于学习的人。我们选接班人的时候有两条很重要：一个要有事业心，这是德。另一个是才，就是我们强调要有学习能力。学习能力就是我做一件事成功了，我知道为什么成功了，我能把它捋出来。我从书本上学，向外国企业学，我能学得出来。史玉柱现在有强烈的学习要求，是不是有强烈的学习能力这个还要再去总结。

童家威： 人不应该一辈子都克服自己的缺点。如果他已经觉察到自己失败的缺点了，大家仍很担心他还会再失败的话，他干嘛费这么大心思克服这个东西？刚才树新也说了，他市场开拓方面有天才，是策划天才，他自己有这个胆量，敢去创业，有这个信心能够鼓动大家去工作。他应该创公司，创公司以后请职业管理人，比如说做总经理，他自己完全可以退居二线做股东。

水　皮： 到现在为止，史玉柱还是有点像拉着杆旗，拉着一支江湖队伍出来打天下。

王利芬： 那现在问题已经很明确了，史玉柱希望能够做大，那么为了这个，他是不是需要些改变，需要怎么改？各位请发言。

柳传志： 他首先要弄明白，做大事到底要具备什么样的条件。比如，考虑问题应该用什么样的方法？具有什么样的性格特点？就像我们在分析我们公司里面的人，能不能做大的这些人。把以前凡是做过大事做成大事的人都拿过来研究一把，什么样的人才能做这个事情，把这个特点研究清楚。我们要研究做大事、做成大事得要什么样的人，我们是否能够发展成为那样的人。不是所有人都能够发展。今天史玉柱有什么好的现象使我认为他能改呢？就是他自己真的敢于解剖自己，真的要改。有不少人他是不愿意改的。老华给他写这么难听的东西，他拿来往墙上一贴，这说明他要改，而且敢于在众人面前解剖自己。人家说他可怜也罢，怎么也罢，他愿意坐在这里听，他就是有这种要求。然后就看他会不会改。会不会改本身这里又有若干条件，就是说明白不明白要改什么东西，这个东西要强制性地改。我想史玉柱还是有可能改的，只不过这中间可能有痛苦。但是幸福是什么？不就是立一个目标我达到了,再立一个目标又达到了?这就是幸福。改的人有这种感觉,所以他也不太难过。

王利芬: 我刚才看到非常有趣的图。史玉柱1989年是在这个位置上,然后开始创业,到1994年获了高科技奖、成为十大改革风云人物等等,所有的荣誉都集于一身。可是到1997年的时候跌落了下来,1998年开始慢慢地爬,2001年就开始出来还钱,重建自己的信誉,等等。所以史玉柱未来到底要怎么走,我们只是给他一个预测,或者给他一个建议。

童家威: 我的建议是赶紧请一个职业经理人做CEO,他自己要么做董事长,要么就做营销的高级副总。然后股份结构一定要发生变化,一定要有一个制约机构,否则他这个董事长跟CEO来,也是一个傀儡。

张树新: 最应该做的我觉得他不是请职业经理人,第一件事他去融资。按世界资本投资人的要求,他才能够被规范。最重要的不是钱。

柳传志: 我很同意张树新说的上市融资。我们上市有两个目的,一个是融资,但是更重要的是被规范。我到全世界各地去做路演,听投资人讲,你这么吧,你那么吧,他怎么要求我,我就把这个东西全学回来,然后不停地提高利润增长率,这是一种强大的推动力。在这种情况下,史玉柱可能非被规范不可,或者他的公司非要被规范不可。这个确实对他会有好处,就是风险投资时,不会随便投就完了,一定要去规范。

王利芬: 其实我们大家谈这么多,给史玉柱很多建议。我不知道史玉柱今天在现场,各位还会不会这样,敞开胸怀来说出你们自己的心里话。好,那我们请他下来,听听他怎么说好不好?利用这个机会,我们也让现场的观众来猜猜看,你们觉得史玉柱到了现场之后会说什么?会接受他们刚刚的这些建议吗?哪位来做一个猜测?一人一句话的猜测。

观众1: 他应该是能同意风险资金参股他的企业。

王利芬: 接受他们刚才的一个建议,好,谢谢你!

观众2: 我觉得他会。因为他过去就是这样做的,他曾经请过楼滨龙做总裁,他曾经也想过从新加坡请人来,现在他一定也会这样做。问题是他能不能真正把这个人当做一个伙伴,而不是一个雇员。

王利芬：待会儿我们看。

观众3：我认为他会做好眼前的，然后取百家之长。

观众4：我觉得他一定会感谢大家，因为大家给他出了最好的主意。

观众5：我觉得他说话比较简短，他可能会说给我点时间。

王利芬：给我点时间当中包含的深刻含义是什么？

观众5：让他去思考，让他去做，而不是在这里说。

王利芬：掌声欢迎史先生。来来来，请坐。我们把痛苦的记忆先搬走，请坐！史先生，刚才我们谈论得非常热烈，我相信你在台上也一定都看到了，对不对？你觉得谈论的最热烈的是哪一点？你最感兴趣的是哪一点？是不是CEO的问题？

史玉柱：对，CEO是一个。让我去找一个CEO，我觉得可能，但目前可能至少今年上半年，对我来说，我认为还不是很现实。我觉得这里面有两个原因，一个原因就是我们内部现在正在进行一些包括产权、管理架构在内的大的调整，就是正在重新设计，正在做，这个没做完之前可能有难度。第二个，我过去从我们和同其他公司的经验教训来看，CEO如果请错了话，损失更大。所以这个要慎重一些。我不是说就不能请，请至少不能去赌博，拿这个公司去赌，赌这个人行不行，这绝对不行。

王利芬：刚刚提了CEO建议的，我们的童先生。

童家威：我觉得能不能请一个好的CEO，这本身要靠运气，但是是不是努力去请这是另外一回事。比如说你以前请过新加坡的人，那么现在猎头公司、猎头行业也很发达，他们做的工作就是帮你去找这些高档的人才，关键是你对CEO的期望值是什么，然后CEO跟你之间是怎么一个互补关系。如果你用自己的能力去判断他的长处的话，恐怕就有冲突了。你有一些有天分的地方，有一些非常的地方，你可能侧重你的东西，让他做管理的东西，甚至是规划的工作，可能更轻松一些。

柳传志：我觉得真的是请CEO的话，他就是管理执行层了，你顶多就是当董事长、董事局主席去了。董事局主席的话，你要把什么样的权力给CEO？当年的总体战略可能董事局来安排，当年的规划全都是CEO来安排的，组织架构全都是他来调整的，你就没有那么多事。所以这时候你想管，那也不行了。你舍不舍得？你舍不得，就得痛苦，得改造，自己去当。舍得，你要下这么大的决心不是很容易的事。

王利芬： 我发现台上所有的说法或者说建议，史总都是听得比较多，可能还是借用我们刚才这位观众的说法确切一些：我想一想，想一想是现在最想说的。最后一个问题留给我来问好不好？我也希望你能够回答这个问题。因为在去年8月份的时候你第一次走进《对话》，然后半年之后的今天，第二次走进《对话》的时候，你已经出来还钱了，而且又一次成为新闻媒体关注的焦点。我特别想知道你下一次来到《对话》，是会在什么时间？在什么样的情况之下？

史玉柱： 希望下一次不是以失败者的身份过来。

王利芬： 那就是以成功者的身份了？

史玉柱： 我希望下一次以成功者的身份过来！

王利芬： 什么时候我们还会再见面？

史玉柱： 我想争取年底。

王利芬： 争取年底，好！期待着年底我们第三次握手。好！我们也谢谢今天到场的各位现场的观众朋友，谢谢你们！谢谢几位嘉宾！谢谢！

附录 3：

史玉柱大事记

第一部分：传奇的背景

1962年，史玉柱出生在安徽省北部的怀远县城。小时候，父亲是派出所所长，长大之后，父亲是公安局政委。父亲对史玉柱从小就要求严格，用史玉柱自己的话说就是"他说上学要靠右走，不能靠左走"。他的母亲是一个工厂的工人。

初二之前，史玉柱痴迷于课外读物，爱琢磨事，曾经根据《十万个为什么》上说的"一硝二磺三木炭"的配方自制过黑炸药。

1977年中国恢复高考，当年史玉柱15岁，他突然开始认真学习，因为"学习可以考大学了"。

1980年之前，史玉柱只随父亲去过两次上海，对上海的基本印象是外滩的楼和怀远的楼是不一样的，非常洋气。

1980年，史玉柱以全县总分第一、数学119分（差1分满分）的成绩考入浙江大学数学系。在史玉柱大三时，系里给学生提供了两个方向：一个是纯数学，一个是计算数学。史玉柱认为纯数学太枯燥了，就选择了计算数学方向。当时，史玉柱并没有觉得计算机会特别有用。

1984年，史玉柱从浙江大学毕业，被分配至安徽省统计局农村抽样调查队，因为有人认为，数学系和统计局都是搞数字的，所以很对口。

作为浙江大学的高才生，不久，史玉柱就被通知去西安统计学院进修，其间史玉柱发现计算机的用途越来越大。回单位后，史玉柱就说服领导南下广州，花 5 万元买回了一台"IBM"PC。

此后，史玉柱开始钻研计算机，并根据工作需要编写程序。史玉柱编写的软件获得了国家统计局的认可，国家统计局要求全国各地的农村抽样调查都用史玉柱的软件。史玉柱因此得到了一个荣誉称号和几十元的奖金。当时史玉柱每月工资 54 元。

因为有了技术支持，史玉柱的闲暇时间越来越多。他开始写关于农村经济问题的文章，这些被发表的文章获得当时的安徽省副省长的赏识，因为这位副省长是中国科技大学教授、深圳大学客座教授，他面试了一下史玉柱，就在 1986 年将史玉柱招为深圳大学软科学专业研究生。这时是 1986 年，史玉柱 24 岁。

同样是在 24 岁这一年，史玉柱与同办公室的一位女孩结婚。

在深圳大学，史玉柱学会了勤工俭学以及做点小生意，还看了很多国外和我国港台地区关于经济方面的书，他开始相信中国将来肯定会走市场经济的道路，这可以看成他商业意识萌芽的开始。

1988 年，四通总经理万润南到深圳大学搞讲座，他的演讲大意是"泥饭碗比铁饭碗更保险"，意思是四通这个泥饭碗可以变成金饭碗。从那时起，史玉柱有了准备创办企业的理想。

1988 年，史玉柱研究生毕业回到安徽。但是他没有去上几天班，就给领导递交了辞职信，领导、亲人、朋友无不为之惋惜。

第二部分：初次创业

1989 年，史玉柱揣着 4000 元的创业资本，到深圳寻梦。此前，他已经在安徽老家研制成了 M-6401 软件，这种软件一装在电脑上，就能打出比四通打字机 24 点阵更漂亮的 64 点阵字，而且编辑屏幕比四通打字机大很多。

1989 年 8 月 2 日，《计算机世界》上出现了史玉柱早期商业生涯中具有转折意义的半个版的广告——《M-6401,历史性的突破》。这个广告史玉柱一开始未付分文。

13天后,史玉柱收到三张银行汇款,一共15万元。10月,在史玉柱和团队的用心经营下,M-6401的销售额跃然上升,迅速突破100万元人民币。

1989年9月初,史玉柱招聘了三名员工。到10月份的时候,看到收入快速增加,其中的两名员工提出了分股份的要求,但是史玉柱认为软件是他开发的,启动资金是他出的,他至少应该控股,但可以给两人10%到15%的股份。但是,两位员工嫌少。闹僵之后,史玉柱摔了电脑。"我从此再不搞股份制了。"史玉柱说。

在两名员工离开后的1989年10月,史玉柱投资100万元到《计算机世界》打广告。

1990年前三个月,史玉柱已经挣到了3000万元。也是在这个时候,求伯君的WPS借助方正的品牌和渠道横空出世。

1990年8月,为了抵制WPS,M-6401的升级产品M-6402推出不久之后,史玉柱又组织开发了M-6402的升级产品M-6403。

1991年春节刚过,史玉柱就召开了第一届巨人连锁会议。经销商包机过来,现场订货,这打破了当时软件行业里常规的"广告-销售"的模式。这次连锁会议上,史玉柱当场拿下3500万元的现金支票。

M-6402开发完成后,史玉柱在珠海注册了巨人公司,但是具体的事务还是在深圳处理。之所以把公司起名为巨人,是因为"IBM是当时国际公认的蓝色巨人",史玉柱想做东方巨人。

1992年,史玉柱把公司重心转移到珠海,巨人公司改为珠海巨人高科技集团公司,注册资金超过1亿元人民币。这一年,巨人集团的汉卡卖出了28万套,实现利润3500万元,史玉柱暗喜。

珠海巨人集团在珠海市政府的关怀和史玉柱的努力下,借着改革开放的春风快速发展,资产规模很快接近2亿到3亿。

手里有钱,史玉柱开始为自己的东方巨人梦谋划更多的道路。1993年,珠海巨人集团集中推出M-6405汉卡、中文笔记本电脑、手写电脑等五个拳头产品，旗下也有了六七个事业部。

1993年7月份，珠海巨人集团旗下全资子公司已经发展到38个，实现销售额300亿元，利税4600万元，成为仅次于四通的中国第二大民营高科技企业。

年仅31岁的史玉柱作为唯一以高科技起家的民营企业代表，在这年被列为《福布斯》内地富豪榜第8位，成为中国的新生代贵族。而从白手起家到中国内地富豪榜排行第8，史玉柱只用了短短5年的时间。

还是1993年，中国计算机行业开始遭遇外敌入侵。随着西方十国组成的巴黎统筹委员会的解散，西方国家向中国出口计算机的禁令失效，COM-PAQ、HP、AST、IBM等世界知名计算机公司开始"围剿"中国市场。

1994年，想在房地产业中大展宏图的珠海巨人集团一改初衷，拟建的巨人大厦设计一变再变，楼层节节拔高，从最初的18层一直涨到72层，投资也从2亿元涨到12亿元。巨人大厦于1994年2月破土动工，计划3年完工，气魄越来越大。

1994年春节之后，史玉柱突然宣布一条惊人的消息：聘请北大方正集团总裁楼滨龙出任珠海巨人集团总裁，公司实行总裁负责制，而他自己将从管理的第一线退下来，出任集团董事长。这是史玉柱为解决积累多年的珠海巨人集团的管理问题的一次行动，但后来这次"空降行动"因缺乏中下层人才保障被证明并不成功。

1994年8月史玉柱突然召开全体员工大会，提出了"巨人集团第二次创业"的总体构想。

1995年2月10日，在珠海巨人集团员工春节后上班的第一天，史玉柱突然下达一道"总动员令"——发动促销计算机、保健品、药品的"三大战役"。

1995年2月18日，史玉柱下达"总攻令"，这一天，珠海巨人集团的产品广告同时以整版篇幅跃然出现于全国各大报，由此"三大战役"全面打响。霎时间，巨人集团以集中轰炸的方式，一次性推出计算机、保健品、药品三大系列的 30 个产品，其中保健品一下子就推出了 12 个新产品。

"三大战役"启动后，珠海巨人集团的广告宣传迅速覆盖了全国 50 多家省级以上的新闻媒介，营销网络铺向全国 50 多万个商场，联营的 17 个正规工厂和 100 多个配套厂开始 24 小时运转。各地公司召集 200 名财务人员加班加点为客户办理提货手续，由百辆货车组成的储运大军日夜兼程，营销队伍平均每周增加 100 多名新员工。不到半年，巨人集团的子公司就从 38 个发展到 228 个，人员也从 200 人发展到 2000 人。

1995 年 7 月 11 日，史玉柱在提出第二次创业的一年后，不得不再次宣布进行整顿，在集团内部进行了一次干部大换血，并向各大销售区派驻财务和监察审计总监。

1995 年 9 月，珠海巨人集团的发展形势急转直下。尽管三大战役并未达到计划目标，但是史玉柱还是发动了随后的秋季战役，结果也没能挽救他的百亿计划。

1996 年初，史玉柱为挽回局面，将公司重点转向减肥产品"巨不肥"，"巨不肥"广告铺天盖地覆盖了全国各大媒体，"巨不肥大赠送"、"请人民作证"等营销口号随处可见。珠海巨人集团的人员和财力投入在 4 月有了回报，销售大幅度上升，公司的情况有所缓解，但是并没能挽回局面。

1997 年 1 月 12 日，史玉柱外出归来，遇到 10 余名债主登门讨债，危机终于爆发。史玉柱对债主承诺："老百姓的钱我一定还，只是晚些。"

1997 年 1 月 18 日，史玉柱带着珠海巨人集团的重要人物赶到安徽黄山脚下的太平镇开会，以求找到解救珠海巨人集团的良方。但是，一天以后，深圳《投资导报》就用头版新闻揭露说巨人史玉柱已经深陷重围。

媒体开始狂轰滥炸。当闻风而来的香港记者探访珠海巨人集团时，恰逢此时巨人员工休假，集团总部大楼只有几名保安游荡，大门紧闭，于是新一轮的新闻冲击波又起来了，香港媒体大呼："巨人破产了！"

史玉柱往返于美国和中国，四处筹钱，但是一无所获。

1997 年 8 月，史玉柱带着三个创业伙伴，攀登珠穆朗玛峰，他认为只有极端的环境才能把他磨炼成一条汉子。

1998年10月，珠海市政府召开巨人大厦贷款现场会，珠海市长、市委书记梁广大要求银行为巨人大厦贷款。没想到两周之后，梁广大闪电退休。史玉柱随后开始安心地做脑白金项目。

在巨人大厦仅存一点希望的时候，1997年冬天，史玉柱在安徽泾县召开的"太平湖会议"上，和20多名创业伙伴确定了运营脑白金项目的构思。

1998年3月，史玉柱带领剩余人马，开始在江阴进行调查，为启动脑白金项目做最后的准备。江阴调查成为巨人集团遭遇危机后的一个分水岭。

第三部分：东山再起

1998年，史玉柱从江阴开始启动脑白金，继而启动了无锡、南京、常熟等市场。脑白金快速火遍全国，月销售额最高的时候可以达到1亿元，利润达到4500万元。

1999年3月，史玉柱暗中控制黄山康奇和怀化远宏两家公司。

1999年7月12日，由黄山康奇和怀化远宏两家公司投资成立了上海健特，从事"脑白金"研发和营销，但法人代表并不是史玉柱，他公开的身份是策划总监。短短两年时间，脑白金成为全国著名品牌。史玉柱在上海金玉兰广场租下了两间价格极其低廉的办公室，从此结束了两年的流浪生涯。

2000年脑白金销售额超过10亿元，史玉柱在央视《对话》节目中露面，他一再表示："老百姓的钱，我一定要还。"并定下了2001年春节前还钱的时间表。随后新巨人的资本大戏开始上演。

2000年3月，上海健特与黄山康奇收购了无锡华弘集团制药有限公司，更名为无锡健特。其中上海健特持股60%，黄山康奇持股40%。

2000年9月21日，上海华馨在上海市卢湾区注册成立，注册资金5000万元，股东为史玉柱的老乡高洪英和王建平。通过系列运作，上海华馨接受上市公司青岛国货的大股东青岛市商总转让的2811万股。

2000年11月，史玉柱以上海华馨顾问的身份到青岛国货考察。

2001年1月，史玉柱向上海健特公司"借"了1亿元，通过珠海士安公司收购巨人大厦楼花还债。史玉柱的公众形象立即恢复，媒体对他赞誉不断。

2001年1月底，史玉柱开始委托珠海士安公司收购卖出的楼花。

2001年2月6日，《解放日报》第4版，史玉柱在上面印了两个20多厘米见方的大字"感谢"。"感谢"下面有这样一段话："十年前，巨人创造过辉煌；四年前，巨人跌入低谷；新世纪，巨人从上海复出。感谢上海优良的投资环境、良好的政策环境，感谢上海人民的厚爱。史玉柱真的重新站起来了！"

2001年2月8日，史玉柱在接受媒体采访时表示："3月份就打出巨人牌子，年底准备上市，创业板如走不通的话，就借壳。"

2001年4月23日，巨人投资公司成立，注册资本5000万元，史玉柱占有95%的股份。三天后，怀远宏强将所持有的上海健特90%股权全部出让给巨人投资。

2001年5月，史玉柱将下属无锡健特90%的股权出售给了上海华馨投资公司，并担任上海华馨的决策顾问。然后通过华馨投资辗转将这部分资产卖给了上市公司ST国货。

2001年11月初，中央电视台2002年黄金时段的广告招标中，史玉柱的上海健特一举出资7600多万元竞投。

2001年，脑白金销量突破13亿元，上海健特的日常管理由其大学时睡在下铺的兄弟陈国接手。一年以后，陈国不幸出车祸去世。

2002年3月8日，青岛国货召开股东大会，通过公司出资12 200万元收购上海华馨所持有的无锡健特39%的股权。随后一天，上海华馨出资3128万元收购了上海健特持有的无锡健特10%的股权，青岛国货随后更名为青岛健特生物投资股份有限公司。由此，与史玉柱有公开法律关系的上海健特彻底退出，而无锡健特则变成了与史玉柱没有法律关系的上海华馨和上市公司青岛健特生物旗下的资产。

2003年12月15日，香港联交所传出消息，中关村科技总裁段永基旗下的香港上市公司——四通电子，以11.71亿港元买下了史玉柱旗下的脑白金和黄金搭档两款保健品的所有无形资产（商标、专利和销售网络）75%的权益，其中 6 亿港元以现金支付，5.71 亿港元则以壳换股、债券支付。由于收购的上述资产有 3500 万港元的净负债，实际收购价格超过 12 亿港元，这成为当时香港上市公司金额最高的资产并购案。

2004 年 2 月 4 日，段永基接手史玉柱脑白金和黄金搭档案尘埃落定。

2004 年 8 月 3 日，四通集团董事长段永基宣布正式任命史玉柱为四通控股 CEO。8 月 12 日，史玉柱正式上任。

2004 年 11 月，上海征途网络科技有限公司（以下简称"征途网络"）正式成立。同年，史玉柱挖走了网络游戏《英雄年代》研发团队的 20 多个年轻人。

2005 年 9 月，《征途》完成开发。就在史玉柱要以"永久免费"概念切入网络游戏市场时，盛大抢先宣布将旗下三款游戏免费。

2006 年 4 月 8 日下午 3 时，上海金茂大厦，《征途》进行新闻发布会。史玉柱使出浑身解数台上台下兴奋地秀他的网络游戏新事业。同时传出消息，《征途》内测期间已经开始挣钱。

2006 年 7 月 26 日，史玉柱在开曼群岛注册了巨人网络科技有限公司（2007 年更名为巨人网络集团），筹备上市。

2006 年 9 月，史玉柱在公司内部会议上宣布了征途海外上市的时间表——目标是 2007 年第四季度上市。

2006 年 10 月 11 日，在《2006 胡润百富榜》上，史玉柱以 55 亿元身家排名第 30 位，相较前一年的排名，跃升了 13 位，财富增长了近 1 倍。

2006 年 11 月，史玉柱向外公布，《征途》月赢利达到 850 万美元，在国内游戏公司当中仅次于网易。

2006 年 12 月 1 日起，《征途》的形象广告出现在央视的节目中，业界一片哗然。

2007 年 1 月 1 日，史玉柱获得第三届中国游戏产业年会评选出的"最具影响力人物"。此外，《征途》还获得多个奖项。

2007 年 3 月 1 日，史玉柱在四通控股年报前夕，宣布辞去四通控股 CEO 职务，理由是要专注"某个人投资的其他项目"。

截至 2007 年 5 月 20 日，根据征途公司官方网站的数据显示，《征途》的同时在线人数已超过 100 万。《征途》也成为继网易的《梦幻西游》和第九城市的《魔兽世界》之后全球第三款同时在线人数超过 100 万的中文网络游戏。

2007 年 9 月 21 日，史玉柱宣布其征途网络更名为巨人网络。

2007 年 11 月 1 日晚，巨人网络成功在美国纽约证券交易所挂牌上市，发行价为 15.5 美元，融资 8.87 亿美元。巨人网络以 18.51 美元开盘，较发行价上涨 19%。史玉柱是穿一身运动服出现在纽约交易所的。史玉柱透露，巨人网络上市造就了 21 个亿万富翁、186 个百万和千万级别的富翁。

2008 年 7 月 1 日，巨人注资 5100 万美元入股社区类网站 51.com，从而拥有 51.com25% 的股权，并成为其单一最大股东。

参考文献

1. 艾祥，邹尧. 巨人归来. 北京：中国城市出版社，2008
2. 朱瑛石. 沉浮史玉柱. 北京：当代中国出版社，2006
3. 何学林. 成败巨人. 北京：经济管理出版社，2006
4. 彭征，张路. 巨人不死密码. 北京：中国民主法制出版社，2007
5. 王建，王育. 谁为晚餐买单——沉浮中的史玉柱和巨人集团. 广州：广州出版社，2000
6. 吴晓波. 大败局. 杭州：浙江人民出版社，2007
7. 杨连柱. 史玉柱如是说——中国顶级 CEO 的商道真经. 北京：中国经济出版社，2008
8. 梅朝荣. 中国最牛的营销大师——史玉柱. 武汉：武汉大学出版社，2008

后 记

这本书就这样写完了。

我在电脑中打下最后一个字,却又感觉意犹未尽。有关史玉柱的一切我都说清楚了吗?他真的那么伟大吗?抑或是我们把自己对梦想的想象都投注到他一个人的身上了,而他只不过是负载了我们对奇迹的渴望呢?

今天,我盯着眼前的屏幕,久久思索着。中国改革开放30年的历史,诞生了许多商业奇迹。归根结底,史玉柱们都是时代的产物。他们不仅仅代表个人,更代表着伟大的将要再次辉煌的中华民族不屈的精神。从这个方面来说,史玉柱可以说是"中国梦"的杰出代表。他以自己的传奇经历,向我们昭示着这样一个道理:只要拥有梦想和具有向着梦想前进的勇气,那么时代终究会把属于你的成功还给你。就像史玉柱,巨人集团的倒塌只不过是上帝和他开了一个玩笑,用来验证他这个人到底是不是一个顶天立地的男人,是不是一个英雄。

史玉柱当然是。当然,我们是从商业的角度来说的。作为一个商人,他做的一切事情都是无可厚非的;不过,我们也必须提到一点,作为一个企业家,他所做的事情不能不说伟大。

不说了。关于史玉柱的一切,话题依然很多,我们没有说完的可能,因为他才40多岁,正当壮年,未来的是是非非还很不好说。

让我们一起来看吧,看他还会带给我们什么样的惊喜。

接下来,我要说的是,本书在写作的过程中,作者查询和参考了大量有关史玉柱的资料,从中吸取和借鉴了很多非常有价值的观点。这些专家以自己独到的观察使我们从各个侧面了解了史玉柱的方方面面。在此,向这些专家和作者表示我们三眼国际由衷的敬意。他们是:艾祥、邹尧、朱瑛石、何学林、彭征、张路、王建、王育、吴晓波、杨连柱、梅朝荣等。另外,散落在互联网上的作者的观点也给了我很大的启发,在此一并表示感谢。

2009年11月于北京